Hannah von Grönheim | Jelena Seeberg
Diversity als Reflexionsmethode in der Sozialen Arbeit

Hannah von Grönheim | Jelena Seeberg

Diversity als Reflexionsmethode in der Sozialen Arbeit

Mit Online-Materialien

BELTZ JUVENTA

Die Autor_innen

Hannah von Grönheim, Dr. phil., Jg. 1983, Dipl. Soz.Arb./Soz.Päd. (FH), MA Intercultural Conflict Management, ist Lehrkraft für besondere Aufgaben an der HAWK Hildesheim und promovierte zu Subjektivierungen im europäischen Asyldiskurs. Ihre Lehrschwerpunkte in den Studiengängen Sozialer Arbeit liegen in den Bereichen Diversity und Menschenrechte. Darüber hinaus arbeitet sie als Sozialarbeiterin und Psychoonkologin in der ambulanten Krebsberatung.

Jelena Seeberg, Jg. 1995, hat Soziale Arbeit im internationalen und interkulturellen Kontext an der HAWK Hildesheim studiert. Parallel zum Master war sie dort als wissenschaftliche Mitarbeiterin im Forschungsprojekt „JuFlu – Übergänge junger begleiteter und unbegleiteter geflüchteter Menschen" tätig.

MIX
Papier | Fördert gute Waldnutzung
FSC® C089473

Dieses Buch ist erhältlich als:
ISBN 978-3-7799-6307-3 Print
ISBN 978-3-7799-5611-2 E-Book (PDF)

1. Auflage 2022

Herstellung und Satz: Ulrike Poppel
Grafikdesign: Clim Michel
Druck und Bindung: Beltz Grafische Betriebe, Bad Langensalza
Beltz Grafische Betriebe ist ein klimaneutrales Unternehmen (ID 15985-2104-1001)
Printed in Germany

Weitere Informationen zu unseren Autor_innen und Titeln finden Sie unter: www.beltz.de

1 Inhalt

Hinweis zum Online-Material

Das Online-Material finden Sie über unsere Internetseite (http://beltz.de), indem Sie auf die Seite des Titels gehen und im Teil „Online-Materialien“ folgendes Passwort eingeben: vonGroenheimSeeberg_2022 (Groß- und Kleinschreibung beachten). Die PDF können Sie dann herunterladen.

1 Einleitung

Anfang des Jahres 2019 besuchten wir gemeinsam eine Lesung der jüdischen Autorin und Bloggerin Juna Grossmann. Sie stellte ihr Buch „Schonzeit vorbei“ vor, in welchem sie ihre persönlichen Erfahrungen mit Antisemitismus schildert. Grossmann beschreibt, wie etwa während ihrer Arbeit im Jüdischen Museum in Berlin kaum ein Tag verging, an dem sie nicht mit antisemitischen Kommentaren oder Beleidigungen konfrontiert wurde. Auf einem mehrtägigen Ausflug mit Kommiliton*innen während ihrer Studienzeit „wurde bekannt“, dass sie Jüdin ist. Nach dem entsetzten Ausruf einer Kommilitonin („Wie kannst du so was nur unterstützen?“) und einer anschließenden erhitzten Diskussion endete der Ausflug für Grossmann früher als geplant (Grossmann 2018, S. 114ff.). Wiederholt schildert die Autorin an diesem Abend Situationen, in denen sie sich als Deutsche für die israelische Politik rechtfertigen musste. Sie stellt klar, dass sie nie in Israel gelebt hat und wie unangenehm ihr daher diese Fragen sind, da sie sich weder als Expertin für israelische Politik sieht noch das Gefühl hat, dass es den Fragenden um reines Interesse geht. Vielmehr – so Grossmann – schwinge bei Fragen dieser Art häufig ein Vorwurf mit, den sie als unangemessen empfindet. Es seien der Ton und der Umstand, dass sie nie jemand nach ihrer Meinung zur portugiesischen Politik fragen würde. Selbst nach einer ihrer Lesungen, auf denen sie genau diese Vorfälle problematisiert, sei sie von Gästen nach Israel ausgefragt worden und keiner der übrigen Gäste sei eingeschritten. Grossmann, die diese Fragen grundsätzlich nicht beantwortet, wies auf das Machtgefälle hin, das in solchen Momenten entstünde, indem sich die Kritik der nicht-jüdischen deutschen Fragenden auf die jüdisch-deutschen Befragten selbst übertrage – als trügen sie eine Verantwortung für ein Land, das sie kaum kennen.

Während der Lesung beschlich uns mehrfach sowohl Scham als auch Verärgerung über den geschilderten offenen und alltäglichen Antisemitismus in Deutschland und nicht nur einmal an diesem Abend trieben uns die geschilderten Erlebnisse Grossmanns Tränen in die Augen. Bei der anschließenden offenen Fragerunde passierte, was passieren musste und eigentlich nicht passieren darf: Frau Grossmann wurde durch einen älteren männlichen Gast der Lesung aufgefordert Stellung zu Israel zu beziehen, da es ja nun einmal das „jüdische Land" sei und daher schließlich Mitschuld an dem schlechten Bild trage, das die Welt auf die Jüdinnen und Juden[1] habe. Wir blickten zu Boden und rutschten nervös auf unseren Stühlen hin und her, bis eine von uns den Mut fand aufzustehen, den Mann zu unterbrechen und ihn darauf hinzuweisen, dass es doch eben diese Fragen seien, die die Autorin nicht gestellt bekommen möchte, weil sie letztlich Bestandteil des antisemitischen Diskurses in Deutschland sind. Der Bitte, seine Aufforderung zur Positionierung der Vortragenden zurückzuziehen, leistete der Gast leider keine Folge. Auch eine Entschuldigung blieb aus. Weder stand jemand anders aus dem Publikum auf und bezog Position noch schützten die einladenden Veranstalter*innen die Autorin. Stattdessen luden wir Frau Grossmann nach der Lesung auf ein Glas Wein ein. Es folgte ein netter und interessanter Abend, an dem viele unserer Fragen beantwortet wurden, einige offen blieben und manch neue sich hinzu gesellten.

Wieso denken nicht-jüdische Menschen, dass Jüdinnen und Juden ihnen Antworten zu Israel schuldig sind? Wie lässt sich ein Gespräch mit einem pensionierten Geschichtslehrer führen, der sich weigert, die Perspektive einer von Diskriminierung betroffenen Person einzunehmen? Was braucht es für uns als Fachkräfte der Sozialen Arbeit unsere blinden Flecken zu erkennen, um nicht uns bestätigende Antworten

---

1 Auch wenn wir beim Schreiben über Jüdinnen und Juden den Genderstern aus Pietätsgründen weglassen, möchten wir darauf hinweisen, dass wir hier wie bei allen anderen Personenbezeichnungen nicht von einem binären Geschlechterverständnis ausgehen, sondern nicht-binäre, queere, trans- und intersexuelle Identitäten miteinschließen.

einzufordern, sondern empathisch zuhören zu können? Auf der Basis dieser letzten Frage haben wir einen Reflexions- und Analyseleitfaden erarbeitet, den wir mit diesem Buch vorstellen möchten. Vor dem Hintergrund des steigenden Populismus in der Welt und hierzulande und den immer tiefer werdenden Gräben in der Gesellschaft, die sich insbesondere (aber nicht nur) in Diskussionen in den sozialen Medien widerspiegeln, liegt uns an einer verstehenden, zugewandten Haltung. Hatespeech ist nicht mit Hatespeech zu lösen. Die Ausführungen in diesem Buch sind daher in keiner Weise als Anklage zu verstehen. Wir möchten auch nicht etwa den Geschichtslehrer verurteilen, sondern fragen uns vielmehr, welche Art sozialer Wandel nötig ist, um bestehende Gräben zu überwinden, Zuhören zu ermöglichen und Diskriminierungsfreiheit als fundamentalen Bestandteil sozialer Gerechtigkeit anzuerkennen. Nicht zuletzt möchten wir danach fragen, welchen Beitrag die Soziale Arbeit hier leisten kann.

Zuhören heißt versuchen zu verstehen – trotz aller Emotionen. Letztlich ist die Reaktion des Pensionärs bei der Lesung von Juna Grossmann symptomatisch. Da er sich selbst (davon ist auszugehen) als Deutscher sieht und „seinem Land“ und damit indirekt auch sich selbst die Verantwortung für Antisemitismus abspricht, verweist er auf einen anderen Verursacher: Israel. Der Großteil der deutschen Gesellschaft fokussiert die Sichtweise den Nationalsozialismus lange hinter sich gelassen, aufgearbeitet sowie ausreichend gesühnt zu haben und möchte mit den Schrecken der Vergangenheit nicht mehr in Verbindung gebracht werden. Dies beeinträchtigt die Wahrnehmung bestehender postnationalsozialistischer, antisemitischer Diskurse in der Gegenwart sowie die Auseinandersetzung mit der eigenen familienbiografischen Verstrickung. Möglicherweise verbirgt sich hinter der Abwehrhaltung die Angst der eigenen Scham ins Gesicht zu blicken, sodass diese auf das Gegenüber übertragen wird: „Nicht wir, sondern ihr solltet euch was schämen!“ Dieses Phänomen wird auch als Täter*innen-Opfer-Umkehr bezeichnet und taucht in verschiedensten Kontexten von Diskriminierung auf. Alice Hasters beschreibt es im Hinblick auf Rassismus wie folgt:

> „Das Wort ‚Rassismus' wirkt wie eine Gießkanne voller Scham, ausgekippt über die Benannten. Weil die Scham so groß ist, geht es im Anschluss selten um den Rassismus an sich, sondern darum, dass ich jemandem Rassismus unterstelle. [...] Rassismus, so die geläufige Annahme, sei offener Hass, Verachtung, und trete seit 1945 nur noch vereinzelt auf. Kaum ein Land habe sich so viel Mühe gegeben wie Deutschland, die eigene rassistische Vergangenheit aufzuarbeiten, heißt es dann. [...] Am Ende bin oft ich es, die sich dafür entschuldigen soll, das Thema überhaupt adressiert zu haben. Diese Dynamik nennt man Täter*innen-Opfer-Umkehr. [...] Für viele Menschen wirkt das R-Wort so, als ob man eine Fliege mit einem Baseballschläger erschlagen würde. Wenn ich jemanden rassistisch nenne, dann hört dieser Mensch meist nicht, was ich ihm oder ihr sage. Was er oder sie hört, ist: ‚Du bist ein schlechter Mensch. Du bist böse. Du bist ein Nazi.' Das liegt auch daran, dass Menschen eine einseitige Vorstellung davon haben, was Rassismus ist." (Hasters 2020, S. 14f.)

Verständlicherweise ist niemand gern mit dem Vorwurf konfrontiert, rassistisch, antisemitisch oder homophob zu sein. Gleichzeitig gilt allerdings auch: Niemand hört selbst gerne diskriminierende Äußerungen. Begriffe wie Rassismus sind emotional geladen, d. h., dass in der Regel auf allen Seiten starke Gefühle wie Wut, Kränkung, Scham oder Schuld eine Rolle spielen. Gerade diese Affekte und Emotionen, die wohl alle Menschen empfinden, erschweren unserer Ansicht nach unter anderem das Überwinden der sozialen Gräben.

Es kann daher nicht darum gehen, einzelne Menschen zur Verantwortung zu ziehen beziehungsweise Einzelnen oder Gruppen die Aufgabe der Aufklärung oder Veränderung aufzubürden. Wir verstehen Diskriminierungsformen wie den Antisemitismus vielmehr als gesellschaftliches Problem. Diskriminierungen sind u. a Folgen historisch gewachsener antisemitischer, klassistischer oder sexistischer Diskurse, die beispielsweise über Sprache, Bilder oder Mythen Einfluss auf alle Menschen dieser Gesellschaft nehmen – auf die eine oder andere Art. So wird keine Sozialarbeiterin und kein Sozialpädagoge allein die Welt diskriminierungsfrei machen können, wir alle sind jedoch in der Lage ein Bewusstsein für die Umstände zu entwickeln, in denen sich Diskriminierungserfahrungen ereignen und diese begünstigt werden. Mit diesem Buch möchten wir einerseits Wege zur Erlangung eines solchen

Diversitätsbewusstseins und andererseits zum Erreichen von Handlungsmacht in einem auf Fachkräfte und Adressat*innen zeitweise übermächtig wirkenden System aufzeigen.
Extreme Äußerungsformen von Diskriminierung wie Gewalt, die sich gegen bestimmte Personen oder Einrichtungen richten, gehen z. B. von Rechtsextremen aus, kommen aber auch in Institutionen vor. Daneben existiert sprachliche Gewalt, die sich gegen Mitglieder konstruierter Gruppen richtet und immer mehr aus dem Internet in die Alltagswelt entlädt. Beide Formen gehören häufig zusammen und halten mittlerweile selbst auf politischer Ebene Einzug. Bundestagsabgeordnete oder Staatspräsidenten agitieren gegen diverse Lebensstile und Hintergründe, rechte Gewalttäter*innen agieren gegen politische Opponenten. Der Sturm auf das Kapitol in den USA[2] oder der Mord an Walter Lübcke in Hessen[3] sind nur zwei von vielen Beispielen.
Ähnlich gehören auch die verschiedenen Diskriminierungsformen zusammen. Sie weisen nicht nur Parallelen auf, wie wir zeigen werden, sondern scheinen sogar austauschbar zu sein. Hetze und Hass im Netz, die zum Teil selbst aus einem Gefühl von Ungerechtigkeit entstehen mögen, richten sich in bestimmten Foren nicht selten abwechselnd oder zugleich und scheinbar nahezu willkürlich gegen Geflüchtete, Menschen muslimischen oder jüdischen Glaubens, Linke, sogenannte Eliten oder Journalist*innen. So äußerte der Attentäter von Halle[4], der sich nach derzeitigem Wissensstand in eben solchen Onlineforen radikalisierte, er habe überlegt, eine Synagoge, eine Moschee oder ein antifaschistisches Zentrum anzugreifen (Rottscheidt/Pindur/Krause

2 Im Januar 2021 drangen circa 800 rechtsextreme Demonstranten in das US-Kapitol ein, um den Kongress und das Repräsentantenhaus an der Bestätigung Joe Bidens als 46. Präsident der USA zu hindern und den scheidenden Präsidenten Donald Trump rechtswidrig im Amt zu halten. Bei dem gewaltvollen Angriff, der auch als Putschversuch gewertet wird, kamen fünf Menschen ums Leben.

3 Der Neonazi Stephan Ernst erschoss den Kasseler Regierungspräsidenten Walter Lübcke (CDU) im Juni 2019 vor dessen Wohnhaus, um ihn für seine Flüchtlingspolitik zu bestrafen.

4 Im Oktober 2019 schießt ein 27-jähriger Attentäter an Jom Kippur mit dem Ziel, Jüdinnen und Juden zu töten, mehrfach auf die Sicherheitstür der Synagoge in Halle.

2019). Aufgrund der unterschiedlichsten Verzweigungen, Ähnlichkeiten in den Strukturen und Hintergründen sowie vorhandenen Überlagerungen oder Überschneidungen von Diskriminierungsformen (Intersektionalität) und den sich daraus ergebenden Gemeinsamkeiten in der Adressierung von Diskriminierung sowie dem großen Potenzial eines gemeinschaftlichen Engagements widmen wir uns mit diesem Buch nicht einer einzelnen Diskriminierungsform, sondern mehreren. Die hier vorgestellte Diversityreflexion verstehen wir damit als eine mögliche Antwort für die Soziale Arbeit, auf aktuelle soziale Herausforderungen zu reagieren und sich professionell zu positionieren.
Neben der sprachlichen und körperlichen Gewalt existieren auch subtilere Formen der Diskriminierung, die oft nicht als solche erkannt werden und zum Teil ungewollt passieren – beispielsweise die häufige an Schwarze Menschen gerichtete Frage, wo sie denn herkämen. In dieser schwingt immer unterschwellig – beabsichtig oder unbeabsichtigt – mit, dass sie nicht „wirklich" zur Gesellschaft dazugehören. Dazu gehört auch die beschriebene Forderung nach einer Positionierung von Jüdinnen und Juden zur israelischen Politik. Für sich allein genommen sind diese sogenannten Mikroaggressionen nicht als gefährlich anzusehen. Vermutlich könnte jeder Mensch mindestens ein Beispiel für eine Situation aus seinem*ihrem Leben nennen, in der er*sie sich von jemand anderem abgewertet gefühlt hat. Bestimmten Menschen begegnen diese unterschwelligen oder offensichtlichen Abwertungen jedoch täglich.
Was lässt sich diesem Phänomen der Alltagsdiskriminierung entgegensetzen? Viele mutige Menschen haben Bücher über ihre Diskriminierungserfahrungen geschrieben, in denen sie Einblicke in ihre Lebenssituation und Perspektive geben, ohne dabei mit dem Finger zu zeigen. Und das, obwohl sie für ihre Veröffentlichungen häufig wiederum Anfeindungen erfuhren. Wir selbst lernten von diesen Autor*innen, dass wir vor allem bei uns selbst anfangen sollten, wenn wir uns wünschen, dass sich etwas verändern soll. Gerade im Zuge des Umdenkens und des Abschiednehmens von den Bildern und Stereotypen, die wir alle mit uns tragen, fallen bestimmte Momente oder Aussagen besonders

in den Blick, die zum Weiterlernen und Hinterfragen einladen. So haben wir uns in dieser Phase plötzlich über uns selbst gewundert, als wir Schwarze Menschen auf Englisch ansprachen oder kurz davor waren, eine schwangere Freundin zu fragen, „was es denn wohl wird?“. Ein Student einer unserer Lehrveranstaltungen beschrieb diese Erfahrung einmal in einer Hausarbeit als „gelbe Taxis“. Er verglich sie mit einem Erlebnis in New York City, wo ihm die Taxis auffielen, die anders als jene in Deutschland nicht beige, sondern gelb sind. In ähnlicher Weise würde er nun nach der Lehrveranstaltung, die die Reflexion von Rassismus zum Thema hatte, aufmerksamer für rassistische Sprache oder Bilder sein. Wie die gelben Taxis würden ihm rassistische Beispiele plötzlich überall auffallen.

Das Ziel des Buches ist es in diesem Sinne Wege aufzuzeigen, die Zugänge für ein kritisch-reflexives Diversitybewusstsein eröffnen. Die eigens dafür entwickelte Methode ist in der Sozialen Arbeit in allen Phasen berufspraktischer Tätigkeit anwendbar. Die Grundlage für die Entwicklung und Umsetzung eines kritisch-reflexiven Diversitybewusstseins bildet zunächst das Verständnis des Diversitykonzeptes: Was meint Diversity überhaupt? Um diese Frage beantworten zu können, geben wir zu Beginn eine Einführung in die Diversitytheorie sowie einen Überblick über verschiedene Diskriminierungsformen und ihre Wirkebenen. Der Begriff der Intersektionalität zur Beschreibung von Verschränkungen und Überlagerungen unterschiedlicher Diskriminierungsformen wird an dieser Stelle ebenfalls eingeführt und erläutert, da er einen zentralen Baustein für ein ganzheitliches Verständnis des Diversitykonzeptes bildet. Um die Ziele des Diversityansatzes möglichst eingängig darstellen zu können, nutzen wir aktuelle gesellschaftliche Entwicklungen zur Veranschaulichung (Kapitel 2).

Nachdem wir die Frage des theoretischen Hintergrundes und des praxisbezogenen Verständnisses von Diversity geklärt haben, steht im darauffolgenden Kapitel die Bedeutung des Diversitykonzeptes für die Soziale Arbeit im Vordergrund: Welchen Platz hat der Diversityansatz im Professionsverständnis? Um die Verbindung zwischen Diversity und einer professionellen und menschenrechtsbasierten Haltung zu erfassen, wird neben einer Einordnung des Diversitykonzeptes in das Professionsverständnis aufgezeigt, in welcher Form die Soziale Arbeit selbst in gesellschaftliche Machtverhältnisse eingebunden ist und welche Auswirkungen diese Verstrickungen haben. An dieser Stelle soll deutlich gemacht werden, inwiefern Institutionen, Sozialarbeitende und Adressat*innen selbst Teil diskriminierender Strukturen sind (Kapitel 3).

Um die Bedeutung selbstreflexiver Prozesse für das Durchbrechen dieser diskriminierenden Strukturen nachvollziehbar machen zu können, setzen wir uns in Kapitel 4 mit dem Stellenwert von Reflexion in der Sozialen Arbeit im Allgemeinen und in der Diversitytheorie im Speziellen auseinander: Wie kann ich ein kritisch-reflexives Diversitybewusstsein entwickeln?

Wie bereits angekündigt ist es das Ziel, den Diversityansatz als Reflexionsmethode anwendbar zu machen, wofür wir einen Analyseleitfaden entwickelt haben, der in Kapitel 5 vorgestellt wird. Er bildet letztlich die praktische Übersetzung unserer bisherigen theoretischen Ausführungen ab.

Um die Anwendung unseres Leitfadens nachvollziehbar zu machen, werden in Kapitel 6 vier Praxisbeispiele vorgestellt, die mithilfe der „Diversityreflexion" analysiert wurden. An dieser Stelle weisen wir bereits darauf hin, dass die Beispiele durch uns auf der Metaebene betrachtet und abgehandelt worden sind.

Abschließend präsentieren wir Ideen für die personelle, institutionelle und gesamtgesellschaftliche Implementierung von Diversityreflexion, also Handlungsansätze für die Soziale Arbeit auf Mikro-, Meso- und Makroebene, und laden dazu ein, die kritisch-reflexive Haltung und das Konzept des Diversityansatzes zu verinnerlichen und weiterzutragen (Kapitel 7 und 8).

2 Was meint Diversity?

Diversity meint zunächst einmal Vielfalt, wenn man den Begriff vom Englischen ins Deutsche übersetzt. Hinter dem Bemühen Vielfalt als positive Ressource zu propagieren, steckt auch die gegenteilige Realität. Vielfalt als Gegenstück zu Einheit oder Einheitlichkeit wurde und wird nicht allerorts als Bereicherung, sondern oft eher als Bedrohung wahrgenommen. Menschen, die nicht der Norm der Mehrheits- beziehungsweise Dominanzgesellschaft (s. u.) entsprechen, werden als „Andere“ markiert. Diese vermeintlich anderen sind beispielsweise Homosexuelle, Behinderte, arme Menschen, Migrierende, kranke, junge und alte Menschen. Das heißt, es sind nicht selten Adressat*innengruppen der Sozialen Arbeit. Ziel der Sozialen Arbeit ist es seit jeher, die Probleme dieser Menschen zu bearbeiten beziehungsweise, aus der heutigen Sichtweise, sie bei der Bewältigung ihrer Probleme zu unterstützen. Verstärkt werden heute die Ursachen und Hintergründe der sozialen Problemlagen in diese Arbeit miteinbezogen. Diversity bietet als Analysekategorie die Möglichkeit, jene ausgrenzenden Strukturen und diskriminierenden kulturellen Bilder kritisch in den Blick zu nehmen, um sowohl die (Aus-)Wirkungen für die Betroffenen verständlicher werden zu lassen als auch die eigene Eingebundenheit in gesellschaftliche Machtstrukturen analysieren und reflektieren zu können. Bevor wir näher auf die Bedeutung von Diversity für die Soziale Arbeit eingehen, liefern wir mit diesem Kapitel eine Einführung in das Thema, die als Grundlage für die Diskussion der Potenziale von Diversity als Reflexionsmethode dient.

Hierfür stellen wir zunächst unser Begriffsverständnis von Diversity vor und geben im Anschluss an eine Annäherung an den Begriff der Diskriminierung einen Überblick über zentrale strukturelle Diskriminierungsformen. Im Anschluss werden wir Intersektionalität als besondere Erscheinungsform und Betrachtungsweise der strukturellen Diskriminierung darstellen und mithilfe des Konzepts der Subjektivierung die Bedeutung der Erfahrung von Diskriminierung thematisieren. Den Abschluss bildet ein zusammenfassender Blick auf die Grenzen und Chancen von Diversity.

2.1 Diversity – Theorie

„Vielfalt" im Diversitykontext nimmt Bezug auf die *vielfältigen* Eigenschaften, Kompetenzen oder Interessen einer einzelnen Person. Der Begriff verweist auf die Einzigartigkeit eines jeden Menschen und damit auf die *vielfältigen* Unterschiede innerhalb der gesamten Menschheit. Schauen wir uns Bilder zu den Begriffen *Diversity* oder *Vielfalt* an, fällt allerdings auf, dass hier ganz bestimmte Aspekte wiederkehrend sind. Dargestellt werden etwa immer wieder Rollstühle sowie unterschiedliche Geschlechter, Hautfarben, Religionen und Alter.

Abb. 1: Vielfalt der Menschen

Diese Darstellungen, die teilweise auch Symbole enthalten, um beispielsweise Vielfalt in Bezug auf sexuelle Orientierung zu repräsentieren, sind weder zufällig noch willkürlich gewählt. Sie spiegeln vielmehr ganz bestimmte *soziale Kategorien* wider, wie sie in der Diversitytheorie bezeichnet werden. Durch soziale Prozesse werden Menschen diesen vorbestimmten Kategorien zugeordnet. Das bedeutet nicht, dass ein Mensch in jeder Situation und für unbegrenzte Zeit dieser Kategorie angehört beziehungsweise angehören muss. Die Einteilungen weisen darauf hin, dass Menschen ganz bestimmte Erfahrungen machen (können), die andere nicht erleben. Dabei ist es unerheblich, ob sich eine Person tatsächlich mit dieser Kategorie identifiziert oder die Kategorie einer Person von außen zugeschrieben wird. So kann es beispielsweise sein, dass ich herabgewürdigt werde, weil jemand denkt, dass ich „lesbisch" oder „Ausländerin" bin – selbst, wenn dem nicht so ist. Die Fremdzuschreibung zu einer Kategorie ist für (erste) Begegnungen damit oft entscheidender als die (tatsächliche) Selbstbeschreibung.

Für die Soziale Arbeit werden diese Zuschreibungen dann relevant, wenn sich durch sie Benachteiligungen oder Ungleichheiten für die Menschen ergeben und diese zu Herausforderungen und Problemen im Alltag führen, denn Zuschreibungen sind nicht selten verbunden mit Stigmatisierungen. Ein Mensch, dem etwa ein bestimmtes (hohes) Alter zugeschrieben wird, hat vermutlich größere Schwierigkeiten eine Arbeitsstelle zu finden, wenn mit der Kategorie „hohes Alter" Stereotype und Vorurteile bezüglich einer potenziellen Leistungsfähigkeit verknüpft sind. Die sozialen Kategorien, die hier entscheidend sind, basieren dabei auf den jeweils gültigen *Normen einer Gesellschaft*. Denn Menschen erleben oft dann Benachteiligung und Diskriminierung, wenn sie als „normabweichend" wahrgenommen werden. Bezüglich der sozialen Kategorie der Gesundheit beispielsweise wäre die Norm physische und psychische Fitness, in Abbildung 1 repräsentiert durch die Abwesenheit eines Rollstuhls. Bezüglich der sozialen Kategorie des Aussehens ist die Norm die (gesunde und sportliche) Schlankheit, bei der sexuellen Orientierung ist es die Heterosexualität, bei der Religion der christliche Glaube oder der Atheismus, bei der Nationalität die deutsche – die Liste ließe sich beliebig fortsetzen. Menschen, denen eine *Abweichung* von einer dieser Normen zugeschrieben wird, können Diskriminierung im Alltag erleben, aber auch auf dem Arbeitsmarkt oder im Gesundheitssystem und – ganz allgemein – einen ein-

geschränkten Zugang zu ihren (Menschen-)Rechten wie dem Recht auf wirtschaftliche, soziale und kulturelle Teilhabe. „Gesellschaftlich zugeschriebene Gruppenzugehörigkeiten sind [somit] nicht bloß ‚unschuldige' Kategorisierungen", so Heike Rainer (2018, S. 18). „Sie wirken auf konkrete Lebenswelten […]" und Identitäten (ebd.).
Diese sozialen Kategorien basieren dabei (wie die Zuschreibungen) nicht ausschließlich auf differenzierenden Tatsachen, sondern werden vielfach als soziale Konstrukte verstanden. Das bedeutet, dass diese nicht naturgegeben sind, sondern gesellschaftliche Ordnungsformate beschreiben, wie es Catrin Heite formuliert. Diese sozial hergestellten Differenzkategorien dienen dazu, Macht- und Herrschaftsverhältnisse aufrechtzuerhalten. Ziel des Diversityansatzes ist es, deren ungleichheitsgenerierende Wirkung aufzuheben. (Heite 2010, S. 187f.)
Besonders deutlich zeigt sich die Konstruktion in dem Blick auf die Wandelbarkeit der Bedeutung der Kategorien. Die Geschichte zeigt, dass je nach Machtverhältnis mal die eine und mal die andere Religion abgewertet oder aufgewertet werden kann. Ähnliches gilt für Krankheiten: Tuberkulose galt beispielsweise im 19. Jahrhundert als ästhetisch, als „verschönernd, vergeistigend und empfindsam machend" (Moser 2018, S. 34). Bis zum Nationalsozialismus kehrte sich die öffentliche und politische Wahrnehmung der an Tuberkulose erkrankten Menschen ins Gegenteil um. Für die Umsetzung rassenhygienischer Ziele wurden mit ihr infizierte Menschen Opfer von Zwangsinhaftierung und -arbeit, Mangelversorgung, Heiratsverbot und Euthanasie (ebd., 196ff.). Hinsichtlich Rassismus ist es die Kategorie *Weißsein*, die zwar durchgehend die dominante Kategorie beschreibt, jedoch durchaus dynamisch ist. Denn *Weißsein* beschreibt weniger eine tatsächliche Hautfarbe als vielmehr einen gewissen Machtstatus in einer Gesellschaft. So galten etwa Jüdinnen und Juden, Pol*innen oder Italiener*innen bei ihrer Ankunft in den USA im Gegenzug zu den WASP[5] zunächst als *nicht-weiß*. Durch ihre Assimilierung, insbesondere in den

5 White anglo-saxon protestant (dt.: *weiße* angelsächsische Protestant*innen).

Bereichen Arbeit, Wohnen und Sprache, wurden die Familien mit der Zeit Teil der neuen amerikanischen weißen Ober- beziehungsweise Mittelschicht. (Roediger 2018)

In diesem Sinne verstanden gehen soziale Kategorisierungen insbesondere mit Prozessen von Macht und Herrschaft und, damit verbunden, auch mit solchen der Selbst- und Fremdzuschreibung einher. Das menschliche Streben nach eigener Selbstaufwertung, wie es vielfach durch psychologische Studien nachgezeichnet wurde[6], geht einher mit einer Abwertung des Gegenübers als „anders" oder „fremd". Ebenso erforscht ist die Bedeutung dieses Vergleichs für die Entwicklung der Individualität in der Identitätsbildung (vgl. unter anderem Abels 2017, S. 174f.). Wir definieren unser Selbst in Abgrenzung zu anderen, verknüpft mit dem Streben nach positiver Selbstdarstellung scheint die Fremdabwertung ein nahezu natürlicher Effekt. Das menschliche Denken benötigt gewisse Formen der Kategorisierung zur Orientierung und Sortierung von Wissen. Stereotype entstehen, wenn wir diese Sortierungen in Bezug auf Menschen anwenden. Stereotypes Wissen ist Wissen, das erfahren oder angelesen ist und vom Einzelfall auf die Gruppe übertragen wird, sobald Unterschiede festgestellt werden. Diese Stereotype können sich bei zusätzlicher Bewertung zu diesem Wissen auch zu *Vorurteilen* entwickeln. Kommt zu der pauschalisierenden Feststellung von Unterschieden (Stereotyp) und einer (negativen) Bewertung der Menschen aufgrund dieses festgestellten Unterschieds (Vorurteil) eine Handlung hinzu, die auf diesem Vorurteil basiert, sprechen wir von einer *Diskriminierung*. Die Macht- und Herrschaftsverhältnisse einer Gesellschaft bilden die Basis für die strukturelle Verteilung von Privilegierung und Diskriminierung in der Gesellschaft.

Aus diesem Grund ziehen wir in diesem Kontext den Begriff der Dominanzgesellschaft jenem der Mehrheitsgesellschaft vor. Denn nicht allein die Anzahl der betreffenden Personen ist für die Verteilung von Privilegien entscheidend, sondern auch deren Macht. So sind zwar im

6 Siehe unter anderem Mummendey 1995, S. 171ff.

binären Denken zahlenmäßig Frauen und Männer gleichgestellt, einer machtanalytischen Perspektive hält diese Gleichstellung jedoch nicht mehr stand. Denn im Kontext von Diskriminierung/Diversity geht es nicht allein um die Gegenüberstellung vieler und weniger, sondern vielmehr um die Gegenüberstellung von jenen, die „sprechen“, beziehungsweise jenen, deren Sprechen gehört wird, und jenen, die nicht „sprechen“ beziehungsweise, deren Sprechen nicht gehört wird (siehe Spivak 2007). Dieses Gehört-Werden geht wiederum mit Macht einher. Vereinfacht zusammengefasst kann man beispielsweise sagen: Da in Deutschland Männer über mehr Macht verfügen als Frauen, entscheiden maßgeblich Männer, wie über Frauen gedacht und gesprochen wird – nicht die Frauen selbst[7]. Gleiches gilt beispielsweise für Homosexuelle, Geflüchtete, Kinder, behinderte Menschen und alte Menschen oder Sinti und Roma.

Sprache hat dabei nach Judith Butler eine machtvolle und performative Wirkung. In „Hass spricht“ beschreibt Butler das Konzept der Performanz, in welchem sie „Sprache eine Handlungsmacht“ zuspricht (Butler 1998, S. 9). Sprechakte können demnach selbst Handlungen sein (z. B.: „Ich gratuliere dir herzlich zum Geburtstag“) oder Handlungen beziehungsweise Effekte hervorrufen. Je nach Sprechposition können durch Sprache auch gesellschaftliche Ordnungen rekonstruiert werden, was Butler am Beispiel der *Hatespeech* verdeutlicht, in welcher durch gewaltvolle Anrufung performativ gesellschaftliche Unterordnung erzeugt wird. „Was der Sprechakt also tut, ist, das Subjekt in einer untergeordneten Position zu konstituieren.“ (ebd., S. 33) Damit wird Sprache selbst zu einer diskriminierenden Handlung.

Wenn die auf Vorurteilen beziehungsweise Zuschreibungen basierende Handlung die Diskriminierung definiert, was beschreibt dann die Privilegierung? Die Privilegien sind die tabuisierte andere Seite der Diskriminierung. Oft unerkannt treten sie überall dort in Erscheinung, wo

7 Wir haben hier bewusst auf die Gendersternchen verzichtet, um auf die im hegemonialen Diskurs nach wie vor starre binäre Differenzkonstruktion zu verweisen.

die Diskriminierung für gewisse Menschen existiert, für andere jedoch abwesend ist. Sie beschreiben die unbewussten und oft selbstverständlich erscheinenden Freiheiten und Sicherheiten, zu denen nur ein begrenzter Anteil der (Welt-)Bevölkerung Zugang hat. Diese reichen von der Freiheit der Abwesenheit von Diskriminierung über die Abwesenheit von Gewalt bis hin zu Teilhabechancen, Zugang zu Rechten, gesundheitlichem Schutz oder Reisefreiheiten. Ein Bewusstsein über diese Privilegien ist der Türöffner für ein empathisches Verständnis für die Tiefe und Weite von Diskriminierungsformen. Das enttabuisierte Reflektieren der eigenen Privilegien ist damit entscheidend für das Verstehen und das Thematisieren von Diskriminierungserfahrungen – sowohl der eigenen wie jener der Adressat*innen. Weiterhin entscheidend ist das Verstehen der Einbettung von Privilegien in die sozialen Machtstrukturen. Das vorliegende Buch hat das Ziel, die relevanten Reflexionsschritte aufzuzeigen und konkrete, anwendungsbezogene Handlungsansätze vorzustellen.

Die Welt ist nicht einfach in Privilegierte und Diskriminierte einteilbar. Vielmehr haben je nach Situation, Kontext oder Betrachtungsweise Menschen mal mehr und mal weniger Zugang zu Privilegien und erleben mehr oder weniger Diskriminierung (Czollek/Perko/Kaszner/Czollek 2019, S. 18). Eine schwerbehinderte Deutsche hat so beispielsweise das Privileg, mit ihrem Reisepass nahezu die ganze Welt bereisen zu können, ist aber gleichzeitig während der Reise voraussichtlich mit diversen Hürden mangelnder Barrierefreiheit konfrontiert. Sie erlebt also zum gleichen Zeitpunkt Privilegierung und Diskriminierung. Abbildung 2 veranschaulicht, dass sich die meisten Menschen irgendwo im Zwischenraum von Diskriminierungserfahrungen und Privilegien bewegen. Die (zugeschriebene) Zugehörigkeit zu einer sozial konstruierten Gruppe entscheidet über die Position in dieser Sonnengrafik, muss aber keinesfalls starr sein, denn Lebenssituationen können sich ändern. Schließlich sind alle Menschen zunächst jung und die meisten auch irgendwann hochaltrig.

Abb. 2: Sonnengrafik

Darüber hinaus ist anzumerken, dass die Erfahrung von Diskriminierung nicht automatisch bedeutet, dass die Betroffenen nicht auch selber Diskriminierung ausüben, um sich etwa in anderen Kontexten Macht zu sichern. Männer, die sich als Incels[8] und damit als „unfreiwillig zölibatär" bezeichnen, fühlen sich oft selbst aufgrund ihres Aussehens diskriminiert, sind dabei aber zugleich massiv misogyn (Ebner 2019, S. 77).

Ein wesentlicher Bestandteil der „sozialen" Ordnung, die durch Machtverhältnisse zwischen sozialen Gruppen entsteht und durch Zuschreibungen in Form von Stereotypen und Vorurteilen legitimiert wird, ist die Unterdrückung (Bernstein/Inowlocki 2015, S. 16). Insbesondere im englischsprachigen Raum findet dieser Begriff häufiger Anwendung und wird zum Teil jenem der Diskriminierung vorgezogen. Nach Marion Young (1996) gibt es fünf Formen der Unterdrückung: Die Ausbeutung (1) beschreibt die Schere zwischen Arm und Reich. Die Arbeitskraft von Personen wird von anderen ausgenutzt, um Reichtum anzu-

8 Engl.: Involuntary celibates (dt.: Unfreiwillig Zölibatäre).

häufen. Die Marginalisierung (2) meint den Ausschluss bestimmter Personen aufgrund zugeschriebener Gruppenzugehörigkeiten in Bezug auf berufliche Teilhabe und die daraus resultierende Diskriminierung als „Abhängige vom Sozialsystem“. Mit der Machtlosigkeit (3) verweist Young auf ein Ungleichgewicht in der Partizipation durch institutionelle Positionen, durch mangelnden Zugang zu „machtvollen“ Positionen werden unterrepräsentierte Gruppen unsichtbar. Im Kulturimperalismus (4) werden Werte, Normen und Vorstellungen einer dominierenden Gruppe über die einer anderen gestellt. Die Gewalt (5) gilt als Unterdrückungsinstrument, das zumeist mit institutionellem Rückhalt ausgeübt wird. (Young 1996, S. 118ff.)

Unterdrückung und Diskriminierung stellen Mechanismen dar, um Macht- und Herrschaftsverhältnisse durch Ungerechtigkeiten aufrechtzuerhalten. Sie sind in Alltagspraxen sowohl institutionell als auch kulturell eingeschrieben und werden dort reproduziert. (Czollek et al. 2019, S. 25f.) Unhinterfragte Normen, Gewohnheiten, Symbole, Verhaltensweisen, Regeln und Annahmen sowie deren institutionelle Verankerung können Unterdrückungsdynamiken in der Praxis verstärken.

2.2 Die Ebenen struktureller Diskriminierung

Eine Diskriminierungsform gilt in der Diversitytheorie dann als relevante strukturelle Diskriminierung, wenn sie fest in der Gesellschaft verankert ist. Findet sie sich auf den *Diskriminierungsebenen* der Individuen, der Institutionen sowie der Kultur wieder, lässt sie sich mit Czollek et al. (2019) als strukturell bezeichnen.

Andere Vorurteile oder diskriminierende Verhaltensweisen, welche als normativ und strukturell in der Gesellschaft gelten, lassen sich so deutlich abgrenzen. So ist die Beleidigung einer Person aufgrund ihres Musikgeschmacks nicht strukturell, weil sich diese nicht auf institutioneller oder rechtlicher Ebene wiederfinden lässt. Abwertende Bedingungen, die sich gegen bestimmte sexuelle Orientierungen richten, finden sich hingegen sowohl auf institutioneller als auch auf gesellschaftlicher

Ebene wieder und sind damit strukturell. „Unter struktureller Diskriminierung wird" somit nach Leah Czollek, Gudrun Perko und Heike Weinbach (2012, S. 11) „das Ineinandergreifen von Diskriminierung auf individueller, institutioneller und kultureller Ebene verstanden, die verschiedene Teilaspekte aufweisen kann wie Ausgrenzung, Gewalt, Unterdrückung, Marginalisierung etc. und die einhergeht mit Stereotypisierung, Vorurteilsbildung etc."
Ein weiterer zentraler Indikator für die Identifikation einer Diskriminierungsform als strukturell ist Macht. Maureen Maischa Eggers macht dies am Beispiel der gegen 2010 viel diskutierten „Deutschenfeindlichkeit" anschaulich:

> „Es ging […] offenbar um die Frage von Verletzungsmacht. [Das] Argument bestand darin, dass wenn Jugendliche of Color weiße Deutsche ‚Kartoffeln' nennen, dies genauso verletzend sei wie rassistische Bezeichnungen von weißen Jugendlichen. Dies sei an deutschen Schulen vermehrt vorgekommen. Meine Erwiderung lautete, dass es Jugendlichen of Color an derlei gesellschaftlicher Macht fehle, damit sie diese Idee, die Vorstellung bzw. Gleichsetzung von Weißsein mit Kartoffeln [strukturell, Anm. d. A.] durchsetzen könnten." (Eggers 2013, S. 17)

Eggers zielt damit auf die kulturelle Ebene ab und macht auf das Fehlen eines verbreiteten gesellschaftlichen Stereotyps aufmerksam, das weiße Deutsche mit einer Kartoffel assoziiert. Strukturalität rassistischer Diskriminierung verdeutlichend, verweist auch Reni Eddo-Lodge (2018, S. 64) auf diese quantitative Macht: „Strucural racism is dozens, hundreds, or thousands of people with the same biases […] and acting accordingly." Diesem fügt sie außerdem das für sie bedeutende, oft implizit auftretende Charakteristikum der kulturellen Dimension hinzu: „Stuctural is often the only way to capture what goes unnoticed – the silently raised eyebrows, the implicit biases, snap judgements made on perceptions of competency." Hier wird die Normalität diskriminierenden Denkens deutlich. Gerade in diesem unbewussten und fast natürlichen Bewerten anderer Personen (im Sinne eines unbemerkten Automatismus der Abwertung) zeigt sich das Ausmaß struktureller Diskriminierungsformen. Die sozialen Kategorien

werden den Menschen, die sie reproduzieren, in ihrer Normativität nicht immer unbedingt bewusst sein. Gerade hieraus leitet sich die Notwendigkeit der Diversityreflexion ab. Denn diejenigen, die von sozialer Ungleichheit betroffen sind, erleben ihre Auswirkungen mitunter tagtäglich.
Ausgangsbasis für die Definition struktureller Diskriminierung bilden die folgenden Ebenen.

Individuum
Die individuelle Ebene umfasst alle Diskriminierungen, die in der zwischenmenschlichen Dimension greifen. Das können Beleidigungen oder Beschimpfungen ebenso sein wie Ausgrenzungen und Gewaltattacken.

Institution
Diskriminierung auf institutioneller Ebene findet sich in öffentlichen Institutionen wie Schulen oder der Polizei, aber auch in Unternehmen oder allgemein im Zugang zum Arbeitsmarkt und zu bestimmten Berufsgruppen. Zur institutionellen Diskriminierung zählen aber auch die Selektion an Diskothekeneingängen aufgrund bestimmter zugeschriebener Merkmale oder die unterschiedliche Versorgung im Gesundheitssystem.

Gesellschaft
Zu der gesellschaftlichen Ebene zählen wir sowohl das Kulturelle als auch das Rechtliche und Politische. Anders als Czollek et al. (2019) sehen wir neben den kulturellen auch die rechtlichen Elemente in der obersten Ebene der Pyramide verankert. Wir orientieren uns dabei an den Kategorien der Mikro-, Meso- und Makroebene, auf die innerhalb der Reflexionstheorien der Sozialen Arbeit häufig Bezug genommenen wird (siehe Abb. 3). Im Kulturellen sind die gesellschaftlichen Normen und Vorurteile verankert, die sich in diskriminierenden Zuschreibungen und stereotypen Bildern innerhalb von Medien, aber auch Wissenschaft und eben auch Gesetzgebung reproduzieren.

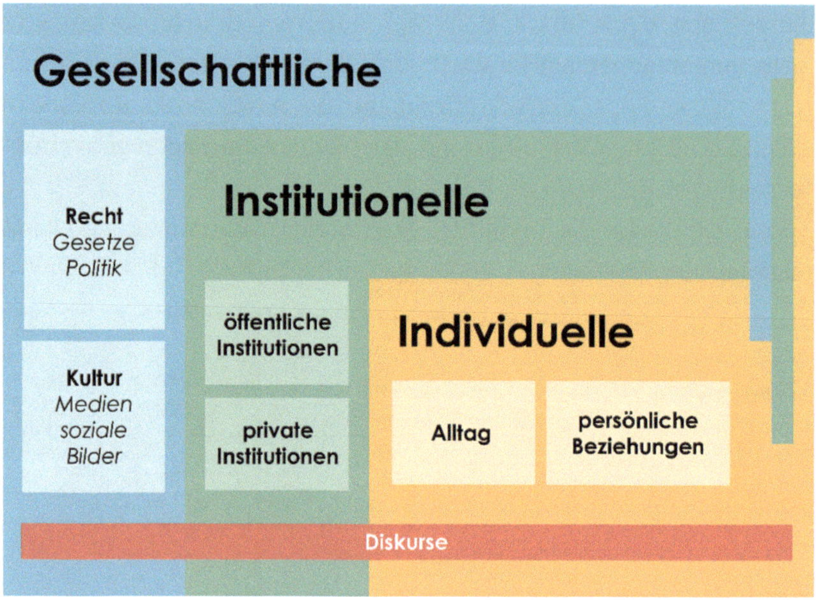

Abb. 3: Diskriminierungsebenen

Das Zusammenspiel der drei Ebenen verstehen wir dabei in Anlehnung an die Diskurstheorie als wechselwirkendes Kontinuum. Das Bild des „faulen Übergewichtigen" oder „Schwarzen Drogendealers" findet sich zum Beispiel nicht nur in Medien, sondern auch in politischen Diskussionen sowie in Leitlinien der Krankenkassen oder Anordnungen der Polizei (*racial profiling*) wieder. Aus diesem Bild kann eine Norm entstehen, beispielsweise in einer öffentlichen Behörde. Durch die Richtlinien einer Institution (beispielsweise des Krankenhauses oder der Polizei) wird das Verhalten und letztlich auch die Haltung der Mitarbeitenden (hier: des medizinischen Personals oder der Polizist*innen) beeinflusst. Diese Haltung wird darüber hinaus möglicherweise in persönlichen Gesprächen an die Mitmenschen weitergegeben – denen eben diese diskriminierende Zuschreibung wiederum bereits aus den Medien bekannt ist. Dabei sind die Medien nicht automatisch als Ursprung der Kette anzusehen, die Reihenfolge ist vielmehr exemplarisch und eigentlich als Kreislauf zu begreifen – denn in der Diskurstheorie gibt es weder Henne noch Ei.

Als Diskurse verstehen wir nach Michel Foucault (1966/2001; 1970/2010) alles Sagbare und auch Nicht-Sagbare, durch welches die entsprechenden Dinge oder Themen geprägt, geformt, bewertet oder auch verändert werden. Diskurse geben Aufschluss darüber, was in einer bestimmten Gesellschaft zu einem bestimmten Zeitpunkt Gültigkeit besitzt und als Wahrheit verstanden wird. So galt beispielsweise hierzulande bis in die Siebzigerjahre Homosexualität als Krankheit. Diese diskursive „Wahrheit" fand sich in medizinischen Richtlinien wieder, beeinflusste das (Alltags-)Verhalten der Dominanzgesellschaft gegenüber Homosexuellen und hatte bestimmte institutionelle Praktiken zur Folge. Diskurse stellen damit so etwas wie die Verbindungslinien zwischen Institutionen, Gesetzen sowie den Medien und dem derzeitig Sagbaren oder Nicht-Sagbaren dar. Die Urteilsmacht darüber, wie Homosexualität zu bewerten ist, liegt dabei ganz klar bei jenen, die nicht homosexuell sind – der Dominanzgesellschaft (s. o.).

2.3 Diskriminierungsformen

Bei den eben beschriebenen Zusammenhängen sprechen Diversitytheoretiker*innen von Diskriminierungsformen. Die Diskriminierungsform aufgrund der Herkunft oder der Hautfarbe beschreibt der Rassismus, die Diskriminierungsform auf Basis des Aussehens wird als Lookismus bezeichnet usw. In diesem Buch beziehen wir uns überwiegend auf folgende Diskriminierungsformen: Rassismus, Klassismus, Lookismus, Sexismus, Heterosexismus, Adultismus/Ageism, Disablism/Ableism und Antisemitismus.
Das Allgemeine Gleichbehandlungsgesetz (AGG) soll vor einigen Formen struktureller Diskriminierung schützen. Ungleichbehandlungen im öffentlichen Raum und bei privaten Verträgen soll somit entgegengewirkt werden. Die Besonderheit des AGG liegt darin, dass die Beweispflicht bezogen auf die Diskriminierung nicht bei den Betroffenen liegt. Die Vermietenden, Arbeitgebenden oder Diskothekenbetreibenden müssen vielmehr darlegen, wie sie sich den Betroffenen gegen-

über verhalten haben und belegen, ob eine Diskriminierung stattgefunden hat oder nicht.

Allen strukturellen Diskriminierungsformen ist eine entscheidende Komponente gemein, die sie von anderen negativen Erfahrungen und Vorurteilen unterscheidet: die ihnen inhärente Macht. Auch, wenn sich alte (Macht-)Verhältnisse langsam zu verschieben scheinen und Diversity schrittweise an Normalität gewinnt, gibt es gleichzeitig vielerorts Bestrebungen, die herkömmlichen Machtverhältnisse zu sichern beziehungsweise wiederherzustellen.

Ähnlich den von Young mit Blick auf die USA beschriebenen Eigenschaften der Unterdrückung von Schwarzen und Frauen identifizierte Hannah von Grönheim (2018) mithilfe einer umfassenden diskursanalytischen Subjektivierungsstudie im Kontext Flucht und Asyl folgende sechs Eigenschaften struktureller Diskriminierungsformen: Problematisierung, Entwertung, Hierarchisierung, Kontrolle/Disziplinierung, Homogenisierung und Rechtseinschränkung. Im Folgenden werden die ausgewählten strukturellen Diskriminierungsformen eingeführt und anhand der vier Ebenen des oberen Schaubilds (Abb. 3) Gesellschaft, Institution, Individuum und Diskurs unter Berücksichtigung dieser sechs Eigenschaften näher beschrieben. Da wie aufgezeigt keine klare Trennung der Ebenen möglich ist und sie sich gegenseitig bedingen, sind die folgenden Zuordnungen exemplarisch zu verstehen.

2.3.1 Rassismus

„Race does not exist, but it kills people." (Guillomin 1995, zit. n. Fereidooni, El 2017, S. 477) Auch, wenn längst allgemein bekannt ist, dass keine menschlichen Rassen existieren und die genetischen Unterschiede zwischen Menschen innerhalb einer Population viel größer sind als zwischen Menschen verschiedener Kontinente, ist die Gegenwart weiterhin durch alte Denkmuster geprägt. Über lange Zeit bestimmte an vielen Orten der Welt die Differenzlinie der Hautfarbe und der Herkunft den sozialen Status, die Rechte des Einzelnen sowie die sozialen Beziehungen unter Menschen. Der offene Rassismus, der im

Kolonialismus und auch im Nationalsozialismus brutale Hierarchie, Ausbeutung und Mord legitimierte, gilt in dieser Form als überwunden. Doch wie alle Diskurse in einem historischen Zusammenhang stehen, schreibt das koloniale Erbe diese Differenzlinie bis heute fort. Diskriminierende Zuschreibungen gegenüber Menschen, die nicht dem Normativ der christlich-*weiß*-deutschen Kategorie zugeordnet werden, existieren nach wie vor. Diese Zuschreibungen werden häufig nicht als rassistisch erkannt, sondern stellen ihrerseits diskursive Wahrheiten dar, die durchaus ambivalent verhandelt werden. Wenn etwa ein Thilo Sarrazin (2010) als Berliner Finanzsenator oder eine Alice Schwarzer (2010) als anerkannte Frauenrechtlerin generalisierende und stigmatisierende Zuschreibungen gegenüber arabischen oder muslimischen Männern prägen, werten sie diese ab. Ihre soziale und mediale Machtposition und ein existierender antimuslimischer Rassismus in der Gesellschaft sichern ihnen hierfür Zuspruch. Die homogenisierende Abwertung fußt dabei auf rassistischen Vorurteilen, die muslimische Männer pauschal negativ bewerten, indem sie zu Tätern stilisiert werden. Muslimische Frauen werden ebenfalls pauschal negativ entwertet, indem ihnen der Vorwurf der Unmündigkeit und des Antifeminismus gemacht wird.

GESELLSCHAFT: Von Rassismus betroffen sind vor allem jene, die als Migrations-Andere markiert werden. Dies ist zum Teil ganz unabhängig davon, welchen Pass oder Aufenthaltstitel die Menschen haben. Rassistische Diskriminierung trifft Schwarze Deutsche, People of Color, Migrierende und Geflüchtete. Sie alle werden als nicht-dazugehörig, als nicht (richtig) deutsch stigmatisiert und ihr (unerbetener) Aufenthalt zu einem Problem konstruiert. Allein der Begriff „Migrationshintergrund“ beschreibt aus diskursanalytischer Perspektive häufig mindestens eine sozial- oder innenpolitische „Herausforderung“ und wird in diversen Zusammenhängen als Indikator für soziale Problemlagen verwendet.

Nicht nur rassistische Zuschreibungen Einzelner, sondern auch migrationspolitische Entscheidungen sind geprägt von Bildern der Sorge um die Belastung der Sozialkassen. Für nicht wenige aufenthaltsrechtliche

Entscheidungen sind Kriterien des ökonomischen Nutzens (z. B. Berufsausbildung bei der Aufnahme von Kontingentflüchtlingen oder Fokussierung aller integrationspolitischen Fragen auf Bildungserfolge und finanzielle Unabhängigkeit) wichtiger als humanitäre Schutzaspekte. Die Folge ist eine diskursive Entwertung von Menschen als „unbrauchbar" oder „illegitim" (Grönheim 2018).

Maßgeblich ist das sogenannte Migrationsmanagement durch solche wirtschaftlichen Aspekte geleitet. Es dient der Kontrolle darüber, welchen Menschen die Türen nach Deutschland beziehungsweise Europa geöffnet werden, dabei stehen die erwünschten Fachkräfte den unerwünschten Schutzsuchenden gegenüber. Es findet letztlich eine Vermischung von Innen- und Wirtschaftspolitik statt, die den menschenrechtlichen Anspruch des Rechts auf Asyl allzu oft in den Hintergrund treten lässt und so zu einer ökonomisierten Migrationsauslese in Europa führt, deren „geschlossene Türen" beinahe täglich Menschenleben kosten. Die Kontrolle der Grenzen setzt sich im Inneren Deutschlands fort. Für Asylsuchende wird beispielsweise fremdbestimmt definiert, wo, wie und mit wie viel Geld sie leben und ob beziehungsweise wann sie wo arbeiten dürfen. Die Aufteilung der erwünschten und unerwünschten Migrierenden spiegelt sich in einem komplexen Ausländerrecht und verschiedensten Aufenthaltstiteln wider, die mit unterschiedlichsten Rechten und Rechtseinschränkungen verbunden sind.

Eine große Rechtseinschränkung ist somit etwa die Verhinderung der Wahrnehmung des Menschenrechts auf Asyl durch die europäische Migrationskontrolle (Push-Backs, Abkommen mit Drittstaaten etc.). Weitere Beispiele sind unter anderem der eingeschränkte Zugang zur Gesundheitsversorgung, die Wohnsitzauflage für Geduldete, die Folter von Geflüchteten an den EU-Außengrenzen[9] oder die Inhaftierung

9 Vielfältige Berichte von Menschenrechtsorganisationen, Journalist*innen und Wissenschaftler*innen belegen die praktizierte Folter durch staatliche Akteure in Ländern der EU-Außengrenzen wie Ungarn, Bulgarien, Malta, Griechenland usw. (Border Violence Monitoring Network 2020/Grönheim 2018/Europäisches Komitee zur Verhütung von Folter 2020, o. S.)

ohne strafrechtliche Begründung von abgelehnten Asylsuchenden in Deutschland.

Institution: Es gibt darüber hinaus zahlreiche Praktiken, die eine rassistische Ungleichbehandlung für Menschen nach sich ziehen, die „nur" als nicht-deutsch aufgrund der Tatsache angesehen werden, dass sie nicht als *weiß* gelten. Dies trifft beispielsweise auf das *Racial Profiling*, aber auch auf Diskriminierung im Beruf, auf dem Wohnungsmarkt oder im Freizeitbereich zu.
Strafverfolgungs- und Sicherheitsbehörden sehen sich im Zusammenhang mit den Morden des NSU[10] oder des neunfachen Mordes in Hanau teilweise schweren Vorwürfen gegenüber: Beweismaterialen wurden vernichtet und trotz gegenteiliger Hinweise zunächst die Angehörigen verdächtigt und beschuldigt. Ungeklärt sind darüber hinaus bis heute die Umstände des Todes des Flüchtlings Oury Jalloh durch ein Feuer in einer Gefängniszelle in Dessau im Jahr 2005. Die Kampagne für Opfer rassistisch motivierter Polizeigewalt (KOP) verzeichnete für die Jahre 2000 bis 2020 circa dreihundert Fälle von rassistischer Polizeigewalt allein für die Stadt Berlin.

Individuum: Als gravierendste individuelle rassistische Diskriminierung sind vermutlich die Übergriffe von Gruppen und Einzelpersonen und die rassistische Gewalt in Deutschland anzuführen, die sich gezielt gegen Menschen mit einem zugeschriebenen Migrationshintergrund richten. 3 703 „ausländerfeindliche" Straftaten registrierte das Bundeskriminalamt deutschlandweit alleine für das Jahr 2019 (Bundeskriminalamt 2020, o. S.).

Diskurs: Die Rechtseinschränkungen von Geflüchteten gerade in den menschen- und grundrechtlichen Bereichen werden juristisch – ob-

10 „Nationalsozialistischer Untergrund" (NSU) nannte sich eine Gruppe dreier Nazis, die mithilfe eines großen bundesweiten Unterstützungsnetzwerkes von 2000 bis 2007 neun Migranten und eine Polizistin ermordete.

gleich der universellen Gültigkeit der Menschenrechte – oft mit dem Fehlen des Status der Bürgerschaft begründet. Legitimation erfährt diese Praxis diskursiv über das Absprechen des Menschsein-Status. Das Sprechen etwa über Geflüchtete nicht als Menschen, sondern als Bedrohung, Belastung, Gefahr oder Ähnliches macht es argumentativ möglich, sie als nicht gleichwertige und daher auch als nicht mit den gleichen Rechten auszustattende Menschen zu betrachten. (Grönheim 2018)

2.3.2 Klassismus

Die klassistische Abwertung von Menschen in unserer Gesellschaft ist im Vergleich zur rassistischen Abwertung subtiler und wird noch weniger thematisiert, insbesondere auf politischer Ebene. Unabhängig von ihrer geringen Sichtbarkeit prägt diese Diskriminierungsform den Alltag vieler Menschen direkt, aber das Leben aller Menschen indirekt. Wie beim Rassismus oder Sexismus sind die diskriminierenden Zuschreibungen im Kontext des Klassismus nicht neu. Ab- und Entwertung, Segregation und Marginalisierung der „sozialen Unterschicht" sind aus dem Alten Rom ebenso bekannt wie aus dem Mittelalter. Unzählige Ratgeber in Buchhandlungen und im Internet fordern Menschen heute dazu auf, sich selbst zu optimieren und so die persönlichen Erfolgschancen im Leben zu erhöhen (Schreiner 2018, S. 45ff.). In eugenischer Argumentationsweise ging Thilo Sarrazin 2010 soweit, Menschen aufgrund ihres Bildungsgrades als Gefährdung für Deutschland zu beschreiben (Weingart 2012). Persönlicher Erfolg wird vorwiegend als beruflicher Erfolg verstanden – verbunden mit dem Ziel, ein möglichst produktives Mitglied der Gesellschaft zu sein sowie dem Versprechen, dass allein der individuelle Leistungswille entscheidend sei. Strukturelle Ausgrenzungsmechanismen werden in der öffentlichen Wahrnehmung außer Acht gelassen und dienen ebenso wie „Nicht-Anerkennungs- und Abwertungskulturen [dazu] die materielle Ungleichheit aufrecht[zu]erhalten. Oder kurz gesprochen: Ohne Ideologien und Strukturen der Macht und Herrschaft keine ausbeuterische

Verfügbarkeit über die Arbeitskraft von Menschen." (Kemper/Weinbach 2021, S. 21)

Gesellschaft: Die Rechte derer, die im Klassismus nicht von den Privilegien profitieren, sind hinsichtlich Freiheit (Einschränkung der freien Wahl der beruflichen Tätigkeit oder freien Wahl des Wohnortes bei Personen im Leistungsbezug)[11], Wohnen (strukturelle Hürden bei der Wohnungssuche für Obdachlose) sowie soziale und kulturelle Teilhabe eingeschränkt. Vor diesen Diskriminierungsformen bietet das AGG keinen Schutz.

Institution: Kontrolle und Disziplinierung erleben Menschen unter anderem durch das Jobcenter, das durch Vorgaben, Bestimmungen und Sanktionen von ihren „Kund*innen" – ungeachtet ihrer Individualität – bestimmte Handlungen, Kursbesuche oder Verhaltensweisen einfordert.
Auch für den Bereich der Schulen haben Studien gezeigt, dass *Kevin* aufgrund diskriminierender Zuschreibungen ebenso wie *Ali* bessere Leistungen erbringen muss als *Finn-Ole*, um eine ähnliche Bewertung zu erreichen (Kleen/Glock 2020). An der Tatsache, dass die soziale Herkunft, respektive das ökonomische, soziale und kulturelle Kapital der Eltern, über den Bildungserfolg der Kinder entscheidet, hat sich seit den Untersuchungen von Pierre Bourdieu aus den 1960er-Jahren wenig geändert (Bourdieu/Passeron 1971).

Individuum: Selbst klassenübergreifende Freundschaften oder Partnerschaften sind trotz der heutzutage uneindeutiger werdenden beziehungsweise verdeckteren Zuordnung zu einer bestimmten „Klasse" nach wie vor selten (Institut für Demoskopie Allensbach 2014, S. 33ff.).

11 Empfänger*innen von Arbeitslosengeld II sind beispielsweise verpflichtet, sich um Arbeit zu bemühen und müssen theoretisch jede Arbeitsstelle annehmen, die ihnen vom Jobcenter angeboten und als „zumutbar" (§10 SGB II) angesehen wird. Tun sie dies nicht, drohen Sanktionen.

Die Verwendung von Begrifflichkeiten wie „Status“, „Unterschicht“, „Oberschicht“ oder „Mittelklasse“ macht nach wie vor die Struktur der sozialen Hierarchisierung im Klassismus beispielhaft deutlich. Die soziale Abwertung wird durch Stigmatisierungen und Ausgrenzungsprozesse ersichtlich.

Diskurs: Klassistische Problematisierung ist sowohl an Sprache deutlich abzulesen als auch an der Art und Weise, wie z. B. Medien „die soziale Unterschicht“ portraitieren. Im Sinne der Wohlstandsorientierung erleben gerade Menschen ohne Arbeit eine Entwertung durch den Vorwurf der vermeintlich selbstverschuldeten oder selbstgewählten „Unproduktivität“ und Nichtbeteiligung am Solidarsystem oder ihnen wird gar dessen „Missbrauch“ unterstellt.

2.3.3 Lookismus

Die Diskriminierung aufgrund des Aussehens ist häufig mit anderen Diskriminierungsformen intersektional (siehe 2.4) verbunden. So können äußerliche Merkmale wie die Hautfarbe oder ein religiöses Symbol wie beispielsweise das Kopftuch zu rassistischer Diskriminierung führen. Bestimmte Kleidung wie die symbolträchtige Jogginghose kann auch in Zusammenhang mit klassistischer Diskriminierung stehen (Greif/Sarfert 2017, S. 28ff.). Der Lookismus für sich allein genommen bildet jedoch auch eine eigenständige Form der strukturellen Diskriminierung, die sich an die Normative des gegenwärtigen kulturellen Schönheitsideals anlehnt (Molina 2017, S. 18ff.). Dieses umfasst unter anderem die Idee einer bestimmten idealen Körperform und eines bestimmten idealen Gewichts, aber auch die Beschaffenheit der Haut , die Haare, die Kleidung, die Zähne und andere zum äußeren Erscheinungsbild gehörende Faktoren. Anders als die beiden zuvor genannten Formen wandeln sich diese Faktoren, die den Lookismus bestimmen, vergleichsweise schnell – etwa entsprechend der gegenwärtigen Modeideale.

Gesellschaft: In einigen Kulturen ist ein übergewichtiger Körper ein Zeichen von Wohlstand und gilt daher als begehrenswert. In Europa wird eine Abweichung vom Schönheitsideal beispielsweise in Form von Mehrgewicht häufig mit eingeschränkter Produktivität, mit geringer Selbstfürsorge und Selbstdisziplin sowie ungesunder Ernährung gleichgesetzt, die wiederum als ursächlich für Krankheiten angesehen werden, die ihrerseits die Leistungsfähigkeit der Personen begrenzen können. Wer dem kulturellen Schönheitsideal eher entspricht, erfährt mehr soziale Anerkennung und erlebt positivere soziale Rückmeldungen. Durch die damit verbundenen Privilegien stehen diesen Personen im Leben vergleichsweise mehr Türen offen.
Demgegenüber erleben Menschen, die von lookistischer Diskriminierung betroffen sind, Einschränkungen in ihrem Recht auf gleichberechtigte wirtschaftliche, soziale und kulturelle Teilhabe. Auch vor dieser Diskriminierung schützt das AGG nicht und entsprechende Klagen, etwa wegen einer Nichteinstellung aufgrund des Gewichts, wurden in der Vergangenheit von Gerichten abgelehnt (Schorb 2015, S. 229f.).

Institution: Die institutionelle Disziplinierung beginnt früh. Hygiene, gesunde Ernährung und sportliche Betätigung sind elementare Bestandteil der Erziehung. Disziplinierend werden diese Bereiche dann, wenn sie massiven Druck ausüben und für Menschen unerreichbare Ziele darstellen, die die individuellen körperlichen Voraussetzungen der Menschen ungeachtet lassen. Die dazugehörigen Überwachungsinstanzen bilden Schulen, aber auch medizinische Institutionen und Krankenkassen und heutzutage verstärkt auch die sozialen Medien. Werden die Anforderungen der hier verhandelten Normen nicht erfüllt, drohen Kindern, Jugendlichen und auch Erwachsenen Sanktionen – individueller oder eben institutioneller Art. So richten sich beispielsweise die „Risikozuschläge" oder vollständigen „Ausschlusskriterien" privater Zusatzversicherer nach dem BMI der Versicherten.

Individuum: Treten damit verbundene Stigmatisierungen auf, werden die Menschen problematisiert und in vielen Bereichen – offline sowie online – mit Vorurteilen konfrontiert. Dies kann ungleiche Zugänge zum Arbeitsmarkt hervorrufen, aber auch Mobbing und Cybermobbing.

Diskurs: Unterstützt wird die Problematisierung durch die Diskurse der Selbstoptimierung, die die Bedingungen des Aussehens nahezu individualisieren. Diese sind geprägt von Pauschalisierungen, d. h., dass nicht zwischen den Individuen, ihren physischen und psychischen Möglichkeiten und Grenzen differenziert wird, sondern alle mit gleichem Maß gemessen werden. Doch Veranlagungen sind nie identisch und für manche Menschen ist der Energieaufwand, der zum Erreichen bestimmter Ideale verwendet wird, unverhältnismäßig hoch bis unmöglich erreichbar. Die Folgen dieser Anstrengungen können ihrerseits wiederum die psychische Gesundheit beeinträchtigen.

2.3.4 Sexismus

Sexismus beschreibt die Diskriminierung aufgrund des Geschlechts, wobei dieses auch in diesem Zusammenhang als soziale Kategorie verstanden wird, die bestimmte Privilegien und Diskriminierungserfahrungen mit sich bringen kann. Für diese soziale Dimension des Geschlechts wurde der Begriff *Gender* entwickelt. Ähnlich wie *Weißsein* einen sozialen Status beschreibt, umfasst Gender die mit einer biologisch-medizinisch determinierten Geschlechterbinarität einhergehenden Konstruktionen und Zuschreibungen. Hierbei handelt es sich etwa um diskriminierende Zuschreibungen, die bei anderen biologischen Merkmalen (abgesehen von Hautfarbe – Rassismus –, sichtbaren Krankheiten/Beeinträchtigungen – Ableism – und Alter) so nicht existieren. So findet sich schließlich keine Differenzlinie zwischen Links- und Rechtshändern oder Brillen- und Nichtbrillenträgern. Die Differenzlinie Mann-Frau determiniert ihrerseits bestimmte Machtverhältnisse und Zugangsmöglichkeiten für Menschen. Gender als Analysekategorie versucht diese Konstruktionen zu hinterfragen und stellt darüber hinaus auch die Binarität des Konstrukts infrage. Denn letztlich scheint die Zweiteilung doch vor allem eine komplexitätsreduzierende Vereinfachung der Vielfalt von Menschen zu sein, durch die eine Einteilung in Gruppen erfolgt, mithilfe derer gewisse Herrschaftsansprüche legitimiert werden: „Man kommt nicht als Frau zur Welt, man wird es.“ (de Beauvoir 1951/2000, S. 265)

Gesellschaft: Die Rechte von Transsexuellen, Transgendern oder Intersexuellen unterliegen einigen positiven Entwicklungen. Von einer Gleichberechtigung ist man aber nach wie vor weit entfernt. Auch Männer und Frauen sind nicht in allen Bereichen der Gesellschaft strukturell gleichgestellt.
Erwachsene, Jugendliche und selbst Kinder werden bezüglich der zugeschriebenen Geschlechtsidentität mit einer Reihe von expliziten und impliziten, wohl gemeinten und abwertenden, bewussten und unbewussten vorgefertigten Ideen und Vorstellungen über ihre Identität und ihren Charakter konfrontiert. Prägend sind dabei insbesondere solche Zuschreibungen, die auf bestimmte, vermeintlich vorhandene oder nicht vorhandene Fähigkeiten abzielen (seien es soziale, physische, kognitive und andere), beispielsweise Empathie, Mathematik, Einparken. Letztere führen zu Problematisierungen von Gruppen und den ihnen vermeintlich zugehörenden Mitgliedern, die sowohl einen negativen Effekt auf das Selbstbild haben als auch sie vor strukturelle Chancenungleichheit stellen können. Die wirtschaftliche Dimension der Entwertung lässt sich etwa an den Forderungen der Frauenbewegung(-en) ablesen. Ähnlich wie die aktuellen Debatten um Zuwanderung war es jedoch auch der Konjunktur und dem Arbeitskräftemangel zu verdanken, dass Frauen heute einen nahezu gleichberechtigten Zugang zu Arbeit und Ausbildung haben wie Männer. Hier wird deutlich, wie willkürlich sich Ideen von Gleichberechtigung ändern können, wenn sie etwa nicht bloß den sozialen, sondern auch dem ökonomischen Gemeinwohl förderlich sind.

Institution: Die strukturelle Entwertung der von Frauen geleisteten Arbeit ist dennoch nach wie vor ersichtlich (z. B. über den Gender-Pay-

Gap oder die geringere Entlohnung sogenannter klassisch weiblicher Berufe).
Dass die hegemoniale Macht männlich präsentiert wird, ist in den meisten Gesellschaften Normalität.

Abb. 4: 18 Regierungsoberhäupter der »zwanzig wichtigsten Industrie- und Schwellenländer" waren 2017 männlich (exklusiv der Gäste).

Das nationale Bild der deutschen Wirtschaft ähnelt dem der abgebildeten globalen Zusammensetzung der G20 (Abb. 4): Keines der dreißig großen DAX-Unternehmen wird von einer Frau geführt, der weibliche Anteil in den Vorständen betrug 2017 nur 27 Prozent.
Es findet sich in Deutschland kaum ein Formular einer Institution, das nicht nach dem »Geschlecht" des Ausfüllenden fragt, und nicht selten sind maximal zwei Auswahlmöglichkeiten vorgegeben.
In verschiedensten Einrichtungen – sportiven, aber auch sozialen –, findet sich darüber hinaus eine geschlechterdifferenzierte Angebotsstruktur. Bei Projekten wie der Mädchen- oder Jungenarbeit, bei Frauen- oder Männergruppen ist vor allem die Zielsetzung entscheidend. Konzepte, die nicht die Vielfältigkeit der einzelnen Individuen berücksichtigen, sondern mit pauschalisierenden Vorurteilen arbeiten, reproduzieren den einschränkenden Charakter der sozialen Kategorien sowie diskriminierende Zuschreibungen und begrenzen

dadurch individuelle Entwicklungsräume. Als Schutzräume oder in der reflexiven Arbeit gerade an den gesellschaftlichen Genderkonstruktionen können entsprechende Projekte aber andererseits auch Entwicklungsräume eröffnen und bestärken.

Individuum: Wie bei anderen Gewaltarten gibt es auch beim Frauenhass Anzeichen für eine Radikalisierung durch Onlineforen. Julia Ebner, die verschiedene diese Foren analysiert und beobachtet, beschreibt unter anderem die frauenfeindliche Incel-Bewegung (s. o.). 2014 tötete ein Incel-Anhänger in Kalifornien sechs Menschen und verletzte 14 weitere. „Die Incel-Revolution hat begonnen!“, postete 2018 der Attentäter von Toronto, bevor er zehn Menschen mit einem Lieferwagen überfuhr und tötete. (Ebner 2019, S. 77f.) Dies sind Beispiele, die eine große Medienresonanz erhalten. Doch der Mord an Frauen, der sogenannte Femizid, ist so erschreckend alltäglich, dass er in seiner Tragweite kaum wahrgenommen wird: „Alle drei Tage wird [in Deutschland] eine Frau von ihrem Partner oder Ex-Partner getötet.“ (Backes/Bettoni 2021, Buchumschlag)

Diskurs: Die Hierarchisierung beruht auf der binären Differenzierung der „Geschlechter“, die maßgeblich die Identität aller Menschen prägt. Schon in jungen Jahren lernen Kinder, dass sie „Jungen“ oder „Mädchen“ seien und wie sie sich als solche zu verhalten haben. Bei vermeintlich normativ-abweichendem Verhalten erleben sie soziale Ächtung, bei normativ-entsprechendem Verhalten sozialen Zuspruch. Menschen, die sich dem binären Geschlechtersystem nicht zuordnen, haben nur selten die Möglichkeit, eine dritte Geschlechtsidentität frei zu leben. Sie werden immer wieder dazu gedrängt, sich einer der beiden Kategorien zuzuordnen.

2.3.6 Heterosexismus

Der Heterosexismus zielt anders als der Sexismus nicht auf die Geschlechtsidentität, sondern auf die sexuelle Orientierung ab, auch wenn es hier durchaus Überlagerungen gibt. Diese Diskriminierungsform richtet sich gegen Menschen, denen eine andere als die heterosexuelle Orientierung zugeschrieben wird und betrifft damit beispielsweise homo- und bisexuelle sowie pansexuelle Menschen. Wie bei allen Kategorisierungen wird die oft mit pauschalisierenden Zuschreibungen einhergehende Homogenisierung der Vielfalt der beschriebenen Menschen nicht gerecht. So macht Lohrenscheidt zur Heteronormativität deutlich: „Die Einordnung [...] unter die Bezeichnung Lesben, Schwule, Transgender und Intersexuelle [LGBTI] ist als sozialwissenschaftliches und rechtliches Analyseinstrument hilfreich, [d]ie Kategorien stellen jedoch eine Vereinfachung dar, unter die sich viele Menschen in ihrer Selbstaussage nicht subsumieren würden.“ (Lohrenscheidt 2009, S. 18)
Vor allem aus globaler Perspektive ist die Gleichstellung noch lange nicht verwirklicht. Die Achtung des internationalen Menschenrechtsschutzes der sexuellen Selbstbestimmung hat zwar deutliche Fortschritte gemacht, dennoch steht Homosexualität nach wie vor weltweit in siebzig Ländern unter Strafe, in sechs Ländern droht sogar die Todesstrafe und wird immer wieder auch verhängt (ILGA 2019, o. S.).

Gesellschaft: Heteronormativität ist sowohl mit religiösen als auch politischen Normen der Reproduktion eng verbunden. Menschen, die potenziell keinen Beitrag zum Fortbestand der Gesellschaft leisten, werden in diesem Zusammenhang direkt und indirekt mit demografischen Entwicklungen und religiösen Werten konfrontiert und zur Rechtfertigung gezwungen. Renten- und steuerpolitischen Interessen folgend bedarf es in einer sozialen Marktwirtschaft eines stabilen Bevölkerungszuwachses. Heterosexuelle Ehepaare – insbesondere der statistisch gesehen besser bezahlte heterosexuelle Ehemann – erhalten auf dieser Basis steuerliche Vorteile, die sich bei vorhandenen Kindern noch erhöhen.

Institution: Nach der Einführung der „Ehe für alle" im Jahr 2017 besteht die Ungleichheit vor dem Gesetz für gleichgeschlechtliche Paare beispielsweise nach wie vor hinsichtlich des fehlenden Rechts auf eine gemeinsame Adoption. Aufgrund bestehender Vorurteile ist der gleichberechtigte Zugang zu Beteiligung beispielsweise am prominenten Profisport, aber auch in anderen Bereichen nach wie vor eingeschränkt. Transpersonen sehen sich beinahe täglich mit sozialen Zuschreibungen, mit Erklärungszwang und Rechtfertigungsdruck hinsichtlich ihrer Geschlechtsidentität konfrontiert (Wenzel 2019, o. S.). Zu diskriminierenden Einschränkungen kommt es etwa dann, wenn die (neue) Identität (noch) nicht mit dem gültigen Personalausweis übereinstimmt und von Institutionen wie Polizei, Schule oder Post nicht akzeptiert wird (dgti o. J., o. S.).

Individuum: Statistisch gesehen hat sich die Häufigkeit der Abwertung von Menschen aufgrund ihrer sexuellen Identität oder Orientierung in den letzten zwanzig Jahren deutlich reduziert, liegt aber immer noch bei circa zehn Prozent. In der repräsentativen Umfrage der sogenannten Mitte-Studie von 2018/19[12] stimmte etwa jede zehnte Person abwertenden Aussagen gegenüber Homosexuellen (8,3 Prozent) oder Trans*Menschen (12,3 Prozent) zu.

Diskurs: Noch bis 1992 galt Homosexualität im internationalen Klassifikationssystem ICD-9 als Krankheit, bis 1994 stand Homosexualität in Deutschland unter Strafe. In den Kirchen ebenso wie in Medizin und Forschung wurde lange nach „Ursachen" und „Therapiemöglichkeiten" für die vermeintliche Krankheit gesucht. Diese massiv bio-politischen Kontrollformen gehören mittlerweile der Vergangenheit an,

12 Die „Mitte-Studien" werden seit 2006 von der Friedrich-Ebert-Stiftung durchgeführt und untersuchen rechtsextreme Einstellungen in der deutschen Gesellschaft.

prägen bis zu einem gewissen Grad aber nach wie vor gegenwärtige Diskurse.[13]

2.3.7 Adultismus/Ageism

Die Diskriminierung aufgrund des Alters betrifft jüngere und ältere Menschen. Minderjährige, insbesondere Kinder, haben nicht immer die gleichen Möglichkeiten Gehör zu finden wie Erwachsene. Der Umgang mit Kindern und Jugendlichen hat allein aus einer erzieherischen und pädagogischen Sicht einen tendenziell paternalistischen Charakter. Eltern, Lehrkräfte und Erzieher*innen treffen Entscheidungen für die Schutzbefohlenen oft auf der Basis eigener (professioneller) Annahmen. Dass Kinder mit ihren Wünschen und Interessen angehört werden, etwa in einem partizipativen Kinderrat einer Kindertageseinrichtung, ist nach wie vor eine recht neue Entwicklung. Durch derartige Methoden lässt sich die Teilhabe von Kindern fördern und das deutlich bestehende Machtgefälle reduzieren. Mit inklusiven Ansätzen wird heute versucht, der Individualität von Kindern und Jugendlichen gerecht zu werden. Die flächendeckende Umsetzung scheitert jedoch nach wie vor an fehlenden strukturellen Bedingungen, die ein solches Arbeiten ermöglichen würden. Im Umgang mit älteren Menschen ist es nach wie vor nicht unüblich, dass Angehörige, Ärzt*innen oder das Pflegepersonal über einen Teil der Lebensbereiche – sei es Ernährung, Bewegung, Ort und Art des Wohnens oder auch Alltagsabläufe – ungefragt verfügen.

Gesellschaft: Während Kindern häufig ihre „mangelnde Reife" nachgesehen wird und sie dadurch eher besonderen Schutz genießen, wird Jugendlichen dieselbe schneller nachgetragen. Obgleich sie nach dem

---

13 „Wir sehen in jeder Form der Homosexualität eine Entwicklungsstörung. Deshalb halten wir den Rat, Homosexualität als eine normale Gegebenheit im Leben zu akzeptieren und entsprechend zu leben, für schädlich und verantwortungslos." (Zitat des ehemaligen CDU-Landtagsabgeordneten Bernhard Ritter, 2014)

Gesetz noch Kinder sind, wird von ihnen ein höheres Maß an Verantwortungsbewusstsein erwartet und das für die Adoleszenzphase typische abweichende Verhalten problematisiert. Ältere Menschen betrifft die soziale Problematisierung insbesondere dann, wenn sie als Belastung konstruiert werden. Das umfasst im Privaten überwiegend den Bereich der Pflege und im Öffentlichen den Bereich der Rentenkassen.

Kinder und Jugendliche sind zu ihrem eigenen Schutz in vielen Rechten eingeschränkt, hierzu zählen Freiheits- ebenso wie politische Rechte. Auch der Zugang zu Gütern, Einrichtungen und Dienstleistungen ist beschränkt. „Die Tragweite der Nicht-Beachtung der Altersgruppe der Kinder bei politischen Entscheidungen wird insbesondere bei jenen Themen deutlich, die im späteren Leben der Kinder oder für nachfolgende Generationen lebenswichtige Auswirkungen haben" (Liebel 2020, S. 29), beispielsweise beim Klimaschutz.

Institution: Die paternalistischen Umgangsformen gegenüber jüngeren und älteren Menschen sind Ausdruck einer sozialen Hierarchie, in der eine bestimmte Altersgruppe sowie insbesondere bestimmte Gruppen von Fachkräften (all jene, die mit Menschen arbeiten, insbesondere im Care-Bereich) Entscheidungen über bedeutende Lebensbereiche treffen, ohne die von diesen betroffenen Menschen hierzu anzuhören. Institutionen wie Schulen fungieren als Kontrollinstanzen, in denen junge Menschen diszipliniert, d. h. an gesellschaftliche Normen angepasst werden und wenig Mitspracherecht besitzen. Weniger die Förderung der eigenen Persönlichkeiten steht hier im Vordergrund als vielmehr die Formung produktiver Gesellschaftsmitglieder durch Unterordnung unter institutionelle Regeln.

Individuum: Kinder erleben adultistische Diskriminierung entlang der Bandbreite von ungefragten Berührungen durch Erwachsene bis hin zu physischer Gewalt. Bestimmen Eltern über ihre Kinder, kann dies zum Schutze der Kinder geschehen, womit die Erziehungsberechtigten ihrer Fürsorgepflicht nachkommen. Beteiligen sie Kinder allerdings nicht entsprechend ihres Alters an Entscheidungen (z. B. bei der Wahl der Freizeitgestaltung, der Kleidung, der Nahrung oder dem Aufenthaltsort) und findet in diesem Rahmen eine Entwertung ihrer Entscheidungs- und Handlungsmöglichkeiten oder eine Einschränkung der Selbstbestimmungsrechte statt, kann dies diskriminierend sein. Die Abwertung der Persönlichkeit als „kindisch" ist Bestandteil adultistischer Diskurse. (Richter 2013, S. 6f.)

Diskurs: Sowohl junge als auch ältere Menschen werden nicht als Einzahlende in die sozialen Versicherungssysteme wahrgenommen, sondern vorwiegend als Personengruppen, die Leistungen empfangen. Durch das gesellschaftliche Produktivitätsnormativ, dem vermeintlich (noch) nicht (oder nicht mehr) entsprochen wird, entsteht eine Belastungsfiktion. Die Abweichung von der Norm wird darüber hinaus in Bezug auf das Verhalten, insbesondere das Maß an Un-/Selbstständigkeit und einem erhöhten Fürsorge- beziehungsweise Pflegebedarf von Jung und Alt konstruiert.

2.3.8 (Dis)Ableism

Disableism beziehungsweise *Ableism* oder Ableismus beschreibt die strukturelle Diskriminierung von beeinträchtigten Menschen. Der englische Begriff leitet sich aus dem Wort „disabled" für „beeinträchtigt" beziehungsweise „able" (wörtlich: „fähig") ab. Seit Langem herrscht in der deutschsprachigen Sozialarbeit Uneinigkeit darüber, welche Bezeichnung für die im Gesetz unter „Schwerbehinderte" gefasste Personengruppe als diskriminierungsfrei gelten kann. Insbesondere auch die Selbstorganisationen haben hier unterschiedliche Auffassungen. Die Bandbreite reicht von „Menschen mit Unterstützungsbedarf" über „beeinträchtigt" bis hin zu „behindert" (auch oft verstanden als Menschen, die durch Strukturen behindert werden) oder auch „Krüppel" und „behindert und verrückt". Kristina Reiss (2007, S. 51) verweist über den Begriff hinaus auf dessen soziale Konstruktion: „Soziale Normen, Konventionen und Standards bestimmen darüber, wer behindert ist. Der Begriff der Behinderung unterlieg[t] vielmehr [...] den jeweiligen gesellschaftlichen Einstellungen und diagnostischen Zuschreibungen."

Die Strukturalität dieser Diskriminierungsform ist so offensichtlich wie kaum eine andere. Nach wie vor gibt es Werkstätten und Heime, die an abgelegenen Orten liegen: Eine Teilhabe am sozialen, wirtschaftlichen und kulturellen Leben der Gesellschaft ist durch die periphere Unterbringung kaum möglich. Zwar existieren strukturelle Gegenmaßnahmen wie die Quotenregelung, diese führen jedoch in der Regel zu einer Hierarchisierung und Stratifizierung (s. u.). Die im Nationalsozialismus praktizierte Euthanasie gilt es für gegenwärtige Machtanalysen als historische Diskurslinie stets mit zu berücksichtigen, etwa wenn in unserer Gesellschaft über Schwangerschaftsverhütung, Pränataldiagnostik (PND) oder über die allgemeine Wahrnehmung behinderter Menschen gesprochen wird. Erst nach und nach entstehen neue Kommunikationswege, um den freien Willen von Menschen mit sprachlichem Unterstützungsbedarf zu ermöglichen und ihre eigenen Wünsche abfragen zu können. Einen wichtigen Baustein bildet hier als Reaktion auf die offene politische und kulturelle Diskriminierung die 2009 von Deutschland ratifizierte UN-Behindertenrechtskonvention (kurz: UN-BRK).[14] Ziel der UN-BRK ist die Inklusion aller Menschen, unabhängig ihrer geistigen, körperlichen oder kognitiven Fähigkeiten. Sie stellt damit ein zentrales rechtliches und politisches Instrument zur Förderung von Teilhabe und sozialer Gerechtigkeit dar, indem sie Menschen auf allen Ebenen zusammenbringen soll. In diesem Sinne hat sie ebenfalls das Potenzial, ein Mittel gegen Ausgrenzungsmechanismen zu sein. In der Gegenwart zeichnet sich jedoch (noch) ein anderes Bild ab.

14 Der offizielle Titel lautet: Übereinkommen über die Rechte von Menschen mit Behinderungen.

Gesellschaft: Inklusion wird aufgrund unzureichender struktureller Veränderungen vielerorts als Belastung wahrgenommen und das gesamtgesellschaftliche Potenzial unzureichend erkannt. „Bei der inklusiven Pädagogik besteht das Reflexionsdefizit in einer fragwürdigen Normalisierung menschlicher Verschiedenheit, die soziale Differenz auf eine ‚quasi-biologische Diversität' verkürzt und die Ambivalenz pädagogischer Anerkennungsverhältnisse verkennt." (Lindmeier 2019, S. 12)

Weder Werkstätten noch Heime differenzieren in ihren Konzepten wirklich hinsichtlich der Diversität der Mitarbeitenden oder Bewohnenden. Das homogenisierende Bild von den „Behinderten" hält sich in der Gesellschaft und wird nach Tanja Kollodzieyski durch entsprechende Repräsentationen in den Medien verstärkt. Behinderung würde hier einseitig defizitär als „Mangel" und „Belastung" dargestellt: „Entweder leiden wir unglaublich unter unseren Behinderungen oder wir überwinden sie und studieren oder lachen ‚trotz Behinderung'." (Kollodzieyski 2020, S. 14)

Institution: Bereits bei ungeborenem Leben findet eine Problematisierung von voraussichtlich behinderten Föten als Belastung und Einschränkung für das Leben der zukünftigen Eltern statt, beispielsweise vonseiten des medizinischen Personals. Eltern werden zur Pränataldiagnostik überredet, Ärzt*innen legen Schwangerschaftsabbrüche nahe, welche in diesen Fällen gar bis zur letzten Schwangerschaftswoche möglich sind, und Pfleger*innen bemitleiden frischgebackene Eltern – oder verurteilen sie im schlimmsten Fall.

In der Struktur des Schulsystems bildet sich darüber hinaus eine soziale Hierarchisierung ab, in welcher die Sonderschulen nach wie vor die unterste Stufe des Bildungssystems ausmachen. Die Anzahl der Förderschulen ist trotz Inklusion in einigen Bundesländern nach wie vor steigend. Die soziale Hierarchie spiegelt sich auch in individuellen Beziehungen innerhalb sozialer Einrichtungen wider. Immer wieder werden etwa Berichte von Machtmissbrauch in Heimen publik (Staudhammer 2018).

So wird auch im Kontext der Sozialen Arbeit eine Reihe von Entscheidungen weniger *mit* den Menschen als *für* sie getroffen. Das reicht von der Vergabe der Dreimonatsspritze als Verhütungsmittel über die Kontrolle der rechtlichen und finanziellen Geschäfte bis hin zu Vorschriften bezüglich Wohnen, Beziehungen, Arbeit und Freizeitgestaltung.

Individuum: Dieser Machtmissbrauch nimmt teilweise schwere Ausmaße an und umfasst neben psychischen auch physische und sexuelle Formen. Insbesondere Frauen sind hier betroffen. Untersuchungen gehen davon aus, dass 68 bis neunzig Prozent der behinderten Frauen Gewalt erleben (BMFSFJ 2012, S. 23)[15]. Daneben stehen eine ganze Reihe von rechtlichen Ungleichstellungen und institutionellen Praktiken, die es behinderten Menschen erschweren, ihre eigenen Interessen kundzutun oder gar zu vertreten.
Auch diese „Gruppe" wird nach wie vor als Belastung gesehen und Eltern behinderter Kinder werden nach wie vor gefragt, „ob sie es denn nicht vorher gewusst hätten" (Hartmann 2020, o. S.). Diese Frage impliziert für die Adressierten einen Vorwurf, der die bloße Existenz ihres eigenen Kindes infrage stellt.

Diskurs: „Wissenschaftliche Diskurse zum Körper sind entscheidend daran beteiligt gewesen, einen physisch-psychisch-anatomisch geprägten Normenkatalog unter dem Begriff der Anatomie (Foucault) zu entwickeln. In der Folge wurde es möglich, den Körper entlang der Opposition von normalem und anormalem Körper zu vermessen, mit weitreichenden Folgen für die Betroffenen." (Raab 2016, S. 126) Mit dem Streben nach einem „gesunden Volkskörper" wurde im Nationalsozialismus die Euthanasie legitimiert. Hinter dem Begriff des „Volkskörpers" steckt dabei die Doppeldeutigkeit der Förderung individueller gesunder Körper sowie das wahnsinnige und unrealistische Ziel der Ausrottung aller als „krank" definierten Menschen innerhalb „des Vol-

15 Die Vergleichsgruppe Frauen der Gesamtbevölkerung macht 45 Prozent aus.

kes". Der Fortschritt der Nation würde davon abhängen, ob man in „kranke" Menschen „investiere" oder in die „starken", wie es die NSDAP[16] formulierte. Die Normativität der Leistung in der Gesellschaft bestimmt die Subjektorientierung von älteren Menschen (Denninger/van Dyk/Lessenich/Richter 2014) sowie von Beeinträchtigten. Der Wert des Menschen wird an Leistung und gesellschaftlichem Beitrag gemessen. Das Gefühl der Wertlosigkeit[17] hat in der Umkehr Folgen für die Anerkennung und den sozialen Status von Menschen mit Beeinträchtigung oder mit chronischen Erkrankungen. Die Debatte um Sterbehilfe mit dem Diskurs des Nicht-zur-Last-fallen-Wollens oder die Pränataldiagnostik mit der Suche nach vermeintlichen Indizien für Gesundheit oder Krankheit[18] sind beispielhafte Entwicklungen.

Ähnlich dem Selbstoptimierungsdiskurs im Klassismus oder Lookismus suggeriert der individualisierende Mythos des sich selbst am Schopf aus dem Sumpf ziehenden Münchhausen, dass die Bewältigung psychischer Krankheiten eine reine Frage der Selbstdisziplin sei. Derartig stigmatisierende Diskurse beeinflussen nicht nur die soziale Akzeptanz von Krankheiten wie etwa Depression oder eben auch Armut oder Mehrgewichtigkeit, sondern verursachen bei den betroffenen Personen Beeinträchtigungen des Selbstbildes sowie Scham und Schuldgefühle und verneinen darüber hinaus durch die Individualisierung der Problemlagen den Bedarf an strukturellen Gegenstrategien.

2.3.9 Antisemitismus

Über viele Jahrhunderte äußerte sich Judenhass in Europa in Form des durch religiöse Motive geprägten Antijudaismus. In der zweiten Hälfte des 19. Jahrhunderts entstand mit dem Antisemitismus eine Bewegung, deren Protagonisten Judenhass mit Rasselehre in Beziehung

16 Die Abkürzung steht für Nationalsozialistische Deutsche Arbeiterpartei.

17 Siehe auch Abschnitt 2.5 „Subjektivierungen".

18 Ein Beispiel ist die Diskussion über die Übernahme der Kosten für Pränataldiagnostik durch die Krankenkassen (siehe z. B. kritische Auseinandersetzung von Hartmann 2020, o. S.).

setzten und so eine wissenschaftlich fundierte Ablehnung von Jüdinnen und Juden zu begründen versuchten. (Bühl 2020; Maccoby 2020) Für die Analyse des gegenwärtigen Antisemitismus muss im Vergleich zum Rassismus, der in seiner heutigen Weise vor allem durch den Sklavenhandel, den Kolonialismus und den Nationalsozialismus geprägt ist, historisch weiter zurückgeblickt werden. Die Shoah bildet den globalen sowie an Grausamkeit unübertroffenen Höhepunkt der Verfolgung von Jüdinnen und Juden. Es handelt sich dabei jedoch nicht um einen einzigartigen Ausnahmezeitraum im Hinblick auf Judenfeindschaft in Deutschland. Viele der diskriminierenden Zuschreibungen, Bilder und Vorurteile ziehen sich wie ein roter Faden des Judenhasses vom Mittelalter beziehungsweise gar der Antike bis in die Gegenwart[19]. Die Langzeitstudie (2007–2018) von Monika Schwarz-Friesel (2020) zeigt am Beispiel der digitalen Hetze, wie gerade in den letzten Jahren der Antisemitismus in Deutschland sowohl quantitativ zugenommen als auch sich qualitativ radikalisiert hat.
Dass der Antisemitismus in Deutschland durch Aufarbeitungen und (bildungs-)politische Auseinandersetzung mit dem Holocaust überwunden werden konnte, wie es in den Achtziger- und Neunzigerjahren weitläufige Meinung war, gilt mittlerweile weitestgehend als widerlegt. Vielmehr ist der Prozess der Anerkennung der Existenz eines gesamtgesellschaftlichen Antisemitismus nach wie vor nicht abgeschlossen. Noch immer halten viele Menschen an der Überzeugung fest, Antisemitismus sei ein Problem der Rechtsextremen oder neuerdings auch der muslimischen Bevölkerung (Cheema 2017, S. 61ff.). Doch antisemitische Denkmuster sind tief in unserer Gesellschaft verankert und wirken wie andere Diskurse unbewusst und verdeckt in verschiedenen Zusammenhängen. Einer dieser Diskurse ist der verschwörungstheoretische Glaube an die heimliche Kontrolle der Welt durch einflussreiche jüdische Familien an der Wall Street. Ein anderer ist jener

19 Der Vorwurf des Kindsmordes, der in der gegenwärtigen „Israelkritik“ einen Schwerpunkt einnimmt, entspringt dem Mythos des Ritualmordes, „der besagt, dass *die Juden* aus dem Blut der geraubten Kinder ihr Pesachbrot backen.“ (Staffa 2017, S. 182)

der Israelkritik: Hier finden sich in der BDS[20]-Bewegung, in den Vorwürfen des „Pinkwashing“[21] und anderen Debatten sowohl im linken wie im rechten politischen Spektrum antisemitische Tendenzen.
Wie in der Einleitung angedeutet ist ein weiterer prägender Diskurs jener der Täter*innen-Opfer-Umkehr: Die jüdische Bevölkerung wird mit dem Vorwurf konfrontiert, der nicht-jüdischen deutschen Bevölkerung den Holocaust vorzuhalten. „Es sei ja jetzt langsam mal gut“, so die Abwehrreaktion in Richtung jüdischer Mitbürger*innen. Die Täter*innenrolle wird externalisiert und von der nicht-jüdischen auf die jüdische Bevölkerung übertragen.

Gesellschaft: Neid ist seit jeher eines der stärksten Motive des Antisemitismus. Auf ihn zurückzuführen sind eine ganze Reihe von Mythen, die zum Teil hartnäckig fortbestehen, beispielsweise das Bild des reichen jüdischen Bankers, der Mythos, Jüdinnen und Juden müssten keine Steuern zahlen oder der Irrglaube, alle Juden erhielten Entschädigungszahlungen vom deutschen Staat (Bundesregierung 2019, o. S.). Der Antisemitismus nimmt damit eine Besonderheit in der Reihe der strukturellen Diskriminierungsformen an, da er nicht nach unten, sondern nach oben hin abwertet. Den Menschen wird nicht Kompetenz- und Machtlosigkeit zugeschrieben, sondern vielmehr Übermacht und der übermäßige Besitz von Herrschaft.
In Deutschland entsteht soziale Diskriminierung auch aus der ausschließlichen Verbindung des deutschen Staates mit nur einer Religion, dem Christentum. Die daraus entstehenden christlichen Privilegien

20 Die Boykott-Desinvest-Sanctions-Bewegung fordert unter anderem die Boykottierung aller israelischen Exportwaren und Sanktionen gegen die israelische Wirtschaft.

21 Israel wird vorgeworfen, mit liberaler LGBT-Politik und dem Eurovision Song Contest die Palästinenser-politik reinzuwaschen, also sogenanntes „Pinkwashing“ zu betreiben: Die Aneignung der LGBTQIA+-Bewegung, um eine bestimmte unternehmerische oder politische Agenda zu fördern und sich selbst als offen und akzeptierend zu vermarkten, um Aspekte zu verbergen, die gewalttätig und undemokratisch sind (siehe Schindler 2019, o. S.).

bleiben Menschen anderer Glaubensrichtungen automatisch vorenthalten.

Institution: Das Christentum bildet in Deutschland eine Art *religiöse „Normalität“* (auch wenn vielen Menschen die glaubensrelevanten Hintergründe unbekannt oder gleichgültig sind) und dominiert so verschiedenste Bereiche wie staatliche Feiertage, einen Großteil des Wohlfahrtssystems, die Kirchensteuer, christliche Parteien oder christliche Bildungseinrichtungen, beispielsweise Universitäten oder Kitas. Mit dieser religiösen Normalität erklärt sich weiter die soziale Normalität, in der Atheist*innen und Christ*innen eine höhere soziale Akzeptanz erfahren und soziale Macht innehaben als Menschen anderer Religionen.
Weitere Ungleichheiten und Hürden vor dem Gesetz sind das Fehlen jüdischer Feiertage in Deutschland oder die (entgegen der landläufigen Meinung) oft nur schwer zu erlangende deutsche Staatsbürgerschaft. Auch der Erhalt von Entschädigungszahlungen ist für Holocaustüberlebende alles andere als selbstverständlich und bildet eher die Ausnahme. Ebenso wenig ist es Überlebenden und ihren Nachfahren möglich, ehemaligen enteigneten Familienbesitz zurückzuerhalten.

Individuum: Jüdinnen und Juden sehen sich in Deutschland immer wieder mit einem Rechtfertigungsdruck konfrontiert. Selbst, wer nie nach Israel gereist ist oder dort gelebt hat, wird von nicht-jüdischen Mitbürger*innen immer wieder aufgefordert, sich zur israelischen Politik zu positionieren. In dieser Gleichsetzung von jüdisch und israelisch schwingt subtil immer die hartnäckig in vielen Köpfen verankerte normative Macht mit, die besagt, dass nur der (wirklich) deutsch sein kann, der christlich und *weiß* ist – und nicht etwa jüdisch, muslimisch oder hinduistisch.
In diesem Zusammenhang entsteht früher oder später immer die Frage: „Darf man Israel jetzt nicht mehr kritisieren, ohne dem Vorwurf des Antisemitismus zu begegnen?“ Die Antwort ist jein. Ja, man darf

die israelische Regierung kritisieren, ebenso wie man die britische oder spanische Regierung kritisieren darf, wenn man sich für Politik interessiert. Nein lautet die Antwort, wenn man negiert, dass sich Antisemitismus und Israelkritik überlagern (können). Eine ehrliche Auseinandersetzung mit der geäußerten Kritik hilft hier zu differenzieren.[22]
Auch der offene, gewaltvolle Antisemitismus ist nach wie vor in der Gesellschaft vorhanden. Übergriffe auf jüdische Menschen und Anschläge auf Synagogen haben laut Verfassungsschutz zuletzt sogar zugenommen (Ismar/Fiedler/Jansen 2020, o. S.). Hier stellen sowohl die Gewaltakte selbst als auch der mangelnde Schutz vor diesen Taten durch den Staat eine Rechtsverletzung dar. Die Gewaltakte reichen von Anschlägen auf Synagogen über unzählige Köperverletzungen bis hin zu täglichen Beleidigungen.

Diskurs: „Juden raus, geht doch nach Israel, macht uns keine Vorwürfe, fallt nicht auf, kritisiert uns nicht", sondern seid dafür da, dass wir uns gut fühlen (Czollek 2019, S. 26). Max Czollek fordert in seiner Streitschrift „Desintegriert euch!" (2019) das Ende des „Gedächtnistheaters", in welchem Jüdinnen und Juden in Deutschland eine Rolle zugeschrieben wird, die für ein positives Selbstbild der Deutschen herhalten muss. Ein guter Jude, so Czollek, ist, „wer stets zu Antisemitismus, Holocaust und Israel Auskunft gibt". In diesem Spiel des Gedächtnistheaters wird von Jüdinnen und Juden erwartet, Deutschland in seinem Selbstverständnis als geläuterte, entnazifizierte, „gute" Nation zu bekräftigen. In der „einzigartigen Aufarbeitung" und dem Sprechen über die Shoah – so der Glaube – ist kein Platz mehr für einen sozialen, allgegenwärtigen Antisemitismus. Die Jüdinnen und Juden haben nunmehr die Funktion der Aufwertung der freundlichen Deutschen, zum einen im Kontrast zu ihrer Vergangenheit und zum anderen im Gegensatz zum Israel der Gegenwart, für dessen Vergehen Jüdinnen und

22 Die Amadeu Antonio Stiftung hat einen hilfreichen Katalog an Reflexionsfragen zusammengestellt, der online zu finden ist: www.nichts-gegen-juden.de.

Juden aller Nationen Rede und Antwort stehen müssen. Juden und Jüdinnen hätten insbesondere in den Fünfziger- und Sechzigerjahren keine andere Wahl gehabt als die Anpassung an die ihnen zugeschriebene Rolle oder das Verlassen des Landes, so Czollek. Ronen Steinke betont, wie die Anpassung über die Jahre zum Selbstschutz geworden ist: „Immer wieder habe ich das bei meinen Recherchen gehört: Bitte, wir wollen keine Probleme mit der Polizei und den Gerichten. Wir brauchen doch deren Hilfe." (Steinke 2020, S. 7) Steinke und Czollek fordern ein Umdenken von der jüdischen Bevölkerung, aber auch von nicht-jüdischen Deutschen. Antisemitismus müsse enttabuisiert und die Rolle des „Jüdisch-Anderen" endlich aufgehoben werden, um tatsächlich gleichberechtigte Positionen zu ermöglichen.

2.4 Intersektionalität

Menschen können durchaus von mehr als einer Diskriminierungsart betroffen sein. Wenn sich zwei oder mehr miteinander verschränken, spricht man von Intersektionalität. Der Begriff bezeichnet die Überlagerung verschiedener Diskriminierungsformen zu einer neuen Art der Diskriminierung. So gibt es beispielsweise abwertende Zuschreibungen, die explizit auf Schwarze Frauen abzielen und so zu besonderen Formen der Diskriminierung führen, die nicht zwangsläufig über Antidiskriminierungsgesetze abgedeckt sind. So wurde in den USA eine Klage mehrerer Mitarbeiterinnen gegen General Motors abgelehnt. In der Begründung hieß es, es fände bei dem Automobilhersteller weder eine Diskriminierung von Schwarzen noch eine Diskriminierung von Frauen statt. Die Benachteiligung der Schwarzen Arbeiterinnen konnte nicht über das US-amerikanische Antidiskriminierungsgesetz geschützt werden. Die Anwältin der Klägerin, Kimberle Crenshaw (1989), nutzte in diesem Zusammenhang die Metapher der Straßenkreuzung (engl. intersection) und prägte dadurch den Begriff der Intersektionalität.

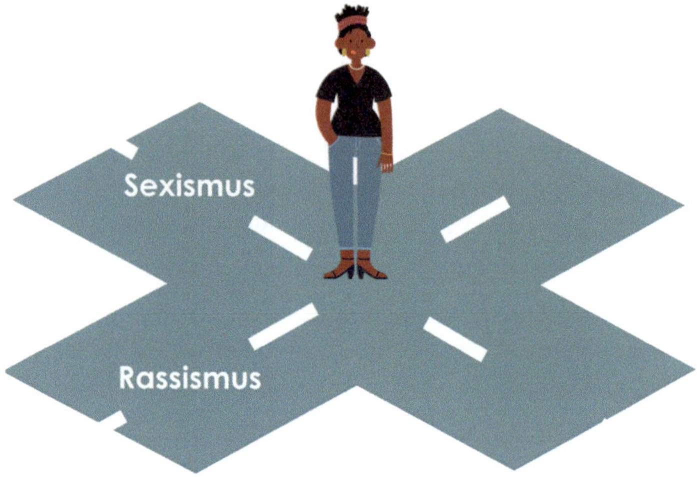

Abb. 5: Intersektionalität als Überkreuzung zweier (oder mehrerer) Diskriminierungsformen

Die Betrachtung der Überlagerung und Wechselwirkung von Diskriminierungsformen ermöglicht mit dem intersektionalen Blick die Analyse eben jener Schnittstellen und beleuchtet bisherige „blinde Flecken". „Eine intersektionale Perspektive sensibilisiert dafür, dass individuelle Diskriminierungserfahrungen nicht einheitlich entlang homogen konstruierter Gruppen […] verlaufen." (Rainer 2018, S. 18) Rainer bezieht sich hier mit Lamp (2014) beispielhaft auf den Diskurs um „Jungen als Bildungsverlierer", für den nicht allein Genderthemen relevant seien, sondern vordergründig auch Migrations- und Rassismuserfahrungen ebenso wie Fragen der sozioökonomischen Benachteiligung und Klassismuserfahrungen eine Rolle spielen.

Die Intersektionalität schlägt ähnlich der Inklusion einen Perspektivwechsel vor. Dieser ergibt sich aus einer Betrachtungsweise, die den offenen, dekonstruktiven Blick ebenso beinhaltet wie die Fähigkeit, sich von einem individualisierenden Blick zu lösen. Dies bedeutet sowohl Individuen als Subjekte der Gesellschaft zu begreifen und die Prozesse des Othering zu dekonstruieren als auch die Frage der Problematisierung umzukehren. (Degele/Winker 2011) Die Frage für die Fachkräfte ist in diesem Sinne nicht mehr die Frage danach, welches Problem die Adressat*innen haben – es geht vielmehr darum, wie ihr Prob-

lem durch gesellschaftliche Ungleichheitsverhältnisse und Zuschreibungsprozesse überhaupt erst entstehen konnte. Durch diese Arbeitsweise können Stigmatisierungen durch individualisierte Problematisierung aufgehoben und soziale Ungleichheit ganzheitlich in ihrer sozialen und diskursiven Dimension betrachtet werden.
In der Verbindung von Intersektionalität und Inklusion als *intersektionale Inklusion*, wie man es bezeichnen könnte, wird die gesamte Gesellschaft mit all ihren Mitgliedern und ihren Strukturen in den Blick genommen und nicht mehr nur die einzelne, zu integrierende Person. In dieser intersektional-inklusiven Perspektive werden die Zusammenhänge zwischen Struktur und Subjekt betrachtet und Subjekte als im wechselseitigen Verhältnis mit Strukturen stehend begriffen. Adressat*innen der Sozialen Arbeit sind in diesem Verständnis nicht diejenigen, die diskriminiert werden, sondern alle Menschen mitsamt den institutionellen Strukturen, in denen sie agieren. Mit Blick auf die Jugendarbeit würde dies bedeuten, dass wir nicht nur jene begleiten, die Opfer von Beleidigung oder Gewalt werden, sondern mit der gesamten Gruppe arbeiten, von der Mobbing ausgeht (z. B. der Klasse) oder gar mit der ganzen Einrichtung, in der die Diskriminierung auftritt (z. B. der Schule). (Grönheim 2019, S. 191; Lamp 2014)

2.5 Subjektivierung

Das *Subjekt* wird bei Foucault als Produkt des Diskurses verstanden. Durch Diskurse werden Individuen in Subjekte verwandelt. Die *diskursive, normative Subjektivierungsmacht* beschreibt Foucault am Beispiel der Hervorbringung des „kriminellen Menschen“ innerhalb der Gefängnis- und Bestrafungssysteme. Dieser ist im disziplinierenden Gefängnissystem „Verbesserungstechniken“ ausgesetzt, die das Ziel der „Dressur“ der „Körper“ und des „Verhaltens“ verfolgen. Die „Einkerkerung“ nimmt „zum Zwecke der Transformation der Seele und des Verhaltens“ eine präventive Funktion ein. Über Mittel „erniedrigendster“ Formen der Unterwerfung (Foucault 1975/2008, S. 827) wird die

Anpassung an das normative Ideal angestrebt. Die diskursive Produktion des kriminellen Menschen als „Anormaler" (ebd. S. 803) fungiert über die Kontrollmacht über den „Verbrecher" hinaus als Drohung des Ausschlusses aus der Gesellschaft bei Abweichung von der Norm. Diskurse üben Druck auf Menschen aus, sich an die gesellschaftliche Norm anzupassen, da sonst eine Ausgrenzung droht.
„Abweichende Identitäten" werden durch soziale Kontroll- und Sanktionsmechanismen unterdrückt und benachteiligt. „Subjektpositionen lassen sich nicht beliebig wählen, sondern werden durch Diskurse reguliert, zum Beispiel bildet Heterosexualität eine Norm, die schwule Subjektpositionen erschwert." (Motakef 2014, S. 394) Die Subjektposition nimmt wieder Rückbezug auf die für die Macht im Diskurs entscheidende Sprechposition. Der Ort sowie der Status der Person bilden dabei den Rahmen der Bestimmung dieser Position im Diskurs. Die Chancen, etwa als homosexuelle Person gehört zu werden, sind dadurch deutlich verringert und die Entfaltung der Subjekte steht damit im beständigen Spannungsfeld zwischen Selbstbestimmung und diskursiver Begrenzung.

> „I thought I was a subpar student and was bombarded by messages – from Black people, White people, the media – that told me that the reason was rooted in my race ... which made me more discouraged and less motivated as a student ... which only further reinforced for me the racist idea that Black people just weren't very studious ... which made me feel even more despair of indifference ... and on it went. At no point was this cycle interrupted by a deeper analysis of my own specific circumstances and shortcomings or a critical look at the ideas of the society that judged me – instead, the cycle hardened the racist ideas inside me until I was ready to preach them to others." (Kendi 2019, S. 6)

Ibram X. Kendi beschreibt in seinem Buch „How to be an antiracist" eindrücklich, wie rassistische Fremdzuschreibungen Einfluss auf die Selbstwahrnehmung und das eigene Selbstwertgefühl nehmen können. Diese Subjektformierung gilt in ähnlichem Maße für alle Strukturkategorien, die beeinflussen, „wie [Individuen] sich selbst und andere wahrnehmen" (Pohlen zit. in Windisch 2014, 125). Nicht nur begrenzende Regularien und kulturalisierte Praktiken haben so einen bedeu-

tenden Einfluss auf die Identität der Menschen. „Für Foucault wird das durch Unterwerfung produzierte Subjekt nicht in einem einzigen Moment in Gänze hervorgebracht. Vielmehr befindet es sich im Prozess seines Erzeugtwerdens, es wird wiederholt erzeugt." (Butler 1997/ 2013, S. 89) Normative Diskurse suggerieren als „Andere" markierten Menschen, sie müssten eine Überanpassungsleistung bewältigen, um soziale Akzeptanz zu erfahren. Sie sollen beispielsweise deutscher als deutsch sein, nicht auffallen, sich nicht beschweren (sondern dankbar sein) und sich mit dem zufriedengeben, was ihnen zugewiesen wird. Sie müssen durchschnittlich mehr Leistung erbringen, da in der Regel weniger von ihnen erwartet wird.
Nicht nur Menschen, auch Sprache besitzt laut Butler Handlungsmacht (s. o.) – unter anderem die Macht zu diskriminieren und zu verletzen. Innerhalb des hierarchisierenden Diskurses konstituiert der „Sprechakt [...] das Subjekt in einer untergeordneten Position" (ebd. S. 33). Diskriminierungen haben damit eine subjektivierende Wirkung. Die wiederholte Anrufung etwa der geringeren Wertigkeit kann somit Einfluss auf die Selbstkonstitution der Subjekte nehmen. Internalisierter Adultismus etwa führt dazu, dass junge Menschen selbst an ihren Fähigkeiten zweifeln, nicht glauben etwas bewegen zu können und eher schweigen als sich Gehör zu verschaffen (Chekoway 1998 zit. in Liebel 2020, S. 28). Kollodzieyski beschreibt diese Effekte auch für den Bereich des Ableismus:

> „Behinderten Kindern wird oft erklärt, ihre Behinderung führe dazu, dass niemand mit ihnen spielen wolle oder sie nicht zu Feiern eingeladen werden oder sogar eine gesonderte Schule besuchen müssen. [...] Es ist daher sehr wahrscheinlich, dass Kinder mit Behinderung als allererstes über sich selbst lernen: Etwas an mir ist falsch. Ich bin das Problem. Selbst wenn ich nur atme, bin ich eine Belastung für andere. Hat dieser Gedanke sich einmal im Inneren manifestiert, wird man ihn nur selten wieder los. Ein Mensch, der sich selbst für eine Belastung hält, hinterfragt auch im Erwachsenenalter kaum, warum er/sie/they keine gesellschaftliche Teilhabe bekommt; warum behinderte Menschen so selten in den Medien auftauchen; warum immer noch Barrieren existieren, wo es doch längst mehr als eine Lösung gäbe." (Kollodzieyski 2020, S. 7f.)

In Verbindung mit neoliberalen Versprechen und der Individualisie-

rung von Problemlagen („Wer sich nur ausreichend Mühe gibt, schafft es auch.“) führt strukturelle Diskriminierung zu einem Druck erhöhter Leistungserbringung. Kinder, die aus verschiedensten Gründen als nicht der (klassistischen, lookistischen, ableistischen, sexistischen, rassistischen) Norm entsprechend gelten, berichten etwa über das Gefühl, in der Schule erst durch doppelte Leistung eine gleichwertige Anerkennung erlangen zu können (IGLU-Studie, Hußmann et al. 2017). Der aus der Bildungsforschung bekannte sogenannte Golem-Effekt beschreibt Ergebnisse von Studien zur selbsterfüllenden Prophezeiung. Schlechte schulische Leistungen können hier nachweislich auf negative Erwartungen der Lehrkraft zurückgeführt werden (Rowe/O'Brien 2002, S. 615). Elisha Y. Babad et al. (1982) fanden heraus: Wenn Autoritätspersonen wie Lehrkräfte niedrigere Erwartungen an Schüler*innen hatten, erwarteten diese nach kurzer Zeit auch von sich selbst weniger, entwickelten ein geringeres Maß an Motivation, übten weniger Anstrengungen aus und erbrachten geringere Leistungen. Der geringe Erfolg dieser Schüler*innen bestätigte die Erwartungen geschwächter Leistungen sowohl der Lehrkräfte als auch der Schüler*innen selbst und bestärkte wiederum den Golem-Effekt.
Den Auswirkungen diskriminierender Diskurse auf das Selbstbild steht das Konzept der Selbsttechnologie (Selbstsorge) gegenüber. Hiermit beschreibt Foucault (1982/2005, S. 255) das Subjekt als auch „durch Bewusstsein und Selbsterkenntnis an seine eigene Identität“ gebunden und schreibt dem Menschen eine individuelle und persönliche Handlungsmacht zu. Dem Diskurs wird damit keine absolute Formationsmacht zugeschrieben, was letztlich auch Individualitäten unberücksichtigt lassen würde. Die Identität, so Butler (1997/2013, S. 93), „kann durch das Symbolische [bzw. den Diskurs] nie vollständig totalisiert werden, [...].“ Damit wird Subjektivierung insgesamt als „eine Art von Macht, die nicht nur einseitig beherrschend auf ein gegebenes Individuum einwirkt, sondern das Subjekt auch aktiviert oder formt“, verstanden (ebd., S. 82). In diesem Sinne verstehen wir Subjekte sowohl als autonom und mit eigener Handlungsmacht ausgestattet als auch geprägt durch normative Diskurse.

2.6 Grenzen und Chancen

In diesem zweiten Kapitel haben wir einen ersten Einblick in die Grundbausteine der Diversitytheorie gegeben, die Bedeutung der Strukturalität der Diskriminierung erläutert und unser Konzept der Diskriminierungsebenen vorgestellt. Darüber hinaus legten wir eine erste Beschreibung verschiedener Diskriminierungsformen vor und skizzierten die Wirkung der Diskriminierung auf die Betroffenen. Deutlich geworden ist, dass es in unserem Verständnis von Diversity erstens um die Anerkennung der Existenz verschiedener Diskriminierungsformen und um deren gesellschaftliche Einbettung geht. Zweitens werfen wir einen analytisch-kritischen Blick auf die gesellschaftlichen Privilegien, die mit sozialen Normen einhergehen. Drittens sind wir entsprechend des Titels dieses Buches der Überzeugung, dass professionelle Reflexion der Schlüssel für eine derartig ausgerichtete, diversitätsbewusste Soziale Arbeit ist. Insbesondere diesen Punkt werden wir in den weiteren Kapiteln vertiefen.

Nicht ungeachtet lassen wollen wir an dieser Stelle die Grenzen des und Kritikpunkte am Diversityansatz. Eine wiederkehrende Frage richtet sich etwa an die Möglichkeit der Dekonstruktion sozialer Kategorien bei „wiederholter Reproduktion" sozialer Unterscheidungen (Walgenbach 2017, S. 121f.). Demgegenüber wird jedoch Dekonstruktion durch Tabuisierung verunmöglicht (Attia 2013). Soziale Ungleichheiten müssen benannt werden, um sie kritisieren und hinterfragen zu können. Für das Ziel des Abbaus diskriminierender Wirkweisen bleibt es essentiell, diese zunächst aufzuzeigen und zu analysieren. Darin liegt die Voraussetzung für eine steigende Normalität und mit ihr für eine Ausdifferenzierung der Vielfalt. Teil des angestrebten Perspektivwechsels ist die veränderte Blickrichtung auf Vielfalt als Normalität und als Bereicherung für eine Gruppe, Gesellschaft, Institution etc. Hierbei geht es jedoch nicht primär um das Ziel der Quotenerfüllung, sondern vielmehr um die Abkehr davon, unter Vielfalt vor allem Rollstuhl, Hautfarbe oder Sexualität zu sehen und die Hinwendung zu einem breit gefächerten Verständnis. Jedes einzelne Individuum würde in dieser offenen Perspektive in seiner*ihrer Vielfalt betrachtet und mit seinen*ihren Ressourcen, Fähigkeiten und Interessen wahrgenommen – unabhängig von Zuschreibungen, die auf sozialen Kategorien basieren. (Schwarzer 2015, S. 198; Grönheim 2015, S. 31)

Gerade der pädagogische Bereich, der in Differenzverhältnissen agiert, steht vor Herausforderungen in der Legitimation und der Konzeption. Die „Andersheit" von Personen galt lange als Grundlage für die von der Sozialarbeit und Sozialpädagogik zu bearbeitenden Probleme. Seit dem letzten Drittel des zwanzigsten Jahrhunderts rückt die „Freiheit der Differenz" (Kessl/Plößer 2010, S. 8) ins Bewusstsein sozialarbeiterischer Theorie und Praxis. Zunächst ging damit durch die affirmative Bestätigung oder auch Aufwertung von Differenz eine erneute Ungleichbehandlung einher, die nach Fabian Kessl und Melanie Plößer (ebd., S. 9) drei Gefahren enthielt: 1. gesellschaftliche Macht- und Herrschaftsstrukturen werden vernachlässigt; 2. Frauenhäuser, Antidiskriminierungsbüros etc. werden durch die Normalisierung von Differenz als überflüssig markiert; 3. es besteht eine neoliberale Tendenz subjektiver Lebensgestaltungsverantwortung (differente Lebensstile werden als angeblich universell zugänglich präsentiert und als Gleichheit der Konsument*innen suggeriert). Die „Gleichheit der Differenz" rückt an die Stelle der vorangegangenen „Differenz als Ungleichheit" (ebd.)

Wie ein einheitliches Konzept mit dem Anspruch der Berücksichtigung von Vielfalt möglich ist – diese Frage stellt sich Katharina Walgenbach (2014, S. 123) mit Bezug auf Breinbauer. Sie lässt sich vermutlich in erster Linie mit dem Ansatz der Inklusion in der Idee der Förderung von Teilhabe und individueller Vielfalt beantworten. Dies ist nicht als Quadratur des Kreises zu verstehen, sondern gilt in der Sozialen Arbeit tatsächlich beinahe als alter Hut und ist etwa schon immer Teil der klient*innenzentrierten Perspektive. Auf die scheinbaren und tatsächlichen Widersprüche für den Auftrag der Sozialen Arbeit gehen wir in Kapitel 3 und 4 näher ein. In Kapitel 5 bis 7 benennen wir darauf aufbauend mögliche Handlungsoptionen für Disziplin und Profession.

Walgenbach verweist weiter auf die Gefahr der Tabuisierung von Privilegien als „systematische bzw. strukturelle Bevorzugung“ (2014, S. 122) bei einem Fokus auf die im Diversitykontext (auch) im Mittelpunkt stehenden Diskriminierungserfahrungen. Das eine geht nicht ohne das andere, denn sowohl Diskriminierung als auch Privilegierung müssen enttabuisiert werden. Sätze wie „Für mich bist du gar nicht behindert“ oder „Ich sehe deine Hautfarbe nicht“ entstehen aus positiver Motivation, negieren jedoch die diskriminierenden Erfahrungen und Zuschreibungen, die Alltag der angesprochenen Personen sind. Anti-Diskriminierungsarbeit wird dadurch verunmöglicht und der Blick auf die eigenen Privilegien versperrt. Diese gut gemeinte *Blindheit*, die die Absicht der Gleichberechtigung durch Gleichbehandlung zu erreichen versucht, begeht zwei grobe Fehler. Erstens führt die Dethematisierung von Differenz zu einer Tabuisierung tatsächlich erlebter Differenzerfahrungen. Ziel der diversitätssensiblen Arbeit sind daher das Sehen und das *Sehen-Wollen*. Zweitens verkennt sie, dass für den Zugang zu Chancengleichheit je nach individueller Position und Disposition unterschiedliche Unterstützungsmaßnahmen notwendig sind, um zum Beispiel bestehende Diskriminierungen beziehungsweise Ungleichheiten auszugleichen (siehe auch Kapitel 3). Sich mit Diskriminierung und Privilegierung auseinanderzusetzen, kann anstrengend und unbequem sein und bisweilen auch viel *Mut* abverlangen – insbesondere dann, wenn es um institutionelle oder politische Strukturen geht, die adressiert werden müss(t)en. Wir sehen das Sprechen über Privilegien und Diskriminierungserfahrungen auch aus diesem Grund als eine zentrale Herausforderung der diversitätsbewussten Arbeit, weswegen gerade die Fokussierung auf Reflexion ein derartig wichtiges Anliegen für uns darstellt.

Auch das Diversitymanagement mit Ursprung im politischen und unternehmerischen Kontext wird aufgrund seiner Top-down-Strategie und dem Vorwurf, kulturelle Vielfalt als Feigenblatt für sich zu nutzen (ohne tatsächliche gleichstellungspolitische Maßnahmen bereitzustellen), oft aus Richtung der Sozial- und Erziehungswissenschaften kritisiert (Scherr zit. n. Walgenbach 2014, S. 123). Verkannt wird hierbei unseres Erachtens jedoch, dass es durchaus gerade im sozialen Bereich Bewegungen gab und gibt, die der Zivilgesellschaft zuzuordnen sind und von unten nach oben (bottom-up) agieren, beispielsweise die Frauen-, Krüppel- oder Schwulen- und Lesbenbewegung und ebenso die politische und kritische Soziale Arbeit. Da diese Bewegungen und Berufsfelder – zumindest in der Vergangenheit – nicht mit dem Terminus „Diversity" arbeiteten, ist die Kritik hinsichtlich der Entstehung des Begriffs möglicherweise stimmig, für das Selbstverständnis von Diversity in heutigen sozialen Kontexten, die zum großen Teil aus eben diesen politischen Strömungen hervorgehen, jedoch nicht.

Übergeordnetes Ziel des Diversityansatzes ist neben der Diskriminierungsfreiheit die Förderung sozialer Gerechtigkeit. Damit entsprechen die vorgestellten theoretischen Ansätze eindeutig den berufsethischen Prinzipien der Sozialen Arbeit. Die Ziele der Menschenrechte wie eine umfassende Teilhabe oder die Nicht-Diskriminierung verstehen wir dabei bewusst als utopische Ziele, die einen Orientierungsrahmen und eine Zielrichtung bieten für jenen gesellschaftlichen Weg, für den die Soziale Arbeit einen wichtigen Beitrag leisten kann. Im Folgenden skizzieren wir, wie das Verständnis von Diversity einen gewinnbringenden Ansatz für die berufsethischen Ziele der Sozialen Arbeit liefern kann.

3 Diversity in der Sozialen Arbeit

Zunächst geben wir in diesem Kapitel einen Überblick über den Themenkomplex Diversity in der Sozialen Arbeit. Um die Verbindung zwischen Diversity und einer professionellen und menschenrechtsbasierten Haltung zu erfassen, erfolgt eine Einordnung des Diversitykonzeptes in das Professionsverständnis sowie eine Darstellung der Verstrickung von Sozialer Arbeit und gesellschaftlichen Machtverhältnissen.

Wie bereits im vorherigen Kapitel ausführlich erläutert, nimmt das Diversitykonzept die Ressourcen gesellschaftlicher Vielfalt in den Blick. Der Diversityansatz bemüht sich im Sinne von Czollek et al. (2019) um die partizipative Anerkennung von Vielfalt. Gleichzeitig werden zugeschriebene Differenzkategorien und daraus resultierende Ungerechtigkeiten in Bezug auf den Zugang zu gesellschaftlichen Ressourcen kritisch hinterfragt und aufgebrochen. Um die Bedeutung des Diversitykonzeptes für die Soziale Arbeit erfassen zu können, muss zunächst geklärt werden, welche Rolle Diversität und Differenz im Professionsverständnis spielen und inwieweit die Soziale Arbeit selbst in differenzierende und diskriminierende gesellschaftliche Machtverhältnisse eingebunden ist.

Die Praxisfelder der Sozialen Arbeit haben sich im Wesentlichen entlang von Diversitätsdimensionen entwickelt. Die Einteilung in Angebote für Personen mit bestimmten (zugeschriebenen) Merkmalen im Hilfesystem der Sozialen Arbeit stützt sich auf die Annahme, dass Menschen innerhalb dieser Kategorien ähnliche Bedarfe haben und mit ähnlichen sozialen Problemen konfrontiert sind. Somit erscheint eine Differenzierung in Praxisfelder entlang von Diversitätsdimensionen sinnvoll, um die bedarfsgerechte Klärung sozialer Probleme sicherzustellen und damit einhergehende Benachteiligungen abbauen zu können. Zwei wesentliche Aspekte bleiben hier jedoch nach Bettina Bretländer, Michaela König und Thomas Kunz (2015, S. 7) unberücksichtigt: Zum einen handelt es sich in der Regel um zugeschriebene Kategorien und Bedarfe. Die Zuweisung zu einem bestimmten Praxisfeld und damit zu der Bearbeitung bestimmter sozialer Probleme durch die Soziale Arbeit muss nicht immer mit der Sichtweise und den tatsächlichen Bedürfnissen sowie der Selbstbeschreibung der Adressat*innen übereinstimmen. Diese Form der generalistischen Unterscheidungsprozesse kann somit zur Konstruktion und Aufrechterhaltung von Stereotypen beitragen. Zweitens birgt die Kategorisierung die Gefahr, Menschen auf ein spezifisches Differenzmerkmal zu reduzieren und dabei die Intersektionalität von Diversitätsdimensionen aus den Augen zu verlieren.

Beispiel

Eine junge Frau im Rollstuhl sucht eine Beratungsstelle für Menschen mit Beeinträchtigungen auf. Sie wirkt bedrückt. Die Mitarbeiterin in der Beratungsstelle ist darauf eingestellt, dass die Adressatin mit einer Fragestellung in die Beratung kommt, die ihre Beeinträchtigung betrifft. Sie besitzt ein umfangreiches Wissen zu den rechtlichen Rahmenbedingungen sowie zu finanziellen und psychosozialen Unterstützungsmöglichkeiten rund um das Thema Beeinträchtigung. Im Rahmen des Erstgespräches stellt die Mitarbeiterin Fragen zur Wohnsituation und zum Alltag mit Beeinträchtigung sowie zu möglicherweise bereits genutzten Unterstützungssystemen und Ressourcen.

Die Beeinträchtigung der jungen Frau steht im Gespräch im Vordergrund. Dabei ist diese in diesem Moment vielmehr mit Fragen der Geschlechtsidentität beschäftigt. Die tatsächlichen Bedarfe der Adressatin geraten durch die Kategorisierung und die damit verbundene Konzentration auf das Thema Beeinträchtigung in den Hintergrund. Eine Antwort könnte die Abkehr von einer zielgruppenorientierten und die Hinwendung zu einer an Lebens- und Problemlagen ausgerichteten Einteilung von Handlungsfeldern Sozialer Arbeit sein. (vgl. Grönheim 2018c, S. 35)

Soziale Arbeit hat mit dem Diversitykonzept den Fokus auf diese Problematik gelegt. Der Diversityansatz strebt eine Praxis an, die anhand erweiterter Kompetenzen auf den Gebieten Haltung, Wissen und Können einen ressourcenorientierten Blick auf Vielfalt legt und dabei die strukturelle Konstruktion von Unterschieden berücksichtigt. Soziale und strukturelle Barrieren für bedarfsgerechte Unterstützung und Chancengleichheit sollen auf Grundlage dessen identifiziert und abgebaut werden (Ehret 2011, S. 50f.). Dieser Prozess erfordert die Auseinandersetzung mit der Eingebundenheit Sozialer Arbeit im Allgemeinen sowie der eigenen Eingebundenheit in gesellschaftliche Machtverhältnisse und damit einhergehende diskriminierende Strukturen im Speziellen. Die Basis für eine solche Auseinandersetzung bildet eine handlungsorientierte und wertschätzende Haltung, die kritische Reflexionsprozesse auf individueller und struktureller Ebene befördert.

Die gesetzliche Festlegung Sozialer Arbeit beinhaltet jegliche Diskriminierungsvermeidung. Somit könnte davon ausgegangen werden, dass eine ganzheitliche Betrachtung von Vielfalt und der strukturellen Komponente von Differenzkategorien bereits fester Bestandteil aller theoretischen und praktischen Konzepte in der Sozialen Arbeit ist. Ein Blick in die Praxis zeigt jedoch, dass es zwar vielfältige Projekte gibt, die spezifisch mit dem Diversityansatz arbeiten und sich dabei auf unterschiedliche methodische Grundlagen beziehen (Peer-to-peer-Methoden, Mentoring-Programme, Stärken- oder auch Ressourcenorientierung, Motivationskonzepte etc.), eine umfassende Auseinandersetzung mit intersektionalen Diskriminierungsprozessen auf individueller, institutioneller und kultureller Ebene unter Einbezug der eigenen Rolle als Sozialarbeiter*in jedoch nur selten erfolgt. Dieser Umstand ist unter anderem darauf zurückzuführen, dass derartige Prozesse strukturell nicht vorgesehen sind. In vielen Praxisfeldern reicht die Zeit kaum aus, um die alltäglich anfallenden Aufgaben bewältigen zu können. Eine tiefergehende kritisch-reflexive Auseinandersetzung ist unter diesen Rahmenbedingungen schwer umsetzbar. Mithilfe des in Kapitel 5 vorgestellten Leitfadens möchten wir eine Möglichkeit schaffen, Reflexionsprozesse zu strukturieren und zu internalisieren, um eine diversitätssensible Soziale Arbeit auch in herausfordernden Strukturen zu fördern.

Die folgenden Ausführungen über die Auseinandersetzung mit der eigenen Haltung als Grundvoraussetzung für die Arbeit im Spannungsfeld Differenz sowie die Bedeutung des Konzeptes Diversity im Professionsverständnis bilden gemeinsam mit dem Wissen um die Verstrickung Sozialer Arbeit in gesellschaftliche Machtverhältnisse eine theoretische Grundlage für den Reflexionsprozess.

3.1 Professionelle Haltung unter Bedingungen von Diversität und Intersektionalität

Der Begriff der Haltung wird in unterschiedlichen Kontexten eingesetzt und ist in seiner Bedeutung entsprechend vielfältig. Grundsätzlich wird unter Haltung „die persönliche Einstellung (Werte, Überzeugungen) verstanden, die in Sozialisations- und Reflexionsprozessen erworben wird und neben Wissen und Können Einfluss auf die Orientierung des Handelns nimmt sowie sich auch leiblich ausdrücken kann“ (Domes/Wagner 2020, o. S.). In der Sozialen Arbeit bildet die Haltung neben Wissen und Können eine der drei wesentlichen Dimensionen der Basis von Handlungskompetenz. Die Haltung beeinflusst alle Interaktionen sowohl auf professioneller als auch auf persönlicher Ebene. Sie bildet somit die Grundlage für sozialarbeiterische Interventionen und hat großen Einfluss auf das Verhältnis zwischen Praktiker*innen und Klient*innen. Um Interaktionen und Beziehungen einordnen und bewerten zu können, muss folglich eine selbstreflexive Analyse der eigenen Haltung erfolgen.

Zu unterscheiden sind dabei die persönliche und die berufliche Haltung, wobei diese in Wechselwirkung zueinander stehen und sich gegenseitig bedingen können. Grundsätzlich ist unsere Haltung geprägt durch unser Menschenbild und unsere biografischen Erfahrungen (Ebert, Klüger 2017, S. 91). Das individuelle Menschenbild setzt sich zusammen aus der (unbewussten) Verinnerlichung gesellschaftlicher Werte sowie der Entwicklung persönlicher Werte auf Basis unserer Erfahrungen. Werte sind veränderbar, sie markieren bedeutsame Überzeugungen, Ideale und Bedürfnisse und bilden einen Teil der Persönlichkeit, da sie anzeigen was einer Person wichtig ist.

Gesellschaftliche Werte orientieren sich am aktuellen „Leittypus" der konstruierten Mehrheit: „Es ist die Konstruktion eines fiktiven Menschen, auf den das Gesellschaftssystem so zugeschnitten ist, dass er in keiner Weise der Unterstützung bedarf und somit auch nicht zur Klientel der Sozialen Arbeit gehören würde." (Ebert/Klüger 2017, S. 95f.) Der „Leittypus" verändert sich mit gesellschaftlichen Entwicklungen. Derzeit erfüllt er nach Jürgen Ebert und Sigrun Klüger folgende Kriterien:

> „Mann, deutsch, weiß, westdeutsch, christlich sozialisiert, 30–40 Jahre alt, heterosexuell, verheiratet, 1–2 Kinder, Schulabschluss, Berufsausbildung, erwerbstätig, demokratisch, gesetzestreu, gesund, nicht behindert, schlank, sportlich, gepflegtes Äußeres, angemessene Wohnverhältnisse, mobil, soziales Engagement, tragfähiges soziales Umfeld." (Ebert/Klüger 2017, S. 96)

Die Übernahme dieser Charakteristika als gesellschaftliche „Norm" erfolgt unbewusst. Durch Sozialisationsprozesse und das Umfeld, in dem sich ein Mensch bewegt, werden konstruierte normative Kategorien verinnerlicht. Es ist somit unmöglich, sich dem Einfluss kulturalisierter Werte vollständig zu entziehen. Die Gesellschaft, in der eine Person sozialisiert wird, und ihr spezifischer „Leittypus" haben daher immer auch Einfluss auf das eigene Menschenbild und die eigene Haltung. Die „Norm" trägt maßgeblich zu gesellschaftlichen Inklusions- und Exklusionsprozessen bei. Wer aufgrund zugeschriebener Merkmale nicht den Kriterien der Dominanzgesellschaft entspricht, wird häufig mit strukturellen und zwischenmenschlichen Barrieren konfrontiert. Folglich ist es für Praktiker*innen essentiell, sich sowohl ihrer eigenen Eingebundenheit in die Gesellschaft als auch der Eingebundenheit der Adressat*innen bewusst zu werden.
Biografiearbeit kann ein möglicher methodischer Ansatz sein, um sich sowohl mit den Auswirkungen bereits geschehener Ereignisse auf den individuellen Lebensweg und die Persönlichkeit als auch mit den Auswirkungen struktureller Rahmenbedingungen auf die Lebensbewältigung und die Lebensplanung auseinanderzusetzen (Klingenberger 2020, S. 13ff.).

Denkbare Reflexionsfragen in diesem Zusammenhang könnten sein:

- Welche Normen und Werte bringe ich in die Arbeit mit ein?
- Aus welchem sozialen Kontext komme ich?
- Welche Privilegien habe ich?
- Mit welchen strukturellen Stressoren werden meine Adressat*innen konfrontiert?

Darüber hinaus prägen persönliche Werte das Menschenbild, die sich aus den jeweiligen Erfahrungen einer Person ergeben. Sie sind dynamisch und können sich im Laufe des Lebens stetig verändern (Ebert/Klüger 2017, S. 91ff.). Die eigene Biografie hat großen Einfluss auf diese Wertvorstellungen, da prägende Ereignisse und Begegnungen die Sicht auf Überzeugungen und Ideale und deren Beurteilung verändern. Die Arbeit mit Menschen erfordert eine wertschätzende, anerkennende und respektvolle Haltung gegenüber den spezifischen Lebensverhältnissen der Klient*innen (Thiersch 2002, S. 35f.). Um dies vorhalten zu können, müssen sich Praktiker*innen zunächst ihre eigenen spezifischen Lebensverhältnisse vor Augen führen.

Die persönliche Haltung ist demnach geprägt durch die eigene Biografie und (oft unbewusst) durch gesellschaftlich normierte Werte. Die professionelle Haltung von Sozialarbeitenden fußt auf den berufsethischen Prinzipen der Profession (DBSH), lässt sich jedoch nie vollständig von der persönlichen Haltung isolieren. Die gesellschaftlichen und kulturellen Rahmenbedingungen üben somit einen starken Einfluss auf die professionelle Haltung aus, da die persönliche Haltung internalisierte gesellschaftliche Werte einschließt. (Ebert/Klüger 2017, S. 91ff.)

Praktiker*innen müss(t)en die eigene Biografie sowie die eigene gesellschaftliche Eingebundenheit und die damit verbundene „Norm“ ständig reflektieren und auf Grundlage beruflicher Wertestandards einordnen, um verinnerlichte Stereotype, Stigmata und Vorurteile identifizieren zu können. Denn auch, wenn dies innerhalb der Profession ungern thematisiert gemacht wird: Trotz der praxisorientierten

Ausbildung mit dem Schwerpunkt Haltung haben auch Fachkräfte internalisierte Stereotype und Vorurteile, die die Grundlage diskriminierenden Verhaltens bilden. Die Infragestellung persönlicher Annahmen, Voraussetzungen und Werte, die kritische Selbstreflexion, bildet somit die Grundvoraussetzung für die Ausbildung einer diversitätssensiblen Haltung. (Spiegel 2013, S. 82ff.; Ebert/Klüger 2017, S. 22)
Wie bereits kurz angerissen stellen die Strukturen in der Sozialen Arbeit jedoch häufig einen verunmöglichenden Faktor in Bezug auf die Realisierung umfangreicher Prozesse kritischer Selbstreflexion dar. Die fortschreitende Ökonomisierung der Sozialen Arbeit führt dazu, dass die Rahmenbedingungen zunehmend dem professionsethischen Verständnis entgegenstehen: die Standardisierung und Bürokratisierung der Sozialen Arbeit forciert das Handeln in Schemata mit mangelnder Subjektorientierung, um Kosten und Zeit einzusparen. Mitarbeiter*innen sollen immer mehr Klient*innen zur gleichen Zeit betreuen und bekommen immer weniger Fachleistungsstunden für dieselbe Arbeit. Gleichzeitig gehen durch den Verwaltungsaufwand zusätzlich Kapazitäten im Adressat*innenkontakt verloren. (Seithe 2012, S. 105) Unter diesen Umständen stellt es eine besondere Herausforderung dar, Zeit und Raum für kritische Selbstreflexion und Austausch zu finden.

3.2 Diversity im Professionsverständnis Sozialer Arbeit

Das berufliche Handeln in der Praxis der Sozialen Arbeit wird durch das zugrunde liegende Tripelmandat maßgeblich mitbestimmt. In der Regel stehen die berechtigten Interessen des Individuums (Mandat gegenüber der Klientel) den berechtigten Interessen des Staates (Mandat gegenüber der Gesellschaft beziehungsweise dem Träger) gegenüber. Um zwischen diesen beiden Positionen professionell vermitteln zu können, muss sich die Soziale Arbeit auf die wissenschaftliche Beschreibungs- und Erklärungsbasis und die ethische Basis in Form des Berufskodexes ihrer Profession sowie auf die Menschenrechte als Le-

gitimationsbasis (Mandat gegenüber der Profession) stützen (Staub-Bernasconi 2007, S. 200f.).
Besonders im Kontext von Diversität kollidieren die verschiedenen Interessen der Mandant*innen der Sozialen Arbeit immer wieder miteinander.

3.2.1 Normalisierungsauftrag der Sozialen Arbeit

Die Begriffe Differenz und Ungleichheit sind traditionelle Kernthemen der Sozialen Arbeit. Durch ihren politischen Auftrag hat sich jedoch in der Geschichte der Profession zumeist eine auf Gleichheit und Normalisierung ausgerichtete Praxis anstelle einer inklusiven und diversitätsbejahenden Unterstützungskultur entwickelt (Nauerth 2012, S. 56). Bereits in den Anfängen bestand der gesellschaftspolitische Auftrag der Sozialen Arbeit in der Anpassung bestimmter Personengruppen an die Dominanzgesellschaft. Als Adressat*innen wurden jene definiert, die nicht in das jeweils vorherrschende normative Menschenbild passten und somit aufgrund ihrer „Andersartigkeit" von der Gesellschaft ausgeschlossen wurden. (Mecheril/Melter 2010, S. 117)
Ein Blick in die Geschichte der Sozialen Arbeit in Deutschland zeigt: In der Weimarer Republik lag der Fokus der Sozialen Arbeit auf der Erhaltung oder Wiederherstellung der Arbeitsfähigkeit. Insbesondere nach dem Ersten Weltkrieg wurde die volkswirtschaftliche Bedeutung der Profession deutlich, die durch ihre Unterstützungsangebote die Leistungsfähigkeit der Bürger*innen sicherstellen sollte. Hier wurde differenziert zwischen „leistungsstarken" und „leistungsschwachen" Menschen. Auch im weiteren Verlauf der Geschichte wurde die Soziale Arbeit häufig instrumentalisiert, um Anpassungs- und „Normalisierungsprozesse" umzusetzen und gesellschaftliche Macht- und Ungleichheitsverhältnisse aufrechtzuerhalten. Im Nationalsozialismus waren Sozialarbeiter*innen gar an Verfahren der Selektion und Aussonderung beteiligt.
Auch nach dem Zweiten Weltkrieg bildeten Kategorisierungen weiterhin ein Kernthema der Sozialen Arbeit. Das wohlfahrtsstaatliche Arran-

gement forcierte die binäre Unterscheidung zwischen Abweichung und Normalität – denn nur, wer als abweichend und betreuungsbedürftig gilt, bekommt Unterstützungsleistungen, die von der Sozialen Arbeit umgesetzt werden (Mecheril/Melter 2010, S. 126). Die „Unterstützungswürdigkeit“ wird traditionell an die Zugehörigkeit beziehungsweise Nicht-Zugehörigkeit zur Gemeinschaft geknüpft (ebd., S. 117ff.). Die Profession erhält ihre politische Legitimation demnach durch die Annahme, dass Normabweichungen existieren, die es zu bearbeiten gilt. Die Soziale Arbeit hat somit eine Form der „Disziplinierungsmacht“ inne.

Müller betont das Spannungsfeld zwischen Hilfe und repressiver Kontrolle, in dem sich Sozialarbeitende vor dem Hintergrund des Normalisierungsauftrages bewegten: „Es ging in Wirklichkeit nie nur um Hilfe, sondern um Hilfe und Kontrolle, um Unterstützung beim Überleben und in der Teilhabe an einer Gesellschaft, die von den Anderen kontrolliert war und um Anleitung, sich deren Interessen und Normen zu unterwerfen.“ (Müller 1995, S. 138f.)

Der fortlaufende Professionalisierungsprozess in der Sozialen Arbeit hat das Mandat gegenüber der Profession, also die wissenschaftliche Beschreibungs- und Erklärungsbasis und die ethische Basis in Form des Berufskodexes, sowie die Menschenrechte als Legitimationsbasis als Gegengewicht zu den politischen Interessen der Anpassung und Normalisierung gestärkt.

3.2.2 Diversityaspekte in der Definition Sozialer Arbeit

Die IFSW (International Federation of Social Workers) hat 2014 auf der Generalversammlung in Melbourne eine allgemeingültige Definition Sozialer Arbeit beschlossen. Diese Definition wurde vom Deutschen Berufsverband für Soziale Arbeit e. V. (DBSH) übersetzt und übernommen:

> „Soziale Arbeit fördert als praxisorientierte Profession und wissenschaftliche Disziplin gesellschaftliche Veränderungen, soziale Entwicklungen und den sozialen Zusammenhalt sowie die Stärkung der Autonomie und Selbstbestimmung von Menschen. Die Prinzipien sozialer Gerechtigkeit, die Menschenrechte, die gemein-

> same Verantwortung und die Achtung der Vielfalt bilden die Grundlage der Sozialen Arbeit. Dabei stützt sie sich auf Theorien der Sozialen Arbeit, der Human- und Sozialwissenschaften und auf indigenes Wissen. Soziale Arbeit befähigt und ermutigt Menschen so, dass sie die Herausforderungen des Lebens bewältigen und das Wohlergehen verbessern, dabei bindet sie Strukturen ein." (DBSH 2016, o. S.)

Die Soziale Arbeit hat ihrem berufsethischen Verständnis nach zwei Aufgaben: zum einen eine reaktive in Form der Entwicklung von Strategien zur Lösung sozialer Probleme, zum anderen eine präventive in Form der Prognose aufkommender Problemlagen und des Versuchs, diese zu vermeiden oder zu reduzieren (Gillich 2013, S. 24f.). Durch diese Festschreibungen wird die binäre Kategorisierung der „von der Norm Abweichenden" im Kontrast zu den „Zugehörigen zur Dominanzgesellschaft" aufgebrochen und alle Menschen als potenzielle Klient*innen erfasst. Zudem wird dem Anpassungsdruck der Auftrag zur *Stärkung der Autonomie und Selbstbestimmung* entgegengestellt. Alice Salomon hat das Konzept der Hilfe zur Selbsthilfe geprägt, nach dem die Klient*innen dort abgeholt werden, wo sie stehen und dazu befähigt werden, selbst aktiv auf ihre Situation einzuwirken und Probleme zu lösen (Engelke/Borrmann/Spatscheck 2014, S. 248). Soziale Arbeit soll somit nicht versorgen, sondern Kompetenzen, Ressourcen und Lebensbewältigungsstrategien stärken.

Die *Achtung der Vielfalt* wird in der Definition des DBSH neben den *Prinzipien sozialer Gerechtigkeit* und *den Menschenrechten* explizit als Grundlage sozialarbeiterischen Handelns dargelegt. Der Diversityansatz vereint diese Zielsetzungen und ist für die Soziale Arbeit somit von zentraler Bedeutung. Diese setzt sich demnach gemäß ihrem Professionsverständnis für die Umsetzung der Menschenrechte und das Streben nach sozialer Gerechtigkeit ein. Silvia Staub-Bernasconi hat in diesem Zusammenhang den Begriff der Sozialen Arbeit als Menschenrechtsprofession geprägt (Staub-Bernasconi 1995, S. 135f.).

Im Sinne der Menschenrechtsprofession und der kritischen Praxis ist ein Ziel der Sozialen Arbeit die *Freiheit von Diskriminierung und Unterdrückung*. Daher ist die Betrachtung der Adressat*innen als Individuen und Expert*innen ihrer Lebenswelt insbesondere in der Arbeit mit Per-

sonen relevant, die diskursiv homogenisiert und sozial diskriminiert werden.
Nach dem berufsethischen Selbstverständnis befähigt und ermutigt die Soziale Arbeit Menschen so, dass sie die Herausforderungen des Lebens bewältigen und das Wohlergehen verbessert wird, dabei bindet sie Strukturen ein. In diesem Zusammenhang bildet das Konzept der Lebensweltorientierung nach Hans Thiersch eine zentrale Handlungsleitline. Es konzentriert sich auf die Einbeziehung individueller lebensweltlicher Erfahrungen in das sozialarbeiterische Handeln (Thiersch 1993, S. 13). Das Lebensweltkonzept beschreibt die Subjekte als potenziell aktive Mündige, die durch gesellschaftliche Rahmenbedingungen in ihrem Handeln eingeschränkt werden und so scheinbare Grenzen ihrer Aktivität erfahren (Seithe 2012, S. 40). Soziale Arbeit nach dem Konzept der Lebensweltorientierung versucht soziale Gerechtigkeit herzustellen, indem sie den Alltag und die Lebenswelt der Klient*innen und die Strukturen der Gesellschaft analysiert, in die sie eingebunden sind. Dazu zählt unter anderem auch die Einbettung der Individuen in verschiedene Diskriminierungsdiskurse. Die Soziale Arbeit erkennt dabei die Wechselwirkungen zwischen Individuum und Umwelt und fasst sie im ganzheitlichen Konzept der Lebenswelt zusammen (Seithe 2012, S. 41ff.).
Aus diesen Zusammenhängen ergibt sich die Verpflichtung, sich aktiv gegen Verstöße gegen die Menschenrechte in Form von Ausgrenzung, Stigmatisierung und Ausschluss bestimmter Personengruppen von bestimmten Lebensentwürfen zu positionieren (Gillich 2013, S. 21).
Nach den berufsethischen Prinzipien stellt *Vielfalt eine Bereicherung* dar, die durch einen Perspektivwechsel als neue Normalität etabliert werden kann. Dieser rehabilitierenden Zielsetzung steht der Auftrag des aktivierenden Sozialstaates gegenüber Menschen zu befähigen, (wieder) ein „gewinnbringender Teil der Gesellschaft“ zu werden. Die Orientierungslinien für eine Definition von „Normalität“ und „Gewinn“ bilden dabei sowohl das vorherrschende Menschenbild, geprägt und reproduziert von der Dominanzgesellschaft, als auch Gesetze, die eben dieses widerspiegeln und legitimieren (Mecheril/Melter 2010,

S. 117ff.). Entsprechend verlaufen die Angebotsstrukturen der Sozialen Arbeit weiterhin entlang sozialer Kategorien und werden über die Verteilung finanzieller Ressourcen nur für bestimmte Personengruppen mit festgelegten Merkmalen zugänglich gemacht (siehe 3.3). Die Soziale Arbeit bewegt sich demnach in einem Spannungsfeld zwischen den berufsethischen Prinzipien, nach denen Vielfalt normalisiert und Grenzen durch Partizipation abgebaut werden sollen, und den politischen Strukturen, die eine Praxis forcieren, die Grenzen durch Kategorisierungen aufrechterhält oder gar stärkt (Rommelspacher 2012, S. 43).

Durch die Konzeption der Angebote entlang von Differenzkategorien können Interventionen, die Integration und Inklusion zum Ziel haben, durch pauschalisierende und stereotypisierende Unterstützungsformen ins Gegenteil umschlagen und eine exklusionsverstärkende Wirkung auf die Klient*innen haben (Rommelspacher 2012, S. 43): „Damit stellt sich auch für die Soziale Arbeit die Frage, wie solche nicht-identitären, nicht-zuschreibenden und nicht-festlegenden Formen des Umgangs mit Differenz professionell zu implementieren sind, um der Heterogenität der Adressat*innen tatsächlich gerecht werden zu können." (Heite 2010, S. 191)

Ziel ist daher eine methodisch-fachliche Neuorientierung, die weg von der Annahme einer binären Differenzordnung hin zu differenztheoretischen, diversitätssensiblen und dekonstruktiven sowie intersektionalen Ansätzen geht – so Kessl und Plößer (2010, S. 7ff.). Dies ist jedoch nicht gleichzusetzen mit einer Verneinung bestehender struktureller Diskriminierungsformen sowie entsprechender Erfahrungen und Bedarfe. Der antikategoriale Zugang verfolgt vielmehr das Ziel aufzuzeigen, „wie Stereotype über Menschen und Gruppen gesellschaftlich hergestellt werden und wie sie dekonstruiert werden könnten" (Czollek et al. 2012, S. 42) – auch in Bezug auf die Unterstützungsstrukturen der Sozialen Arbeit selbst.

3.2.3 Gerechtigkeit als Grundpfeiler

Wie bereits erwähnt basiert der Zugang zu Angeboten der Sozialen Arbeit in großen Teilen auf der Feststellung von Hilfebedarfen anhand von sozialen Kategorien, die auf Fremdzuschreibungen beruhen und mit bestimmten Erfahrungen und entsprechenden Hilfebedarfen verknüpft werden (Mecheril/Melter 2010, S. 117). Tatsächlich spiegelt diese Praxis die häufig vorherrschende Fokussierung auf jeweils eine soziale Kategorie und damit verbundene Exklusionsprozesse wider. Im Sinne des Diversityansatzes gilt es diese einseitige Betrachtungsweise zu überwinden und „verschiedene soziale Differenz(ierung)en [...] in ihrem Zusammenwirken und ihrem Verhältnis sozialer Ungleichheit theoretisch zu reflektieren und professionell zu bearbeiten." (Kubisch 2012, S. 97) Durch die Zielsetzung der sozialen Gerechtigkeit werden Benachteiligungen oder Ungleichheiten, die sich durch Zuschreibungen ergeben, explizit zum Gegenstand der Sozialen Arbeit. Bestehende Differenzkategorien sollen dabei nicht negiert, sondern kritisch reflektiert und aufgebrochen werden. Teilhabechancen spielen hier eine zentrale Rolle. Menschen, die aufgrund bestehender Normen nicht als Teil der Dominanzgesellschaft erkannt werden, haben häufig eingeschränkten Zugang zu ihren (Menschen-)Rechten wie jenen auf wirtschaftliche, soziale und kulturelle Teilhabe. Sie sind durch die Auswirkungen zugeschriebener Differenzkategorien, die zur Aufrechterhaltung von Macht- und Herrschaftsverhältnissen dienen, von sozialer Ungleichheit betroffen.

Um soziale Gerechtigkeit herstellen zu können, fordert Heite (2010, S. 187f.) die ungleichheitsgenerierende Wirkung dieser Kategorisierungen aufzuheben. Für den Zugang zu Chancengleichheit sind dabei je nach individueller Position und Disposition unterschiedliche Unterstützungsmaßnahmen notwendig, um zum Beispiel bestehende Diskriminierungen oder Ungleichheiten auszugleichen. Amartya Sen schreibt hierzu in „Eine Idee der Gerechtigkeit" (2012, S. 282, 286ff.) am Beispiel von Menschen mit Beeinträchtigung, dass je nach Person unterschiedliche finanzielle, materielle oder soziale Unterstützung nötig ist, um eine gleichberechtigte Teilhabe an der Gesellschaft zu ermöglichen. Gleichbehandlung bedeutet in diesem Sinne nicht automatisch eine gerechte Behandlung, ganz im Gegenteil. „[T]reating people differently by meeting diverse needs is part of trying to create equality“, so Gaine und Gaylard in „Equality and Diversity in Social Work Practice“ (2011, S. 7). In den berufsethischen Prinzipien ist dementsprechend die gerechte (nicht gleiche) Verteilung von Mitteln als Ziel verankert.

Abb. 6: Teilhabe

Für die Förderung einer gleichberechtigten Teilhabe wäre wie im Sinne der Inklusion zusätzlich eine Veränderung der strukturellen Bedingungen notwendig (siehe Abb. 6). Daher ergänzt etwa Young (siehe Kapitel 2) die Verteilungsgerechtigkeit, nach welcher die Ressourcen so zugewiesen werden sollten, dass Menschen physisch und psychisch in Sicherheit und Wohlbefinden leben, um das Konzept der *partizipativen Anerkennungsgerechtigkeit* zu erfüllen. Nach dieser sollte die Gesellschaft so ausgerichtet sein, dass niemand strukturell, kulturell und individuell diskriminiert wird. Es geht demnach um gleiche Teilhabe und die Frage von Zugängen. Realisiert werden soll dies unter anderem durch das Konzept des Verbündet-Seins (Czollek et al. 2019). Die Idee dahinter ist der Einsatz von Privilegien für ein Mehr an Gerechtigkeit, was auch die Bereitschaft zur Reflexion der eigenen Privilegien und zu gesellschaftlichen Veränderungen beinhaltet. Das Engagement gegen strukturelle Diskriminierung auf kultureller Ebene, also in der Gesellschaft, schließt so auch die politische Ebene mit ein, auf der sowohl direkt als auch indirekt verhindert wird, dass alle Menschen dieselben Bildungschancen, dieselben Chancen auf dem Arbeitsmarkt und insbesondere dieselben Chancen haben, bezüglich ihrer gesellschaftlichen und politischen Anliegen gehört zu werden. Es geht somit darum, politisch und gesellschaftlich gleiche Teilhabechancen zu schaffen, wobei die Grundlage dafür die partizipative Anerkennung von Pluralität bildet (ebd.).

Im Kontext der Bildungsgerechtigkeit beispielsweise wäre Anerkennungsgerechtigkeit etwa laut Krassimir Stojanov (2013, S. 63) dann erreicht, wenn Schulen professionelle pädagogische Sozialbeziehungen schaffen, um die Subjektautonomie der Schüler*innen zu fördern. Die Sozialbeziehungen würden sich dabei an den Normen der Anerkennungsdimensionen orientieren. Stojanov (ebd.) bezieht sich dabei auf die Anerkennungsdimensionen Empathie, moralischer Respekt und soziale Wertschätzung nach Honneth. Anders als bei der Begabungsgerechtigkeit entscheiden hier nicht die soziale Herkunft und die häuslichen Ressourcen maßgeblich über den Bildungserfolg, vielmehr stünde die anerkennende individuelle Förderung der Schüler*innen im Fokus der Schule.

Die Soziale Arbeit hat es sich zum Ziel gesetzt, eben jene *gesellschaftlichen Veränderungen* anzustoßen, *soziale Entwicklungen und den sozialen Zusammenhalt* zu fördern. Soziale Ungleichheit, die auf ungleiche Teilhabechancen zum Erhalt von Macht- und Herrschaftsverhältnissen zurückgeht, stört den sozialen Zusammenhalt. Sie ist Sinnbild der Selbstaufwertung der Dominanzgesellschaft und der damit einhergehenden Abwertung der „Anderen“. Die Förderung sozialer Gerechtigkeit beinhaltet somit auch die Zielsetzung der Diskriminierungsfreiheit.

In der Praxis werden die Probleme von den Klient*innen selbst entsprechend ihrer Wahrnehmung eingebracht. Sie beziehen sich in der Regel auf Konflikte infolge unzureichender Bedürfnisbefriedigung, die innerpsychische, soziale und kulturelle Barrieren in der Gesellschaft aufzeigen. Die Soziale Arbeit hat daher über das Individuum hinaus auch die Gesellschaft zum Gegenstand (Staub-Bernasconi 2007, S. 180f.). Die Förderung gesellschaftlicher Veränderungen soll die Umsetzung eines selbstbestimmten Lebens für Klient*innen ermöglichen, denn soziale Probleme sind Unterschiede zwischen Menschen, die es nicht geben müsste. Sie sind vielmehr Ergebnis von Praktiken und Strukturen, die eine befriedigende Bedürfniserfüllung aller Menschen verhindern (Staub-Bernasconi 1994, S. 12ff.). Die Soziale Arbeit bildet nach ihrem Professionsverständnis eine Antwort auf diese sozialen Probleme und setzt sich mit individuellen Ausstattungs- und Beziehungsproblemen respektive sozialen Behinderungen auseinander, die schlussendlich auf gesellschaftliche Machtstrukturen zurückzuführen sind (Staub-Bernasconi 1983, S. 224). Silvia Staub-Bernasconi weist darauf hin, dass die Soziale Arbeit einen ganzheitlichen Blick auf die Einflüsse der Individuen auf das System (Bottom-up)[23] und die Einflüsse des Systems auf die Individuen (Top-down)[24] haben und entsprechend auf allen drei Ebenen (Mikro-, Meso- und Makroebene) ansetzen sollte. Im Kontext von Diskriminierungserfahrungen werden die Einflüsse struktureller Macht- und Herrschaftsverhältnisse auf die Lebenswelt der Individuen besonders deutlich, daher konzentrieren wir uns in unseren Ausführungen unter anderem auf diese Wirkrichtung.

Individuelle und bedarfsgerechte anstelle von pauschalisierenden und stigmatisierenden Unterstützungsangeboten haben das Potenzial, entgegen bestehender Strukturen (insbesondere auch in der Sozialen Arbeit) soziale Ungerechtigkeiten aufzubrechen.

Die Grundlage für eine Argumentation auf politischer Ebene, die ebenso zentralen Bezugspunkt für das Professionsverständnis darstellt, sind die Menschenrechte inklusive der Übereinkommen zur Beseitigung von Diskriminierung, beispielsweise auf internationaler Ebene die Frauenrechtskonvention, die Behindertenrechtskonvention

23 Die Eigenschaften des Systems werden durch die Gesetzmäßigkeiten der Interaktionen von Individuen erklärt (individualistische/atomistische Herangehensweise).

24 Das meint die Erklärung des Antwortverhaltens von Individuen und deren Lebenslagen durch die Gesetzmäßigkeiten des Systems (holistische Herangehensweise).

usw. Auf nationaler Ebene werden diese unter anderem im Grundgesetz, in den Sozialgesetzbüchern und im Allgemeinen Gleichbehandlungsgesetz rechtlich implementiert (zu konkreten Handlungsoptionen für die Soziale Arbeit auf dieser Ebene siehe Kapitel 7.3).

3.2.4 Empowerment als Werkzeug

Die Veränderung struktureller Bedingungen erfordert gleichermaßen die partizipative Einbindung von Menschen, denen Zugang und Teilhabe in bestimmten Bereichen verwehrt bleiben, wie der Menschen, die diesen Zugängen im Weg stehen. Dieser empowernde Ansatz steht den Ohnmachtserfahrungen in diskriminierenden Strukturen gegenüber und stärkt die Selbstwirksamkeit. Ziel ist es, Adressat*innen im Kampf für ihre Rechte zu empowern. Empowerment meint dabei die Fähigkeit von Individuen, Gruppen und Gemeinschaften Handlungsmacht zu erlangen, um eigene Ziele zu verfolgen, sowie den individuellen und kollektiven Prozess der selbstwirksamen Unterstützung des Selbst und anderer zur Verbesserung der eigenen Lebensqualität (Adams 2009, S. 182).

Der Empowermentansatz beschreibt die Abkehr von Entscheidungen für Klient*innen hin zu Entscheidungen mit Klient*innen (Seithe 2012, S. 41f.). Die Menschen werden dabei in ihren vielfältigen Eigenschaften und Kompetenzen gesehen und bestärkt. Dieser Ansatz betont die Relevanz bedarfsgerechter Unterstützungsangebote, die individuelle Ressourcen in den Blick nehmen. Unser Verständnis von Empowerment geht dabei über die Orientierung an Ressourcen auf der individuellen Ebene der Adressat*innen hinaus. Wir verstehen den Begriff wie Joachim Weber (2014) vor allem auch gesellschaftspolitisch: Aus dieser analytischen Perspektive werden in gemeinsamer partizipativer Auseinandersetzung die strukturellen Gegebenheiten betrachtet, die beispielsweise Diskriminierung begünstigen. Empowerment beinhaltet somit auch die Aufklärung über strukturelle Gegebenheiten und Machtverhältnisse, um der Individualisierung gesamtgesellschaftlicher Probleme entgegenzuwirken. Die Soziale Arbeit sollte bei der Unterstützung darauf achten sich selbst zurückzunehmen, um nicht „von oben herab“ für Adressatinnen und Adressaten, sondern gemeinschaftlich mit ihnen zu handeln: „Es erscheint unumgänglich, Gegendiskurse daraufhin zu analysieren, was diese für jene bedeuten, in deren Namen gesprochen wird“ (Castro Varela/Dhawan 2003, S. 282).

Ein partizipatives Arbeiten hat das Potenzial, Handlungsmacht und Selbstrepräsentation zu fördern (Rainer 2021). Werden Menschen in ihrer Handlungsfähigkeit und Autonomie wahrgenommen und anerkannt, lässt sich sowohl Viktimisierungsprozessen entgegentreten als auch den ungleichheitsgenerierenden Strukturen. Partnerschaftliches politisches Arbeiten leistet außerdem einen Beitrag zur Dekonstruktion des Hierarchiediskurses und ermöglicht es, mit lauterer Stimme für Strukturen zu werben, die gleichberechtigte Teilhabe als Zugang zu Menschenrechten eröffnen.

Nach dem Diversityansatz werden Individuen mit ihren Ressourcen unabhängig von sozialen Zuschreibungen erkannt, ohne dabei tatsächliche Diskriminierungen aus den Augen zu verlieren. Dies erfordert eine bewusste Auseinandersetzung mit bestehenden Diskriminierungspraktiken, die über eine reine Feststellung hinausgeht. Die Reflexion der eigenen Haltung aus der Diversityperspektive stellt somit eine Schlüsselkompetenz dar (siehe Kapitel 4).

3.3 Soziale Arbeit in gesellschaftlichen Machtverhältnissen

Die Diversityperspektive hat gleichermaßen eine machtkritische Komponente. Um diese in den Reflexionsprozess einbeziehen zu können, wird hier zunächst geklärt werden, wie Macht und Soziale Arbeit in Zusammenhang stehen.

Die Beantwortung dieser Fragestellung erfordert eine Analyse auf drei Ebenen: Zunächst wird die Einbettung der Profession und der Sozialarbeitenden in sozialpolitische Strukturen und gesellschaftliche Macht- und Herrschaftsverhältnisse beleuchtet. Anschließend folgt eine Auseinandersetzung mit den direkten Machtverhältnissen zwischen Sozialarbeitenden und Adressat*innen, bevor abschließend die Einbettung der Adressat*innen selbst in gesellschaftliche Strukturen analysiert wird. Als Grundlage folgt zunächst eine kurze Auseinandersetzung mit dem Machtbegriff.

Max Weber definiert Macht als die „Chance, innerhalb einer sozialen Beziehung den eigenen Willen auch gegen Widerstreben durchzusetzen, gleichviel worauf diese Chance beruht." (Weber 1980, S. 71) Er betont den personalen Aspekt von Macht und damit die Dominanz innerhalb sozialer Beziehungen. Gewalt stellt einen weiteren zentralen Aspekt in der Diskussion um Macht dar. Sie lässt sich zunächst als ein Über-etwas-Verfügen definieren.

Das Verfügen über Dinge und der Gebrauch dieser nach dem eigenen Willen, um das eigene Leben zu erleichtern, ist grundsätzlich akzeptiert. Gewaltausübung über Menschen, um anderen Menschen den eigenen Willen aufzuzwingen, wird dagegen in der Regel intuitiv-moralisch abgelehnt. (Maaser 2010, S. 76) Diese Zurückweisung basiert auf der Anerkennung des gleichberechtigten Willens anderer. Es wird demzufolge als „moralisch problematisch und ungerecht [aufgefasst], wenn Menschen andere Personen wie Dinge oder Instrumente behandeln." (ebd., S. 76)

Macht kann als Instrument genutzt werden, um über Individuen zu verfügen. Dieser Prozess muss nicht ausschließlich negativ sein. Beispielsweise kann Macht auch genutzt werden, um gegen bestehende repressive Herrschaftsverhältnisse anzutreten und diese zugunsten diskriminierter Minderheiten aufzubrechen. Herrschaft ist ein institutionalisiertes Instrument, das über Gesetze und politische Systeme sowie über Ordnungen legitimiert wird, die von Individuen als Repräsentant*innen umgesetzt werden (Czollek et al. 2012, S. 35).

Macht und Herrschaft schaffen durch ihr Ineinandergreifen Strukturen, die nicht ohne Weiteres veränderbar sind. Die Macht- und Herrschaftsverhältnisse ergeben die Grundlage für die strukturelle Verteilung von Ressourcen, von Privilegierung und Diskriminierung in der Gesellschaft. Kategorisierungen sind Teil dieses Systems. Sie implizieren zumeist die

Zuweisung eines gesellschaftlichen Status und spiegeln somit Macht- und Herrschaftsverhältnisse wider. Die Dominanzgesellschaft grenzt sich durch Herablassung gegenüber den „Anderen" ab und legitimiert über entsprechende negative Zuschreibungen ihre Machtposition (Bernstein/Inowlocki 2015, S. 17). Czollek, Perko und Weinbach (2012, S. 22) betonen jedoch die Prozesshaftigkeit dieser Strukturen: Macht und Herrschaft „müssen immer wieder neu hergestellt werden bzw. werden immer wieder neu in Frage gestellt." Die Veränderbarkeit von gesellschaftlichen Werten und Normen beziehungsweise gesellschaftlich Bestehendem spielt dabei eine zentrale Rolle (Castoriadis 1987). Demnach sind auch Macht- und Herrschaftsverhältnisse nicht gesetzt, sondern können mit entsprechenden Gegengewichten prozesshaft beeinflusst werden (Czollek et al. 2012, S. 36f.).

Ebene 1: Einbettung der Profession und der Sozialarbeitenden in sozialpolitische Strukturen sowie gesellschaftliche Macht- und Herrschaftsverhältnisse

Wie dargelegt haben sozialpolitische Strukturen und der politische Auftrag der Sozialen Arbeit einen wesentlichen Einfluss auf die Profession. Die Soziale Arbeit ist somit selbst Teil gesellschaftlicher Macht- und Herrschaftsverhältnisse. Zum einen wird sie durch politische Einflussnahme und finanzielle Abhängigkeiten fremdbestimmt. Zum anderen hat die Profession selbst maßgeblichen Einfluss auf die Verteilung von und den Zugang zu Unterstützungsleistungen.

Wohlfahrtsstaatliche Versorgungs- und Unterstützungsleistungen funktionieren nach dem Top-down-Prinzip. In dieser Hierarchie entscheiden nicht die Menschen über individuelle Bedarfe, die Entscheidung über die Verteilung der Mittel wird vielmehr von politischen Stellvertreter*innen getroffen. Auch die Soziale Arbeit ist bei der Ausgestaltung ihrer Unterstützungsangebote auf die Zuweisung von Mitteln angewiesen und somit abhängig von sozialpolitischen Entscheidungen. Mit der Mittelvergabe geht zumeist ein klarer Auftrag inklusive einer klaren Definition der Zielgruppe einher.

Das konstruktive Dilemma der Sozialen Arbeit besteht darin, dass

„Hilfe“ oft gleichbedeutend mit Normalisierungsmacht ist, also mit der Unterstützung bei Anpassungsprozessen an die Anforderungen der Dominanzgesellschaft.
Diese Eingebundenheit in macht- und herrschaftsbasierte Verteilungsstrukturen, die dem Ziel sozialer Gerechtigkeit teilweise entgegenstehen und eine binäre Kategorisierung erfordern, muss von Sozialarbeitenden kritisch reflektiert werden: „Diese Durchwobenheit der professionellen Situation von Dominanzverhältnissen ist zu erkennen und entsprechende rassistische, sexistische und klassenspezifische Herrschaftsverhältnisse sind in der professionellen Situation zu reflektieren und weitestmöglich aufzuheben.“ (Heite 2010, S. 195) Die Achtsamkeit gegenüber strukturellen Benachteiligungen muss demnach mit einer Sensibilität gegenüber unterscheidungsbasierten Normen und Ausschlüssen innerhalb der Sozialen Arbeit verknüpft werden. Sozialarbeitende bewegen sich immer im Spannungsfeld zwischen Disziplinierungsmacht und individuellem Empowerment durch die Problematisierung gesellschaftlicher Ausschlüsse (Mecheril/Melter 2010, S. 117ff.).
Wie dargelegt werden Unterstützungsangebote zudem entlang sozialer Kategorien konzipiert. Das gesamte Hilfesystem inklusive der Sozialgesetzgebung ist danach ausgerichtet. Die Konzentration auf isolierte Einzeldimensionen, die sich inzwischen als gängige Referenzfolie etabliert hat, wird durch materielle Anreize auf politischer Ebene für zielgruppenfixierte und spezifische Angebote reproduziert (Bretländer et al. 2015, S. 7f.). Die Tatsache, dass diese scheinbar individuellen Konzepte durch die ihnen zugrunde liegenden Kategorisierungen zumeist hochgradig pauschalisierend sind, wird dabei kaum hinterfragt. Die Implementation des persönlichen Budgets zur Förderung der Teilhabe von Menschen mit Behinderung kann als positives Beispiel für das Aufbrechen pauschalisierender Strukturen genannt werden. Durch die Umsetzung der Maßgaben aus der Behindertenrechtskonvention können Menschen nun selbst(-bestimmt) über die Ausgestaltung ihrer Hilfen entscheiden und sich ein bedarfsgerechtes Unterstützungspaket „einkaufen“.
Insgesamt bleibt jedoch eine Verstrickung der Sozialen Arbeit in Selekti-

ons-, Unterwerfungs- und Aussonderungspraktiken auf Grundlage gesellschaftlicher Macht- und Herrschaftsverhältnisse bestehen. Sozialarbeitende müssen sich demnach die Frage stellen, inwieweit sie ein Instrument repressiver und exkludierender staatlicher Interessen sind (Mecheril/Melter 2010, S. 121). Im Umkehrschluss stellt sich folgende Frage: „Welche Formen alternativer Praxis, die dem Selbstbestimmungsrecht der Adressat*innen und ihrem Recht auf freie Entfaltung ein größeres Gewicht einräumen, sind erkennbar“ (ebd.) beziehungsweise denkbar?

Aus einer kritisch-reflexiven Diversityperspektive heraus stellt sich die Soziale Arbeit gegen den politischen Normalisierungsauftrag und stellt ihm ein komplexes Verständnis von Vielfalt sowie die Anerkennung absoluter Verschiedenheit *und* Gleichheit gegenüber. Dies impliziert die Herstellung gleichberechtigter Partizipationsmöglichkeiten für alle Menschen durch die Aufhebung von diskriminierenden Hierarchien (Czollek et al. 2019, S. 24; 194f.). Die Ziele der Arbeit sind dabei die individuelle Bedürfnisbefriedigung und der faire Ausgleich von Rechten und Pflichten sowie die Begrenzung von Machtstrukturen auf politischer Ebene (Staub-Bernasconi 1995, S. 135f.), denn eine ungleiche Verteilung von Rechten und Pflichten bedeutet Privilegien auf der einen und Benachteiligung und Diskriminierung auf der anderen Seite (Staub-Bernasconi 2007, S. 173).

Ebene 2: Direkte Machtverhältnisse zwischen Sozialarbeitenden und Adressat*innen

Zwischen Akteur*innen der Sozialen Arbeit und ihren Adressat*innen bestehen direkte Machtverhältnisse, die mit Inklusions- und Exklusionsdynamiken einhergehen. Auch wenn die Verteilung der Mittel für die Schaffung von Unterstützungsstrukturen auf politischer Ebene passiert, haben Sozialarbeiter*innen selbst maßgeblichen Einfluss auf die Konzeption der Angebote. Auch hier kommt in der Regel das Top-down-Prinzip zum Tragen. D. h., die Ausgestaltung der Hilfen erfolgt von Sozialarbeitenden *für* die Adressat*innen und (in der Regel) nicht *mit* den oder *durch* die Adressat*innen. Auch die Zugangsmöglichkei-

ten zu den Hilfesystemen werden oft von den Akteur*innen der Sozialen Arbeit bestimmt.[25]
Zudem verfügen Sozialarbeitende über ein umfängliches Wissen in Bezug auf das Hilfesystem, das den Adressat*innen in dieser Form nicht oder nur unzureichend zugänglich ist. Praktiker*innen können somit direkten Einfluss auf die Problembewältigung der Klient*innen nehmen, indem sie eine Auswahl über die Informationen und damit auch über die Optionen treffen, die sie zur Verfügung stellen.
Soziale Arbeit war und ist Arbeit in Differenzverhältnissen. Auf der einen Seite hinterfragt sie Strukturen, die Teilhabe ver- beziehungsweise behindern, auf der anderen Seite schafft sie (häufig unbewusst) selbst Strukturen, die durch festgeschriebene Zugangsmöglichkeiten bestimmte Personengruppen von der Unterstützung ausgrenzen (Schwarzer 2015, S. 38). Durch die Realität begrenzter Ressourcen erfolgt eine klare Definition der Zugangsmöglichkeiten: Nur bestimmte Personengruppen mit bestimmten Problemlagen bekommen Hilfe. Dadurch entsteht eine bewusste oder unbewusste Marginalisierung bestimmter Adressat*innengruppen, beispielsweise mangelnde präventive Maßnahmen oder vorgeschaltete Unterstützungsangebote.
Neben der Definition der Zugangsmöglichkeiten kann auch die Konzeption des Angebotes selbst Exklusionsdynamiken fördern – insbesondere, wenn nicht individuell auf die spezifischen Bedarfe der Adressat*innen eingegangen wird, sondern im Voraus definierte Problemlagen pauschal abgearbeitet werden (Rommelspacher 2012, S. 44). Auch das Konzept einer Institution an sich kann Segregation fördern – beispielsweise, wenn Menschen mit Beeinträchtigungen explizit gesondert untergebracht werden.
Eine weitere problematische Praxis stellt die systematische Ausklammerung bestimmter Themen innerhalb der professionellen Beziehung dar. Aufgrund innerer Widerstände der Sozialarbeitenden, sich mit ih-

25 Ausnahmen bilden Selbstorganisationen, Initiativen und Vereine, die von Mitgliedern klassischer Zielgruppen gegründet wurden. Ein Beispiel ist der Verein biF e. V., ein von Jugendlichen verwalteter Träger der Jugendsozialarbeit in Bernau.

rer eigenen Zugehörigkeit zur Dominanzgesellschaft und mit den eigenen Privilegien und gleichzeitiger Unterdrückung der Minderheitsgesellschaft auseinanderzusetzen, bleiben Themen wie Macht- und Herrschaftsverhältnisse häufig unberücksichtigt (Rommelspacher 2012, S. 46). Die Reflexion eigener Privilegien sowie verinnerlichter Vorurteile und Stereotype ist immer noch ein Tabuthema in der Sozialen Arbeit. Das Professionsverständnis fordert Neutralität, Offenheit und Toleranz. Eigene Vorbehalte werden dementsprechend rationalisiert oder ganz verdrängt. Diese Prozesse zum Schutz des eigenen Selbstbildes („Ich bin Sozialarbeiter*in, ich diskriminiere nicht!") verhindern die kritische Auseinandersetzung mit eigenen Vorurteilen und Stigmata. Im sogenannten „Wheel of avoidance" fasst Lena Dominelli (2009) Abwehrreaktionen von *weißen* Sozialarbeitenden in Bezug auf das Thema Rassismus in Abbildung 7 (S. 89) zusammen.
Die Verleugnung stereotypisierender Anteile, die alle Menschen aufgrund der Sozialisation in einem stereotypsisiernden System selbst in sich tragen, schafft Distanz zu den Adressat*innen, indem wichtige Bereiche der Lebenswelt ausgeklammert werden (Rommelspacher 2012, S. 46f.).
Bei Mitgliedern der Dominanzgesellschaft erfolgt in der Regel eine unbewusste unkritische Identifikation mit der bestehenden Gesellschaft durch Prozesse der Sozialisation. Sie müssen sich nicht mit der Tatsache auseinandersetzen Teil einer Gruppe zu sein. Minderheitsangehörige werden hingegen häufig durch Prozesse der Fremdzuschreibung und der Diskriminierung mit diesen Zuweisungen konfrontiert. (Rommelspacher 2012, S. 52ff.) Julia Bernstein und Lena Inowlocki (2015, S. 23) fordern Sozialarbeitende in diesem Zusammenhang auf, ihre eigene Machtposition gegenüber den Adressat*innen sowie „die institutionellen Voraussetzungen und Routinen der eigenen Tätigkeit immer wieder kritisch [...] [zu] befragen, um Prozesse und Mechanismen der Diskriminierung zu erkennen und diesen gegenzusteuern."

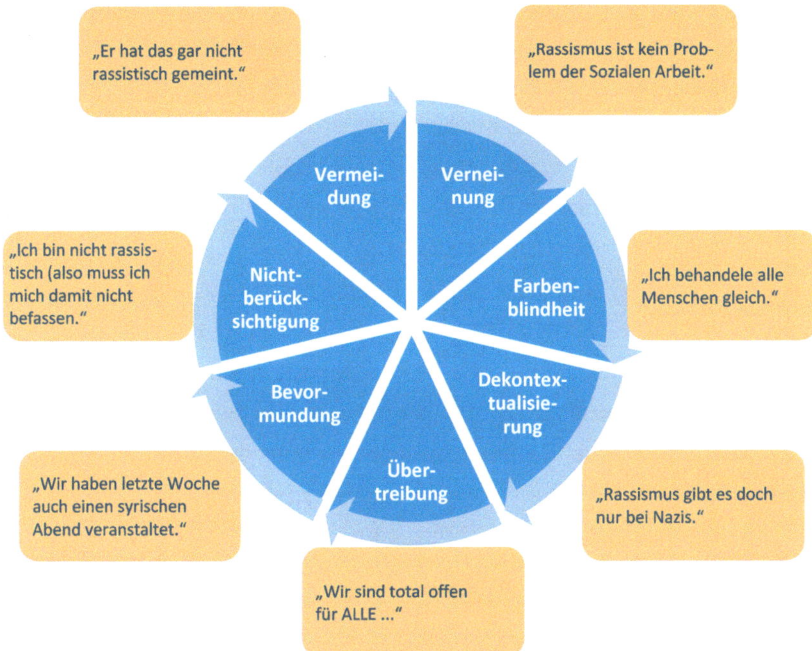

Abb. 7: Rad der Vermeidung, eigene Darstellung in Anlehnung an Dominelli 2009, S. 30.

Auch die Machtposition der Sozialarbeitenden selbst innerhalb der Institution kann im Rahmen der professionellen Beziehung von Bedeutung sein. Beispielsweise sind (Berufs-)Praktikant*innen oder Berufsanfänger*innen in der institutionellen Hierarchie zumeist deutlich schlechter gestellt als Sozialarbeiter*innen mit längerer Praxiserfahrung. Hier können sich Machtdynamiken innerhalb des Kollegiums entwickeln, die sich auf die Beziehungen zu den Klient*innen übertragen. Die Tatsache, dass die Adressat*innen in ihrer Position oft auf die Kompetenz und Professionalität der Sozialarbeitenden angewiesen sind, stellt einen weiteren wichtigen Aspekt im direkten Machtverhältnis dar. Missbrauchen die Akteur*innen der Sozialen Arbeit ihre Macht in dieser Beziehung, führt dies zu weiteren Abwertungen.

Von Seiten der Klient*innen kann aufgrund ihrer (Diskriminierungs-) Erfahrungen oder der Angst vor Assimilationsdruck bereits zu Beginn der professionellen Beziehung ein gewisses Misstrauen bestehen.

Diese Gefühle und Abwehrmuster müssen ernst genommen und für die Bearbeitung zugänglich gemacht werden (Rommelspacher 2012, S. 47ff.). Gerade in solchen Situationen ist es von besonderer Bedeutung, die eigenen Zugehörigkeiten und Wertehaltungen zu reflektieren und nicht direkt auf die Adressat*innen zu übertragen. Eine solche Übertragung persönlicher Werte und Normen stellt einen Machtmissbrauch im Unterstützungsprozess dar.
Alternativ können laut Heite (2010, S. 196f.) Möglichkeiten zur partizipatorischen Parität, zu gleichberechtigter Teilhabe und Teilnahme an Sozialer Arbeit und Gesellschaft die Position der Adressat*innen innerhalb der Machtverhältnisse der professionellen Beziehung und darüber hinaus stärken. Gemeinsam können Rahmenbedingungen geschaffen werden, die es ermöglichen, „die Form eines Lebens zu leben, die [...] jeweils lebenswert erscheint, ohne dass diese Form der Lebensgestaltung zu Diskriminierung oder Missachtung führt." (Heite 2010, S. 197) Die Handlungsspielräume für alle sollen in einer Diversityperspektive so groß wie möglich gehalten werden. Dies ist nur über Wege der Partizipation möglich, wie es auch Schwarzer darstellt (2015, S. 204). Die Konzeption von Angeboten sowie die Gestaltung der Zugangsmöglichkeiten in einem partizipativen Prozess mit den Adressat*innen eröffnet entsprechend besondere Potenziale (siehe Kapitel 7).

Ebene 3: Gesellschaftliche Einbettung von Adressat*innen

Auch die Adressat*innen sind in gesellschaftliche Strukturen eingewoben. Die Soziale Arbeit wird häufig dann tätig, wenn die Schnittstellen zwischen Adressat*innen und Gesellschaft in irgendeiner Form beeinträchtigt sind. Hier kommt es zu Ungleichheiten und/oder benachteiligenden Strukturen. Die benachteiligenden Strukturen basieren auf der Verteilung unterschiedlicher Machtanteile, die sich anhand von Differenzen in der Ressourcenverteilung niederschlagen. Diese Strukturen und Ungleichheiten müssen von Sozialarbeitenden anerkannt und durchdrungen werden, um sie veränderbar zu machen.
Damit die Soziale Arbeit benachteiligende Strukturen abbauen und il-

legitime Ungleichheit überwinden kann, muss sie die subjektive Wirklichkeit der Adressat*innen vor dem Hintergrund von bestehenden Macht- und Herrschaftsverhältnissen und damit verknüpften Verteilungsrealitäten verstehen, so Matthias Nauerth (2012, S. 57).
Die Adressat*innen der Sozialen Arbeit bewegen sich in Herrschaftsverhältnissen, „in denen sie kraft Ungleichheitskategorien wie Ethnizität, ‚Rasse', Klasse, Kultur, Geschlecht, Gesundheit, Sexualität, Staatsbürgerschaft und Behinderung über ungleiche Möglichkeiten der materiellen, sozialen und politischen Teilhabe und Teilnahme verfügen." (Heite 2010, S. 194) Teilhabemöglichkeiten werden demnach durch die Zuschreibung bestimmter Merkmale und damit einhergehende Ausgrenzung durch Othering eingeschränkt (Czollek et al. 2019, S. 33). Zugeschriebene Merkmale erhalten gesellschaftliche Bewertungsmuster (Stigmata). Diese Praxis ist so selbstverständlich geworden, dass derartige Typisierungen in der Regel fortwährend unreflektiert reproduziert werden. Die Aufgabe der Sozialen Arbeit ist es, sich diese Prozesse bewusst zu machen und ihnen entgegenzuwirken. (Bretländer et al. 2015, S. 8) Es ist entscheidend, die Kategorien, die den Adresst*innen zugeschrieben werden, und die damit verbundene Ausgrenzung von bestimmten Ressourcen nicht als naturgegeben, sondern als sozial hergestellt zu begreifen. Diese Differenzkategorien dienen der Aufrechterhaltung von Macht- und Herrschaftsverhältnissen (Heite 2010, S. 187f.).
„Subjektive Handlungen sind immer eingebettet in institutionelle und kulturelle Dimensionen" (Czollek et al. 2012, S. 45). Bei der Reflexion der gesellschaftlichen Einbettung der Adressat*innen sollte daher auch das Geflecht der individuellen, der institutionellen und der kulturellen Ebene berücksichtigt werden. Auch Menschen, die strukturell diskriminiert werden, können selbst beispielsweise auf der individuellen Ebene an anderen Diskriminierungsprozessen beteiligt sein.
Das Social-Justice-Konzept impliziert das Streben nach Verteilungsgerechtigkeit (nicht in dem Sinne, dass alle Menschen dasselbe erhalten, sondern dass alle Menschen so viel erhalten, dass sie physisch und psychisch in Sicherheit und Würde leben können), Anerkennungsgerech-

tigkeit (niemand wird diskriminiert, alle werden anerkannt und eingebunden) und gleichberechtigter Verteilung und Teilhabe, auch in Bezug auf die Frage nach der Verlagerung von Entscheidungsvermögen und Anweisungsmacht (Czollek et al. 2019, S. 194ff.). Dies setzt die gleichberechtigte Teilhabe aller Menschen an der öffentlich-politischen Sphäre voraus (Castoriadis 1990, S. 88).

Ethisch sind Sozialarbeitende (IFSW) verpflichtet, parteilich für ihre Adressat*innen einzustehen und deren Interessen zu vertreten. Sozialarbeitende sind dabei aber ebenso in stereotypisierende Diskurse und Vereinfachungen der Gesellschaft eingebunden und müssen somit einen höheren Reflexionsgrad erreichen, damit sie nicht selbst aufgrund der eigenen Verstrickungen Ungleichheit reproduzieren. Dafür bedarf es gegenseitiger, institutioneller und im besten Fall staatlicher Rückdeckung und vor allem Zeit, Raum und Ressourcen, die in vielen Bereichen (bisher) kaum zur Verfügung stehen.

4 Diversityreflexion in der Sozialen Arbeit

„Reflexion“ ist in der Sozialen Arbeit ein weitverbreiteter Begriff. In fast allen Grundlagen- oder Methodenbüchern findet sich mindestens ein Beitrag zu diesem Thema. Reflexionsfähigkeit und Reflexionskompetenz gelten als Grundlagen einer professionellen Haltung. Doch was bedeutet das konkret? Wie sieht ein Reflexionsprozess aus und warum ist Reflexion so wichtig für die Soziale Arbeit? Welche Rolle spielt Reflexion in der Diversitytheorie? Das folgende Kapitel gibt Antworten auf diese Fragen und begründet die Bedeutung selbstreflexiver Prozesse für das Durchbrechen diskriminierender Strukturen.

4.1 Reflexion als Kernkompetenz

Schaut man sich Reflexions- und Evaluationsprozesse innerhalb anderer Professionen wie beispielsweise Jura oder Medizin an, geht es hier in der Regel um die Bewertung von Handlungs- und Entscheidungsprozessen innerhalb klar umrissener Fälle mit konkreten Ergebnissen. Beispielsweise kann eine Ärztin ihre Entscheidungen danach beurteilen, ob in der Folge ihrer Behandlung eine messbare Veränderung des physischen Gesundheitszustandes ihrer Patient*innen eingetreten ist. Ein Anwalt erkennt anhand eines Urteils, ob er die rechtliche Situation richtig eingeschätzt und überzeugend argumentiert hat. Selbstverständlich spielen auch bei Ärzt*innen und Jurist*innen variable Einflüsse innerhalb von Handlungs- und Entscheidungsprozessen wie beispielsweise die professionelle Beziehung zu Patient*innen oder Klient*innen sowie ethische Fragestellungen eine Rolle, trotz dessen sind die Ergebnisse ihres Tuns zum größten Teil messbar.

In der Sozialen Arbeit hingegen verlaufen Handlungs- und Entscheidungsprozesse unter dem Einfluss zahlreicher Variablen auf individueller (Mikro-), institutioneller (Meso-) und gesellschaftlicher (Makro-)

Ebene ab. Innerhalb der professionellen Beziehung zwischen Klient*in und Sozialarbeiter*in treffen zwei Menschen in einem institutionellen Kontext aufeinander, die als Teil einer Gesellschaft in völlig individuelle Lebenswelten und Lebensrealitäten eingebunden sind und individuelle Werte und Normen als Grundlage für ihr Handeln mit einbringen. An dieser Stelle muss festgehalten werden, dass dieser Umstand gewiss auch auf andere Professionen wie beispielsweise Medizin und Jura zutrifft. Der Unterschied besteht jedoch darin, dass das Professionsverständnis Sozialer Arbeit die Förderung gesellschaftlicher Veränderungen, die Achtung von Vielfalt sowie die Befähigung und Bestärkung von Menschen zu einem selbstbestimmten Leben und zu einer Verbesserung ihres Wohlergehens und somit alle drei Ebenen menschlichen Zusammenlebens mit einschließt (DBSH 2016, o. S.). Ein weiterer Unterschied zu anderen Professionen besteht in der Messbarkeit beziehungsweise Nicht-Messbarkeit der Arbeitsergebnisse. In der Sozialen Arbeit gibt es keine einheitliche Definition von Erfolg. Die Ziele des Unterstützungsprozesses müssen mit den Adressat*innen unter Berücksichtigung ihrer jeweiligen Lebensrealität individuell definiert werden. Dieser Umstand macht eine Vergleichbarkeit beziehungsweise Übertragbarkeit von Ergebnissen nahezu unmöglich. Bei der Betrachtung des Handlungs- und Entscheidungsprozesses in der Sozialen Arbeit müssen also sowohl Faktoren auf der Mikro-, Meso- und Makroebene der Klient*innen als auch seitens der Fachkräfte einbezogen werden. Zudem müssen theoretisches Fachwissen und angewandte Methodenkompetenz mit situationsspezifischen Anforderungen abgeglichen werden. Auch das Ergebnis der Handlung in Form von Veränderungen oder Nicht-Veränderungen wird in den Reflexionsprozess miteinbezogen.

Handlungs- und Entscheidungsprozesse in der Sozialen Arbeit sind aufgrund der vielen Einflussfaktoren komplex. Im Arbeitsalltag ist jedoch oft ein Handeln basierend auf Intuition und Erfahrung gefragt. Situationen müssen in kürzester Zeit abgeschätzt, bewertet und beantwortet werden. Insbesondere in solchen Momenten besteht die Gefahr, verinnerlichte Werte, Stereotype und Kategorisierungen auf die Adressat*in-

nen zu übertragen und beispielsweise strukturelle Probleme zu individualisieren. Um die eigene Intuition zu stärken und das eigene Handeln zu professionalisieren, werden Situationen, in denen keine Zeit für eine intensive Einschätzung bleibt, im Nachhinein reflektiert und im Zuge dessen analysiert und evaluiert. Auf diese Art und Weise wird professionelles Wissen generiert, auf das in kommenden Situationen zurückgegriffen werden kann. Diesen Prozess beschreibt Donald Schön (1983) als Reflection-on-action. Im Kontext der praktischen Arbeit bedarf es der Fähigkeit derartige Reflexionsprozesse in die Handlung zu integrieren, um internalisierte Vorannahmen und mögliche Irritationen in der Situation hinterfragen und einordnen zu können. Reflexion stellt somit eine der Kernkompetenzen Sozialer Arbeit dar und kann als Grundvoraussetzung für eine professionelle Haltung verstanden werden.
Da in der Sozialen Arbeit das kritische Hinterfragen der persönlichen Eingebundenheit und der Eingebundenheit der Adressat*innen in die Gesellschaft sowie die Auseinandersetzung mit internalisierten strukturellen und individuellen diskriminierenden Stereotypen und Stigmata aufgrund der bestehenden Machtverhältnisse notwendig ist, haben wir den Prozess der Reflexion als Grundlage für unsere Methode ausgewählt. Im Folgenden werden daher die Zusammenhänge zwischen Reflexion und Diversitytheorie in der Sozialen Arbeit umfassend dargelegt.

4.1.1 Reflexive Kompetenz

Wird von Kompetenz gesprochen, so meint dies die Fähigkeit erworbenes Fachwissen im Berufsalltag anzuwenden (Müller 2001, S. 153). Reflexive Kompetenz bezeichnet somit nicht nur die Fähigkeit zum prüfenden Betrachten, sondern verlangt auch die situative Anwendung dieser Fähigkeit.
Reflexion ist ein aktiver Prozess, bei dem das eigene Denken und Handeln analysiert und hinterfragt wird. Ziel ist es, eigene Entscheidungen theoretisch und persönlich einzuordnen und so neue Perspektiven auf eine Situation zu erhalten (Ebert/Klüger 2017, S. 87).

Versteht man die professionell Handelnden als Personen mit persönlichen Hintergründen, wird deutlich, dass neben Denken und Handeln auch Gefühle als wesentlicher Teil der Reflexion mitgedacht und zugelassen werden müssen. Denn alle – Fühlen, Denken und Handeln – stehen im untrennbar wechselseitigen Zusammenhang. Bei Reflexion handelt es sich somit sowohl um einen kognitiven als auch um einen affektiven Prozess, der dazu dient Unbewusstes bewusst zu machen (Boud/Keogh/Walker 1985, S. 19).

Karl-Heinz Geißler und Marianne Hege (1988) benennen drei Schlüsselkompetenzen zur erfolgreichen Problembearbeitung:

1. Die instrumentelle Kompetenz: Sie beschreibt die Kenntnis und die Fähigkeit zur Umsetzung von theoretischem und methodischem Fachwissen (ebd., S. 226).
2. Die soziale Kompetenz: Sie umfasst Fähigkeiten im zwischenmenschlichen Umgang wie beispielsweise Empathie, Kongruenz und Wertschätzung. An dieser Stelle ist auch die Fähigkeit zu professioneller Beziehungsarbeit verortet, zum Zusammenspiel von professioneller Nähe und Distanz (ebd., S. 227).
3. Die reflexive Kompetenz: Sie beschreibt die Fähigkeit, sich selbst als Teil des beruflichen Handelns zu begreifen und somit die eigene Lebensrealität und biografische Erfahrungen als Einflussfaktoren zu hinterfragen (ebd., S. 229).

Eine Integration aller drei Kompetenzen ermöglicht es, sich selbst als professionell handelnde Person zu erfahren und zu entwickeln (ebd., S. 226).

So verstanden umfasst Reflexion daher nicht nur einen problemorientierten Analyseprozess auf Basis von theoretischem und methodischem Fachwissen, sondern bindet persönliche Faktoren der professionell handelnden Person selbstreflexiv in die Bedeutungszuschreibungen mit ein (Ebert/Klüger 2017, S. 69ff.). Denn reflexive Kompetenz ermöglicht nicht nur den Gewinn von Erkenntnissen aus bereits abgeschlossenen Handlungs- und Entscheidungsprozessen, sie bietet zudem (sofern sie auf allen drei Ebenen – Individuum, Institution und Gesellschaft – angewendet wird) die Möglichkeit, realistische Einschätzungen über Möglichkeiten und Grenzen professionellen Handelns zu treffen (Thole/Cloos 2000, S. 288f.) und damit Arbeitsbeziehungen in Zukunft professioneller zu gestalten (Schröder 2002, S. 11).

4.1.2 Bedeutung von Reflexion für die Soziale Arbeit

Die Soziale Arbeit agiert auf der individuellen, der institutionellen und der gesellschaftlichen Ebene, da sie zumeist Konflikte bearbeitet, deren Einflussfaktoren in allen drei Bereichen zu verorten sind. Laut Maja Heiner (2007, S. 432) treffen im Rahmen dieser Konfliktbearbeitung widersprüchliche Erwartungen der beteiligten Personen und Institutionen an die Soziale Arbeit aufeinander, die im Spannungsfeld zwischen „Hilfe und Kontrolle“ abgewogen werden müssen.

In der Praxis sind diesbezügliche Entscheidungsprozesse keineswegs verallgemeinerbar. Aufgrund zahlreicher situativer Variablen ist der professionelle Alltag geprägt von Komplexität, Ungewissheit und Wertkonflikten (Schön 1983, S. 39). Zudem können aufgrund struktureller Rahmenbedingungen die tatsächlichen Handlungsmöglichkeiten in der Praxis von dem eigenen professionellen Anspruch abweichen (Bruce 2013, S. 37). Um sich in diesem Kontext positionieren und das eigene Handeln begründen zu können, müssen Handlungen und Entscheidungen regelmäßig auf die Umsetzung von Theorie und Methode geprüft werden. Die Befindlichkeiten der Adressat*innen und der Fachkräfte sollten ebenso in den Reflexionsprozess miteinbezogen werden, da sie wesentlichen Einfluss auf die situationsspezifische Ausgestaltung der Interaktion haben. Eine reine Fokussierung auf Fachwissen und Handlungskompetenz birgt die Gefahr der Objektivierung der Klientel, da sie individuelle und situationsspezifische Faktoren ausklammert und dazu verleitet, Fälle auf ihre Verallgemeinerbarkeit hin zu untersuchen. Nehmen wir an, drei Personen mit der vermeintlich gleichen Problematik kommen zu Ihnen in die Beratung. Allein der Moment des Eintretens der Person bringt eine Vielzahl von Variablen mit sich, die einen Einfluss auf die professionelle Beziehung und den gesamten Unterstützungsprozess haben.

Wie nehmen Sie die Personen wahr? Wie würden Sie sie beschreiben? Welche Hypothesen zu ihren Identitäten haben Sie? Wie schätzen Sie die Personen ein? Mit welchen Erfahrungen und Gefühlen verknüpfen Sie die Personen? Wie werden Sie selbst von ihrem Gegenüber wahrgenommen?

Abb. 8: Charaktere

Die Unterstützungsprozesse aller Personen werden unterschiedlich verlaufen – selbst, wenn dasselbe theoretische Fachwissen und dieselben Methoden zugrunde gelegt werden –, denn neben den berufsspezifischen Fähigkeiten und Fertigkeiten fließen auch die Persönlichkeitsmerkmale und Befindlichkeiten der Sozialarbeiter*innen und der Adressat*innen sowie situative Gegebenheiten mit in den Interaktionsprozess ein (Schröder 2002, S. 11). Um sich dennoch professionell und insbesondere diversitätssensibel verhalten zu können, müssen im Nachhinein persönliche (in der Regel unbewusste) Motive reflektiert und bearbeitet werden. Dazu gehören auch die affektiven Anteile der Beziehungsgestaltung (Ebert/Klüger 2017, S. 89).
Reflexive Professionalität (Dewe/Otto 2012) umfasst jedoch nicht nur den Prozess der Reflexion an sich, sie erfordert ebenso die Implementierung der aus der Reflexion gewonnenen Erkenntnisse in die zukünftige Handlungspraxis. Nur so kann eine Professionalisierung in Form der Erweiterung eigener Handlungsfähigkeit stattfinden (Bruce 2013, S. 32). Reflexion ermöglicht es, eine Situation mithilfe eines Perspektivwechsels von einem neuen Standpunkt aus zu betrachten und so ein

ganzheitliches Bild zu erhalten sowie sich selbst als professionell handelnde Person zu analysieren.

Silvia Staub-Bernasconi (2007, S. 395) postuliert: „Soziale Arbeit ist ohne differenzierte Auseinandersetzung mit Macht nicht denkbar.“ Macht ist dabei im Kontext Sozialer Arbeit in zweierlei Hinsicht von Bedeutung. Zum einen besteht in Arbeitsbeziehungen zwischen Adressat*innen und professionell Handelnden stets ein Machtgefälle. Diese Tatsache muss reflexiv aufgearbeitet werden, um einen Machtmissbrauch zu verhüten (Ebert/Klüger 2017, S. 85). Zum anderen setzt sich die kritische Profession mit Machtverhältnissen in der Gesellschaft und in ihren sozialen Teilsystemen wie beispielsweise Institutionen (der Politik, der Wirtschaft und der Bildung), Familie oder den sozialen Sicherungssystemen auseinander. Ein besonderes Augenmerk liegt hier auf Formen der Herrschaft (Staub-Bernasconi 2019, S. 95; siehe Kapitel 3). Strukturelle Rahmenbedingungen auf der Meso- und Makroebene bilden somit grundlegende Bausteine im Reflexionsprozess, da sie wesentliche Einflussfaktoren für soziale Probleme darstellen.

Bezugnehmend auf die Soziale Arbeit als Menschenrechtsprofession argumentiert die britische Sozialarbeitswissenschaftlerin Lena Dominelli (2008, S. 87) für die Neudefinierung privater Schwierigkeiten als soziale Probleme. Veränderungen zur Einlösung der Menschenrechte sollten daher sowohl auf persönlicher, institutioneller als auch kultureller Ebene angestrebt werden. Ohne diese würde eine bloße Neudefinierung allein keinen Beitrag zur Änderung der allgemeinen Machtbalancen und der Ressourcenverteilung leisten, die in der Regel die Grundlage für einen beschränkten Zugang zu Menschenrechten für die Individuen bilden. Trotz aller Vorsichtsmaßnahmen sollten die Effekte für die betreffenden Personen durch die Umbenennung von sozialen Problemen nicht unterschätzt werden. Die Infragestellung akzeptierter Gegebenheiten im Alltag der Menschen kann auch Unsicherheiten hervorrufen. Im schlimmsten Falle entstünde kaum Erleichterung von der psychischen Belastung, sondern würde das Machtgefälle der Arbeitsbeziehung zwischen Adressat*in und Fachkraft noch verstärkt. Dies wird vermieden durch die Fokussierung auf gleichermaßen indivi-

duelle *und* strukturelle Dimensionen bei der Adressierung der Bedürfnisse von Einzelnen, Gruppen oder Gemeinschaften.
Wie bereits dargelegt sind Reflexionsprozesse ein Mittel für ganzheitliche Betrachtung. Sie bilden eine Methode, um Situationen inklusive struktureller sowie persönlicher Einflussfaktoren und das eigene professionelle Handeln kritisch zu hinterfragen und die daraus gewonnenen Erkenntnisse in die zukünftige Handlungspraxis einfließen zu lassen. Maja Heiner kritisiert, dass in Institutionen der Praxis noch immer keine flächendeckende Implementierung von Reflexionskultur erfolgt sei (zit. n. Kunstreich et al. 2003, S. 24). Dabei sieht sich die Soziale Arbeit in den letzten Jahren zunehmend mit wirtschaftsbasierten Vorgaben durch „Qualitätssicherungskonzepte" konfrontiert, die auf eine Steigerung von Effektivität und Effizienz abzielen. Derartige Richtlinien und Standards, die den Weg zur Zielerreichung klar eingrenzen, müssen im Sinne einer kritischen Profession hinterfragt werden (Adams/Dominelli/Payne 2009, S. 1). Reflexive Kompetenz ist und bleibt eine Kernkompetenz in der Sozialen Arbeit, denn sie verhindert eine einseitige Betrachtung und fördert Multidimensionalität (Kunstreich et al. 2003, S. 24).

4.1.3 Reflexion als Haltung

Eine professionelle Haltung in der Sozialen Arbeit erfordert die Anerkennung und Wertschätzung der Erfahrungen und Lebenswelten anderer sowie die Anerkennung der eigenen Erfahrungen und der eigenen Lebenswelt als Bestandteil professionellen Handelns. Kritische Reflexion erfordert ein Bewusstsein dafür, „dass die eigenen Norm- und Wertvorstellungen nicht zum Maßstab für das Denken und Handeln der Klient*innen gemacht werden können", betonen Ebert und Klüger (2017, S. 22). Zum einen erfordert Reflexion also eine Haltung, die die Anerkennung der Vielfalt von Perspektiven und Blickwinkeln sowie die Erkenntnis der eigenen strukturellen Eingebundenheit und der strukturellen Eingebundenheit der Adressat*innen impliziert. Zum anderen aktualisiert, fördert und verstärkt Reflexion eine solche professionelle

Haltung, da sie durch Perspektivwechsel einen erweiterten Blick auf Situationen ermöglicht. Erkennen professionell Handelnde die Vielfalt von Menschen und Situationen und damit die Notwendigkeit fall- und situationsspezifischen Handelns an, so akzeptieren sie im Umkehrschluss die Tatsache, dass es in der Sozialen Arbeit keine verallgemeinerbaren, passgenauen Handlungsanweisungen für jede Situation geben kann. Die Konklusion daraus: Bleibt das eigene professionelle Handeln unhinterfragt, droht eine Verallgemeinerung und Objektivierung der Adressat*innen.

Reflexionsprozesse verhindern einen Machtmissbrauch innerhalb der professionellen Beziehung seitens der Sozialarbeitenden, indem sie auf den Unterstützungsprozess Einfluss nehmende verinnerlichte Norm- und Wertvorstellungen der professionell Handelnden bewusst werden lassen und so die Entstehung eines Deutungsmonopols gegenüber den Adressat*innen verhüten (Kunstreich u. a. 2003). Reflexionsprozesse sind demzufolge nicht allein eine Methode zur Modifizierung der professionellen Haltung, sondern vielmehr ein unabdingbarer Bestandteil der professionellen Haltung.

Die professionelle Haltung umfasst sowohl fachliche als auch persönliche Motive und Werte und ist maßgeblich für die individuelle Interpretation und Modifikation konzeptioneller Handlungsanweisungen. Hiltrud von Spiegel (2011, S. 109) betont die Wichtigkeit der Haltung beim Einsatz der „Person als Werkzeug“ und beschreibt entscheidende Dimensionen für die reflexive Arbeit an der beruflichen Haltung. Grundlage für einen solchen Prozess bilden der Wille und die Fähigkeit zur biografischen Selbstreflexion. Von Spiegel (2011, S. 109ff.) beschreibt vier Dimensionen der selbstreflexiven beruflichen Haltung:

1. Die Reflexion individueller Berufswahlmotive: An dieser Stelle sollen sich Praktiker*innen mit dem persönlichen biografischen Prozess der Berufswahl auseinandersetzen. Die unbewussten Motive für die Entscheidung wie beispielsweise die Bearbeitung eigener Probleme oder der Wunsch nach Helfen-Wollen aufgrund eigener Bedürftigkeit können das professionelle Handeln maßgeblich be-

einflussen. Daher sollten sie bewusst gemacht, analysiert und hinterfragt werden.

2. Die Reflexion individueller Wertestandards: Jeder Mensch hat aufgrund seiner Sozialisation und der Lebenswelt, in der er sich befindet, ein eigenes, teilweise sehr präzises Verständnis davon, nach welchen Maßstäben Personen ihr Leben gestalten sollten. Da die Soziale Arbeit in hohem Maße in gesellschaftliche Normalisierungsprozesse eingebunden ist, sollten sich insbesondere professionell Handelnde ihre Vorstellung einer „gelungenen" Lebensweise bewusst machen und diese hinterfragen. Eine professionelle Haltung erfordert ein gewisses Maß an Ambiguitätstoleranz. Um dieses zu erreichen, ist die Reflexion individueller Wertestandards erforderlich.
3. Die Reflexion der Zuschreibung von Schuld und Verantwortung: Auch Sozialarbeiter*innen haben Stereotype, Vorurteile und Erfahrungen verinnerlicht, die bei anfänglicher Betrachtung einer Situation zu intuitiven Schuld- und Verantwortungszuschreibungen verleiten können. Derartige Hintergrundfolien haben Einfluss darauf, wo die Ursachen von Problemlagen verortet werden. Um individuelle Schuldzuschreibungen zu vermeiden, sollten Einschätzungen von Problemursachen reflexiv mit dem Wissen über Wechselwirkungen gesellschaftlicher Problemlagen und individueller Befindlichkeiten abgleichen werden.
4. Die Einübung professioneller Distanz: Erfahrungen und Emotionen können Beziehungen im professionellen Kontext unbewusst beeinflussen. Für den Aufbau tragfähiger professioneller Beziehungen und die Bewahrung professioneller Distanz sollten derartige persönliche Verstrickungen reflexiv aufgearbeitet werden.

Eine reflexive Haltung ist somit die Grundlage für Reflexionsprozesse, die wiederum einen modifizierenden Einfluss auf die Haltung haben. Von Spiegel (2011, S. 109) fasst diese Wechselwirkung folgendermaßen zusammen: „Hinter jeder Handlung steht eine persönliche und/oder berufliche Haltung und umgekehrt drückt sich jede Haltung in bestimmten

Handlungen aus.“ Eine professionelle reflexive Haltung impliziert somit ebenfalls das eigene Selbstbild und Professionsverständnis als Hintergrundfolie für das eigene Handeln zu begreifen sowie dies auch verbalisieren und kommunizieren zu können (Heiner 2004, S. 52).
Jürgen Ebert (2012) hat speziell für die Soziale Arbeit Bezugspunkte für die reflexive Auseinandersetzung entwickelt. Nach Ebert gilt es zunächst, den Einfluss persönlicher Faktoren in der professionellen Beziehung zu analysieren und zu hinterfragen. Ziel ist es, die persönlichen Norm- und Wertvorstellungen als Hintergrundfolie für das eigene Handeln zu begreifen und sich bewusst zu machen, dass diese nicht als Orientierungsrahmen auf das Leben der Klient*innen übertragbar sind. Als zweiten Bezugspunkt benennt Ebert das Einnehmen einer multiperspektivischen Sicht sowie vernetzendes Denken und Handeln. An dieser Stelle soll die Komplexität von Situationen und Handlungsentscheidungen erfasst werden. Jeder Mensch denkt in Kategorien, auch Sozialarbeiter*innen ordnen ihre Wirklichkeit auf diese Weise. Kategorien implizieren eine eindimensionale Denkweise, die es zu erschließen, aufzubrechen und zu erweitern gilt. Darüber hinaus schließt die reflexive Auseinandersetzung die Verortung in die ethischen Standards der Sozialen Arbeit ein. Verantwortung und Verpflichtung gegenüber Klient*innen, Kolleg*innen und Gesellschaft können so erkannt und eingebunden werden. Der vierte wesentliche Bezugspunkt ist nach Ebert die Auseinandersetzung mit Machtfaktoren. Die gesellschaftliche Normierungs- und Normalisierungsaufgabe der Sozialen Arbeit aktiv mitzudenken verhindert die Entmündigung der Klient*innen durch die Profession. (Ebert 2012, S. 51ff.) Auch hier wird deutlich: Die Fähigkeit, die eigene Biografie und das eigene Handeln stetig zu reflektieren und auf Grundlage beruflicher Wertestandards einzuordnen sowie die Manifestation daraus gewonnener Erkenntnisse in einer kritischen professionellen Haltung bilden eine Grundvoraussetzung für das professionelle Handeln.

4.1.4 Reflexion als Methode

Eine kritisch-reflexive Kompetenz, die sowohl fachliche als auch persönliche Aspekte wie Emotionen miteinbezieht, scheint das erstrebenswerte Reflexionsmodell der Sozialen Arbeit zu sein. Denn um Reflexion zur stetigen Aktualisierung von Wissen, Können und Haltung zu nutzen (Ebert/Klüger 2017, S. 39), muss diese entsprechend dem Professionsverständnis multidimensional und ganzheitlich ausgerichtet sein.

Zu Beginn des Reflexionsprozesses können verschiedene Schwerpunkte festgelegt werden. Bärbel Bimschas und Achim Schröder differenzieren zwischen problemorientierter und identitätsbezogener Reflexion in der Sozialen Arbeit. Die problemorientierte Reflexion umfasst lediglich die Erarbeitung konkreter und detaillierter Handlungsanweisungen auf Basis von theoretischem und methodischem Fachwissen. Bei der identitätsbezogenen Reflexion werden darüber hinaus Einstellungen und Haltungen fokussiert, die Interaktionen unbewusst mit beeinflussen. Sie liefert „Erkenntnisse im Überschneidungsfeld von Person und Fachlichkeit" (Bimschas/Schröder 2003, S. 160). Reflexion umfasst somit die Analyse persönlicher, sachlicher und struktureller Dimensionen, die eine Situation bedingt haben (Bimschas/Schröder 2003, S. 160).

Reflexion kann zur methodischen Generierung von theoretischem Wissen genutzt (Schön 1983) und methodisch sowohl zur Validierung und Anpassung professionellen Handelns als auch zur Perspektiverweiterung sowie Modifizierung zukünftiger Handlungspraxis verwendet werden. Zudem bieten Selbsterkenntnisse aus Reflexionsprozessen die Möglichkeit soziale Beziehungen professioneller zu gestalten (Schröder 2002, S. 11). In beiden Fällen müssen sowohl die fachliche als auch die persönliche Ebene in den Reflexionsprozess einbezogen werden. Für die fachliche Reflexion ist theoretisches Kontextwissen vonnöten, für die persönliche die Auseinandersetzung mit lebensgeschichtlich angeeigneten Norm- und Wertvorstellungen und verfestigten Verhaltensmustern.

Gegenstand der Reflexion können dabei sowohl eigene Erfahrungen als auch von Kolleg*innen erlebte Situationen sein – insbesondere solche, in deren Verlauf starke Gefühle wie beispielsweise Wut oder Verunsicherung hervorgerufen werden, sollten im Nachhinein reflektiert werden. Doch auch Situationen, in denen vermeintlich richtig gehandelt wurde, können im Rahmen einer intensiven Reflexion neue Erkenntnisse hervorbringen. Die methodische Reflexion stellt die Vielschichtigkeit einer Situation heraus und deckt Bedingungsgefüge sowohl auf der sachlichen und strukturellen als auch auf der emotionalen Ebene auf (Bimschas/Schröder 2003, S. 160).
Voraussetzung für Reflexionsprozesse ist das Einnehmen eines „exzentrischen Standpunktes" (Körner/Ludwig-Körner 1997, S. 60ff.). Es muss die Möglichkeit bestehen, sich vom Geschehen zu distanzieren – entweder durch tatsächliche physische Distanz, wenn eine Situation im Nachhinein an einem anderen Ort reflektiert wird, oder innere Distanz mithilfe von Metakommunikation, indem die professionell handelnde Person beispielsweise in einem Beratungsgespräch verbalisiert, dass sie noch eine kurze Bedenkzeit benötigt oder um eine kurze Pause bittet (Heiner 2007, S. 435).
Finden reflexive Prozesse in der Handlung statt (Reflection-in-action), wird besonders deutlich, dass es sich hierbei nicht einzig und allein um eine praktische Methode handelt, sondern Reflexion ebenfalls eine Form der Haltung darstellt. Insbesondere in festen Settings mit vermeintlich vorbestimmten Problemlagen wie beispielsweise der Schuldner*innenberatung geht die Notwendigkeit von Selbstreflexion über die Frage nach der Einordnung der Situation in professionelles und kontextuelles Wissen hinaus. Hier wird das Prinzip der offenen Haltung als Basis erforderlich, um die Übertragung von Vorannahmen und internalisierten Stereotypen zu vermeiden und in die gemeinsame Problemdefinition einsteigen zu können.
David Boud, Rosemary Keogh und David Walker (1985) betonen den Einfluss von Emotionen auf den Reflexionsprozess. Bereits die Entscheidung, mit welcher Situation sich eine Person intensiver auseinandersetzt, ist abhängig von den mit ihr verknüpften Emotionen. Boud,

Keogh und Walker teilen den Reflexionsprozess in drei Schritte ein: returning to the experience – connecting with feelings – re-evaluating the experience. Zunächst werden im Rahmen von „Returning to the experience" wesentliche Aspekte der Handlungssituation, sowohl fachliche als auch persönliche, zusammengetragen. Im zweiten Schritt „Connecting with feelings" wird sich die professionell handelnde Person ihrer Gefühle bewusst und kann diese analysieren. Positive Emotionen werden nutzbar gemacht und negative aufgearbeitet. Im dritten und letzten Schritt „Re-evaluating the experience" kann eine Neubewertung der Situation mithilfe der gewonnenen Erkenntnisse aus der neu erlangten Perspektive erfolgen (Boud/Keogh/Walker 1985, S. 20ff.). Emotionen werden hier also keinesfalls ausgeblendet, sondern als Einflussfaktoren auf das professionelle Handeln in den Reflexionsprozess integriert.

In Bezug auf Diversityaspekte bekommen Emotionen ein besonderes Gewicht. Wie bereits in der Einleitung beschrieben sind Situationen, in denen Diskriminierung eine Rolle spielt, in hohem Maße emotional aufgeladen. Gefühle wie Wut, Scham und Schuld werden im Rahmen von Reflexionsprozessen wahrgenommen und kritisch analysiert. Kritische Reflexion hinterfragt neben direkter persönlicher Interaktion auch Strukturen und Prozesse, die auf den ersten Blick selbstverständlich erscheinen, und folgt dabei einer anti-oppressiven Haltung (Ruch 2002, S. 205).

Im Feld der Sozialen Arbeit wurde eine Vielfalt an reflexiven Methoden entwickelt, die unterschiedliche Ziele verfolgen. Zum einen gibt es zahlreiche Ansätze, die Selbstreflexion als Mittel zur Evaluation nutzen. Hier liegt der Fokus auf dem methodischen Handeln und der Bewertung von Planung und Durchführung von Problemlösungsprozessen. Die persönliche Ebene wird größtenteils ausgeklammert. Das Handeln wird hier anhand festgelegter fachlicher Kriterien wie beispielsweise Zielerreichung und Angemessenheit der Methodenauswahl bewertet und sozioökonomisch eingeordnet (beispielsweise Stimmer 2000). Die Evaluation kann eher als methodischer „Qualitätssicherungsprozess" betrachtet werden, der jedoch keine tiefergehenden

Wirkzusammenhänge auf persönlicher und gesellschaftlicher Ebene mit einbezieht. Diversityaspekte bleiben hier gänzlich unbeachtet oder werden lediglich in ihren Folgen mitgedacht: Beispielsweise wird Arbeitslosigkeit nicht dahingehend analysiert, dass sie eventuell auf Rassismus im Bewerbungsverfahren zurückzuführen ist.

Andere Reflexionsmethoden beziehen sich beispielsweise auf die Auseinandersetzung mit Fällen oder konkreten Situationen (multiperspektivische Fallarbeit nach Burkhard Müller, Situationsanalyse nach Hiltrud von Spiegel). Müller stellt die Betrachtung einer Situation aus verschiedenen Perspektiven mit unterschiedlichen Bezugsrahmen in den Vordergrund. Voraussetzung dafür ist die Aneignung umfangreicher interdisziplinärer Kenntnisse als Hintergrundfolie zur Bearbeitung des Falles (Müller 2006, S. 15). Von Spiegel (2004, S. 162ff.) liefert ein Verfahren zur Einschätzung von Alltagssituationen. Die Motive und Anliegen aller situationsbeteiligten Personen sollen mithilfe einer multiperspektivischen Betrachtungsweise ergründet und analysiert werden.

Diese Formen der methodischen Umsetzung von Reflexionsprozessen binden zwar die individuelle Wahrnehmung sowie strukturelle Rahmenbedingungen als Einflussfaktoren auf das professionelle Handeln ein, jedoch stehen auch hier Diversityaspekte in der Regel nicht im Vordergrund. Der transformative Dreischritt der Züricher Schule nach Silvia Staub-Bernasconi (2007, S. 252ff.), der im Rahmen der reflexiven Analyse die Fragen nach dem Was, Warum, Wer, Womit und Wie stellt, umfasst entsprechend eine umfassende Kontext- und Relationsanalyse; auch hier werden jedoch nicht zwangsläufig alle drei Ebenen (Mikro-, Meso- und Makroebene) in Bezug auf Diversityaspekte mitgedacht. Dieser kurze Einblick in die methodische Vielfalt der Reflexion erhebt keinesfalls den Anspruch der Vollständigkeit. Er soll lediglich aufzeigen, dass bei der Entwicklung von Reflexionsmethoden unterschiedliche Schwerpunkte gesetzt werden.

Wie bereits dargestellt sind Reflexion und Haltung eng miteinander verknüpft. Dementsprechend sollte auch die Schwerpunktsetzung in der Reflexionsmethode mit der persönlichen und professionellen Haltung übereinstimmen. Im Folgenden präsentieren wir eine neue Schwerpunktsetzung in der Reflexion: Die Diversitytheorie. Mit unserer Methode stellen wir zentrale Aspekte der Diversitytheorie und Diskriminierungsformen als Ausgangspunkt für die reflexive Auseinandersetzung in den Mittelpunkt des Prozesses, sodass strukturelle und individuelle ungerechtigkeitsgenerierende und stereotypisierende Phänomene aufgebrochen werden können.

4.2 Kritisch-reflexive Diversity in der Sozialen Arbeit

Besonders im Bereich der Sozialen Arbeit besteht die Gefahr der Bevormundung und Diskriminierung der Adressat*innen. Bereits Erving Goffman betonte die strukturelle und gesellschaftliche Macht sozialer Dienstleistungen (Goffman 1973, S. 361). Die Soziale Arbeit bewegt sich durch ihren Normalisierungsauftrag ständig im ambivalenten Feld zwischen der Erbringung von Unterstützungsleistungen und der Instrumentalisierung zur Sicherung von Herrschaft (Prömmel 2006, S. 29). Die Reflexion der diskriminierenden und repressiven Anteile Sozialer Arbeit ist somit im Sinne der Diversitytheorie unerlässlich, denn Soziale Arbeit ist Teil des gesellschaftlichen Systems und damit ebenso beteiligt an Ausgrenzungsprozessen und der Aufrechterhaltung sozialer Ungleichheit (Schreier 2012, S. 14). Auch Sozialarbeitende sind durch ihre individuellen Privilegien unbewusst oder bewusst Teil von Ausgrenzungsprozessen und bringen auf der anderen Seite eigene Diskriminierungserfahrungen in ihre Arbeit mit ein.

Neben primären können für Sozialarbeiter*innen auch sekundäre Diskriminierungserfahrungen wirksam werden – beispielsweise, wenn sie sich politisch für die Rechte Ihrer Adressat*innen und gegen Diskriminierung einsetzen und dafür selbst angefeindet werden. Sozialarbeitende erleben in ihrem Alltag antisemitische Anfeindungen gegen Klient*innen, strukturellen Rassismus, disableistische Diskriminierung und vieles mehr. In dieser Tatsache findet sich ebenfalls eine Begründung für die Bedeutung von Reflexionsprozessen: Die Reflexion solcher Erfahrungen, beispielsweise im Rahmen von Supervisionen, kann zum einen dafür genutzt werden, um diese Erlebnisse persönlich zu verarbeiten und zum anderen, um Handlungsmöglichkeiten für den Umgang mit zukünftigen Situationen zu finden.

In diesem letzten Theorieabschnitt leiten wir auf Basis des bis hierhin Ausgeführten unser Verständnis von Diversity als einen kritisch-reflexiven Ansatz her. Bezug nehmend auf die englischsprachige Anti-Diskriminierungstheorie und -praxis in der Sozialen Arbeit (Anti-oppressive theory and practice) und die Bedeutung der Intersektionalität für die Soziale Arbeit stellen wir an dieser Stelle unsere theoretische Arbeitsdefinition abschließend vor, bevor wir uns in der zweiten Buchhälfte der Übertragung in die Praxis widmen.

Kritische Soziale Arbeit hinterfragt die eigene Verstricktheit in gesellschaftliche Machtstrukturen und legt sie offen (Penke 2009, S. 203). Laut Bob Pease (2009, S. 191f.) geht die kritische Sozialarbeit/Critical social work practice auf die Kritische Theorie der Frankfurter Schule zurück, habe sich aber bis in die Gegenwart weiterentwickelt und beinhalte unterschiedlichste theoretische Bezüge zu Transformation und sozialem Wandel. Im weiteren Sinne handle es sich um einen übergeordneten Begriff für eine Bandbreite theoretischer Ansätze wie marxistische, feministische, anti-rassistische, anti-oppressive, diskriminierungskritische, postkoloniale, konstruktivistische und strukturelle Perspektiven. Im engeren Verständnis definierten Autor*innen wie Jan Fook damit ihr selbst erarbeitetes Handlungsmodel. Eine der Bedeutungen von kritischer Praxis der Sozialarbeit ist die Beziehung zu kritischem Denken und kritischer Reflexion. Dieser Ansatz ist der Grundgedanke des „Kritisch-Seins" im Sinne der Entwicklung einer Einstellung, die bestehende Anschauungen und Praktiken herausfordert. Pease (ebd.) kritisiert jedoch, dass bei einigen Vertreter*innen des Ansatzes die strukturelle Analyse von Unterdrückung fehle. Eine neue Konzeption der kritischen Sozialarbeit, die sich im Vereinigten Königreich entwickelt hat, sei die Transformationspraxis. Bezugnehmend auf Adams et al. beschreibe diese eine reflexive und kritische Praxis mit Individuen, Gemeinschaften, Familien und Gruppen mit dem Ziel eines sozialen Wandels, der soziale Solidarität fördere und Ungleichheiten in der Gesellschaft abbaue. Im Vordergrund stehe dabei das partnerschaftliche Ziel, gemeinsam mit den Klient*innen die Gesellschaft zu verändern. (Pease 2009, S. 192)

Fook (2016, S. 5f.) beschreibt ihren Ansatz des „Critical Approach to Practice" als strukturelle Analyse sozialer und persönlicher Problemerfahrungen, welche ein Verständnis darüber umfasse, dass persönliche und politische Bereiche untrennbar miteinander verbunden sind, beispielsweise persönliche Probleme auf sozioökonomische Strukturen zurückführbar sein können. Ihr Ansatz sei darüber hinaus eine emanzipatorische Form von Analyse und Handeln, die eng mit dem *Anti-oppressive*-Ansatz verbunden sei. Die Sozialkritik sei ein weiterer Baustein und beinhalte das Anerkennen und die Kritik der Funktionen sozialer Kontrolle auf die Profession Soziale Arbeit und – beziehungsweise durch – das Wohlfahrtssystem. Auch bei Fook liegen grundlegendes Ziel und Begründung unseres Handelns im sozialen Wandel hin zu mehr Gerechtigkeit.

Beverly Burke und Philomena Harrison (2009) beschreiben in dem Buch „Critical Practice" im Detail den Ansatz der Anti-oppressive social work. Ihr Ausgangspunkt ist abgeleitet aus dem Selbstverständnis der Sozialen Arbeit – die moralische, ethische und rechtliche Verpflichtung Ungleichheiten zu adressieren. Beim Anti-oppressive-Ansatz stehe daher ebenfalls das Transformationspotenzial im Fokus, welches als ein kontinuierliches Arbeiten im dynamischen Prozess verstanden werden könne. Zunächst einmal verlange dies einen analysierenden Blick auf die Hintergründe und Orte, die sozialen Differenzen konstruieren, insbesondere „Race", Klasse, Gender, Behinderung, sexuelle Orientierung und Alter. Hierfür werden nicht nur die individuellen und organisationalen Praktiken in den Blick genommen, sondern vor allem auch ihre Beziehungen zu den erweiterten sozialen Strukturen, sowohl auf lokaler als auch nationaler Ebene. Hinzuzufügen ist, dass zum Teil auch die internationale Dimension eine zentrale Rolle spielt wie etwa beim Rassismus. Es geht Burke und Harrison darum, ein tieferes Verständnis des Ge- und Missbrauchens von Macht zu gewinnen. Damit folge der

Anti-oppressive-Ansatz insgesamt fünf Analyseschritten: 1. soziale Kategorisierung, 2. Verbindung des Persönlichen mit dem Politischen, 3. Macht, 4. historische und geografische Besonderheit und 5. Reflexivität/wechselseitige Verstrickungen. Ziel ist stets die Adressierung der Herausforderung, die durch soziale Ungleichheit entsteht, da erst durch diese Möglichkeiten für einen sozialen Wandel eröffnet werden. Im besten Falle adressieren diese Herausforderungen sowohl die Mikro- als auch die Makro-Ebene.
Mit der *Verbindung des Persönlichen mit dem Politischen* verstehen Burke und Harrison (2009) die Erfahrungen und Erlebnisse im Alltag Einzelner als verortet in sozialen, kulturellen, politischen und ökonomischen Strukturen, die sich aus *örtlichen und historischen Besonderheiten* ergeben. Diese Betrachtung der Verortung verhindert in der Praxis, dass Individuen pathologisiert werden, der Fokus wird vielmehr auf die Verbindungslinien und Wechselwirkungen zwischen einer individuellen Situation und dem sozialen System, in dem sich die Individuen bewegen, gelegt. (ebd., S. 215) Würde die Fachkraft in ihrer Arbeit die Bedeutung bestehender diskriminierender sozialer Normen und Politiken ignorieren, liefe sie Gefahr, das Potenzial ihrer Adressat*innen zu entwerten. Um das Thema *Macht* und Machtlosigkeit zu adressieren, bedürfe es darüber hinaus eines Verständnisses dafür, dass Menschen über unterschiedliche Zugänge zu Macht verfügen, die auch soziale Beziehungen und Stellungen beeinflussen. Fachkräfte haben dabei die bedeutungsvolle Aufgabe, ihre eigene professionelle und persönliche Macht basierend auf ihrer Zugehörigkeit zu bestimmten sozialen Kategorien zu analysieren. Erst durch die kritische und reflexive Analyse der eigenen Praxis werden professionelle Prinzipien, Theorien und Methoden mit Leben gefüllt. Das Prinzip der *Reflexivität* im Anti-oppressive-Ansatz erfordert von den Sozialarbeitenden eine kontinuierliche Analyse der Wirkung ihrer eigenen sozialen Identität und Werte auf die Art und Weise, wie sie Informationen aufnehmen und bewerten. Ohne diese professionelle Reflexivität liefe beispielsweise ein *weißer* männlicher Sozialarbeiter Gefahr, in der Begleitung einer jungen Schwarzen Frau entmächtigende Muster diskriminieren-

der Zuschreibungen einer rassistischen und sexistischen Gesellschaft zu reproduzieren und seine Klientin zum Schweigen zu bringen anstatt sie zu bestärken. Um die *Anti-oppressive*-Praxis zu praktizieren, so Burke und Harrison (2009, S. 219), bedürfe es der selbstkritischen, reflexiven und reflektierten Haltung der Sozialen Arbeit. Insgesamt betrachten die Autor*innen den Anti-oppressive-Ansatz in der methodischen Anwendung als eine Kombination aus Partizipation, Partnerschaft und Empowerment, die auf dem politischen Willen der Förderung von Gerechtigkeit und der Analyse diskriminierender Strukturen und Praktiken basiert. Umsetzung findet dies in einem klaren Rahmen für kontinuierliche Reflexion und Evaluation der Praxis mithilfe einer Reihe von Strategien des Netzwerkens, der partnerschaftlichen Beteiligung von Klienten*innen sowie einem kritischen Verständnis von Macht und ihrem Ge- und Missbrauch auf der persönlichen, professionellen und strukturellen Ebene. (Burke/Harrison 2009, S. 215f.)
Verfolgt die Anti-oppressive-Praxis das Ziel eines angemessenen und sensiblen Handelns, das bedarfs- anstatt gewinnorientiert ausgerichtet ist, sollte sie laut Dominelli Folgendes umfassen:

> „[A] person centred philosophy; and egalitarian value system concerned with reducing the deleterious effects of structural inequalities upon people's lives; a methodology focusing on both process and outcome; and a way of structuring relationships between individuals that aims to empower users by reducing the negative effects of social hierarchies on their interaction and the work they do together." (Dominelli 1994, S. 3)

Czollek et al. (2019, S. 43) fordern in ihrem Konzept der *Radical Diversity* in Verbindung mit Social Justice „eine kritische Praxis, der es um die Veränderung homogener öffentlich-politischer Räume, Institutionen, kultureller Praxen und Diskurse hin zu einem Mainstream der radikalen Verschiedenheit, Vielfalt und Heterogenität in ihrer Komplexität geht." Gemeint ist das Arbeiten an und das Engagement für das (utopische) Ziel der Diskriminierungsfreiheit, das nicht ohne einen gesellschaftlichen Wandel auskommt. Die veränderte Verteilung von Ressourcen ist hier wie bei den *Anti-oppressive*- und *Critical-practice*-

Ansätzen das Ziel auf dem Weg hin zu der „konkreten Utopie“ (ebd., S. 42). Das Ineinandergreifen von individueller, institutioneller und kultureller Ebene von Diskriminierung beschreibt laut Czollek et al. (2019, S. 416f.) eine Form der strukturellen Verschränkung, da subjektive Handlungen immer in institutionelle und kulturelle Dimensionen eingebunden sind (siehe auch Kapitel 2). Diese Strukturalität in der Diskriminierung ist eng verwoben mit der ebenfalls historisch gewachsenen systemischen Intersektionalität, der Verknüpfung von Diskriminierungsformen. Die gesellschaftliche Struktur ist als Ganzes eingebettet in diese „Diskriminierungsmatrix“, die somit das Leben aller Menschen beeinflusst – insofern „sie ebenfalls in einer Gesellschaft sozialisiert wurden“ (ebd., S. 33). Ein weiterer Aspekt der intersektionalen Betrachtungsweise in der Diversitytheorie ist die Wahrnehmung der Wechselwirkungen zwischen unterschiedlichen Unterdrückungs- und Diskriminierungsformen. Dies bildet die Grundlage für eine ganzheitliche intersektionelle Perspektive (Klinger/Knapp 2005, S. 72ff.). Als analytischer Blick auf gesellschaftliche Macht- und Ungleichheitsverhältnisse und deren Bedeutung für die Lebenswelt der Adressat*innen Sozialer Arbeit (und der Sozialarbeitenden selbst) kann der intersektionale Blick helfen, individuelle Handlungen und Positionen in einen strukturellen Kontext zu setzen. Durch diese neue oder andere Deutung der Lebenswelt des Gegenübers, die Individuen als eingebettet in verschiedene Diskriminierungsdiskurse versteht, wird eben diese Bedeutung der gesellschaftlichen Ungleichheitsverhältnisse (mit ihren Privilegien sowie Diskriminierungen) auf das einzelne Individuum in ihrer Relevanz erst deutlich. Sowohl die Personen als auch ihre Problemlagen und Ressourcen können so in einem umfassenderen ganzheitlichen Verständnis wahrgenommen werden. Das Gleiche gilt für die Sozialarbeitenden selbst. Ihr Blick auf und ihre Haltung gegenüber Adressat*innen, deren Problemlagen sowie Ressourcen kann sich verändern, wenn auch die eigene persönliche Prägung durch diskriminierende Diskurse und privilegierende Praktiken offen und vollständig analysiert beziehungsweise reflektiert wird.

Für die Soziale Arbeit ergibt sich aus diesem Blick sowohl die Möglichkeit eines umfassenderen Verständnisses für die Erfahrungen der Menschen und für die Struktur eines Gesellschaftsgefüges als auch einer offeneren Perspektive, die kategoriales Denken (z. B. Geflüchtete = Rassismuserfahrungen) erweitert und eigene Schemata hinterfragt. Aufbauend auf den Ansätzen einer kritischen und reflexiven Sozialen Arbeit lässt sich mit der Intersektionalität eine Antwort auf die Frage nach professionellem, diversitätssensiblem Handeln finden, die in diesem Fall vornehmlich als einer Frage der Haltung zu verstehen ist.

So berichten etwa Riegel und Scharathow (2012, S. 22) von der Thematisierung und Berücksichtigung von Gender, Heteronormativität, Migration und Klasse in Projekten der Mädchenarbeit. Dabei wird einerseits der Fokus von einem spezifischen (an die Zielgruppe angepassten) Thema auf andere erweitert und andererseits gleichzeitig für die Intersektionen von einzelnen Kategorien sensibilisiert. Um den offenen Blick zu ermöglichen, bedarf es in der Analyse und Reflexion einer Teilverabschiedung von den Kategorien, um einerseits Adressat*innen unvoreingenommener begegnen zu können und andererseits auch weniger offensichtliche Diskriminierungsformen sowie deren Überlagerungen besser identifizieren zu können. Erst nach der Rekonstruktion der relevanten Diskriminierungsformen und ihrer Intersektionen folgt deren Dekonstruktion hinsichtlich Ungleichheit, Verteilung und Machtverhältnissen. Die Dekonstruktion führt wiederum zum Ansatz der Kritik. Eng verbunden mit dieser Form der Auseinandersetzung, die an der Stelle als gesellschaftskritische Machtanalyse verstanden wird, ist wiederum die Methodik der Reflexion. Die Reflexion der Verwobenheit unterschiedlicher Differenzkategorien und ihrer Diffusion durch Mikro-, Meso- und Makroebene trägt dazu bei, Unterdrückungs- und Diskriminierungsprozesse sowie die Aufrechterhaltung von gesellschaftlichen Macht- und Herrschaftsverhältnissen zu verstehen. Ein solches Verständnis bildet das Fundament für eine machtkritische Auseinandersetzung.

Reflexion stellt somit eine der Grundlagen des Diversityansatzes dar, der sich zum Ziel gesetzt hat, die ungleichheitsgenerierende Wirkung sozial hergestellter Differenzkategorien aufzuheben. Voraussetzung dafür ist, Diskriminierung als komplexes Geflecht auf allen drei Ebenen zu verstehen und jedes Individuum als potenziell Beteiligte*n an Ausgrenzungsprozessen zu begreifen, denn jede Form der Selbstaufwertung geht mit einer Abwertung „der Anderen" einher (Czollek et al. 2019, S. 33f.). Dementsprechend ist es notwendig, sich reflexiv mit der eigenen Eingebundenheit in diskriminierende Strukturen sowie eigenen Stereotypen, Vorurteilen und diskriminierenden Handlungsweisen auseinanderzusetzen.

Reflexion in der Diversitytheorie umfasst somit sowohl die Frage nach der Eingebundenheit der Adressat*innen in diskriminierende Strukturen als auch die Frage nach der Eingebundenheit und eventuellen Aufrechterhaltung durch Praktiker*innen (Winkler/Degele 2010). Dabei muss insbesondere die Einzigartigkeit der Subjekte mitgedacht werden: Handlungsweisen und Reflexionsprozesse hängen maßgeblich von persönlichen biografischen Erlebnissen und somit auch von Privilegien und Diskriminierungserfahrungen ab (Czollek et al. 2019, S. 606).

Sozialarbeitende, die eigene Privilegierungs- und Diskriminierungserfahrungen nicht bewusst hinterfragen, laufen Gefahr, Kategorisierungen und Stereotypisierungen zu reproduzieren und Diskriminierungserfahrungen ihrer Adressat*innen als individuelle Befindlichkeiten abzutun (Melter/Mecheril 2009; Dominelli 2009). Rassismusreflexive Soziale Arbeit etwa beinhaltet Georg Auernheimers (2006, S. 200) Ausführungen zu interkultureller Kompetenz zufolge die „Reflexion eigener Fremdbilder": „[Fachkräfte] sollten sich darüber im Klaren werden, dass rassistische [und andere unterdrückende; *Anm. HvG/JS*] Strukturen und Traditionen ihr eigenes Denken nicht unbeeinflusst lassen, ohne deshalb ständig mit Schuldgefühlen zu agieren." Denn die Beziehungen zwischen Sozialarbeitenden und ihren Adressat*innen sind immer eingebettet in gesellschaftliche und globale Machtverhältnisse. Diese gilt es im Sinne kritisch-reflexiver Praxis ebenso zu reflektieren wie mit den Adressatinnen und Adressaten zu thematisieren.

Zu den Grundlagen professionellen Handelns gehören damit eine personenzentrierte Philosophie, die sich mit strukturellen Ungerechtigkeiten auseinandersetzt, eine Methodologie, die Prozess und Ziel gleichermaßen in den Blick nimmt und eine Form der Beziehungsgestaltung, der es gelingt, die Übertragung sozialer Hierarchien zu vermeiden und die Adressat*innen zu empowern.

Die Reflexion in Form der Dekonstruktion ermöglicht es, eine Distanz auf individueller, institutioneller und gesellschaftlicher Ebene zu erlangen, Zusammenhänge zu verstehen und sich selbst als Gestalter*in der individuellen Wirklichkeit zu begreifen (Czollek et al. 2019, S. 47). In Bezug auf die Diversitytheorie bedeutet dies laut Paul Mecheril, „[p]rofessionelle Handlungen und Strukturen [...] im Zuge dieser Reflexivität daraufhin [zu befragen], inwiefern sie zu einer Ausschließung des und der Anderen und/oder zu einer Herstellung der und des Anderen beitragen." (Mecheril 2010, S. 190)

Sozialarbeiter*innen sind täglich im Kontext der Vielfalt von Menschen und somit auch im Kontext von Differenzen beziehungsweise differenzierenden Strukturen tätig. Die Herausforderung besteht darin, sensibel für Differenzen und Differenzierungsprozesse zu sein, ohne dabei zu verallgemeinern. Dieser Anforderung kann nur gerecht werden, wer das eigene Handeln und die eigene Einstellung permanent reflektiert und Reflexionsprozesse als Teil einer kritisch-reflexiven Haltung verinnerlicht.

Die Reflexion ist somit ein Grundbaustein der Diversitytheorie. Zum einen ermöglicht sie das Infragestellen von gesellschaftlichen und institutionellen Normen sowie Macht- und Herrschaftsverhältnissen (Schreier 2012, S. 14). Zum anderen eröffnet sie neue Perspektiven auf die eigene und die Eingebundenheit der Adressat*innen in stigmatisierende und diskriminierende, aber auch privilegierende Prozesse. Denn die Wahrnehmung der Adressat*innen von Seiten der Praktiker*innen verändert sich, sobald diese den Einfluss normativer Privilegien und diskriminierender Diskurse auf sich selbst erkennen und reflektieren. Der Aufbau dieses Wissens in Kombination mit einer bestärkenden Haltung ermöglicht die (Wieder-)Erlangung der Kontrolle über die eigene Situation (Dominelli 2002).

Unserem Verständnis nach stellt eine *kritisch-reflexive* Haltung die

Grundvoraussetzung für diversitätssensibles Arbeiten dar. Diese zeichnet sich nach unserer Auffassung durch das Hinterfragen von Machtungleichheiten diskriminierender Strukturen auf Makro-, Meso- und Mikroebene aus, die die Erreichung von partizipativer Anerkennungsgerechtigkeit verunmöglichen, sowie durch die Reflexion der eigenen und der Eingebundenheit der Adressat*innen in ebendiese Strukturen. Für die Soziale Arbeit leitet sich daraus ein Respekt vor dem Wissen und Handeln der Adressat*innen ab, ein gemeinschaftlicher Einsatz für ihre Rechte und ihre Teilhabe sowie der Ausbau von Bündnissen für die Neuverteilung von Privilegien.

Die zahlreichen Methoden der Reflexion in der Sozialen Arbeit sollten somit um eine weitere ergänzt werden, um die Wichtigkeit dieser Prozesse zu unterstreichen: die Diversityreflexion, die professionelles Handeln in Anlehnung an soziale Differenzkategorien auf individueller, institutioneller und gesellschaftlicher Ebene analysiert und hinterfragt. Den im folgenden Abschnitt präsentierten Analyseleitfaden verstehen wir in diesem Sinne als Orientierung für Praktiker*innen und Studierende und als Angebot einer strukturierten Handreichung, die für jegliche Handlungsfelder sowie Situationen, Fälle und Problemlagen anwendbar ist.

5 Analyseleitfaden

Im Rahmen der Praxisbegleitung von Berufsanfänger*innen und Studierenden begegnen uns immer wieder Erzählungen von Erlebnissen, die bei den (angehenden) Sozialarbeitenden Irritationen hervorrufen und für die sie nach verstärkter Handlungssicherheit suchen. Ein Beispiel von vielen möchten wir an dieser Stelle aufgreifen. Sie finden in diesem Kapitel darüber hinaus weitere Praxisbeispiele, anhand derer wir die Anwendung des Leitfadens transparent darstellen.

Einige Zeit, bevor die Idee für dieses Buch konkretisiert wurde, schilderte eine Studentische Hilfskraft ihre Erlebnisse aus einem Praktikum in der offenen Kinder- und Jugendarbeit. Sie fühlte sich machtlos gegenüber ihrem Anleiter, einem *weißen* Sozialpädagogen mittleren Alters, wollte und konnte jedoch sein Verhalten ihr gegenüber nicht länger hinnehmen und suchte daher Rat bei ihrer Dozentin. Die Studentin, Anfang zwanzig und Schwarz, beschrieb die Erfahrung wie folgt: Ihr Anleiter plante einen Ausflug für die Kinder und Jugendlichen in eine Schaumkussfabrik. Er verwendete in diesem Kontext den diskriminierenden Begriff für die Fabrik beziehungsweise das Süßgebäck sowohl ihr gegenüber als auch im Gespräch mit den Kindern und Jugendlichen. Die Praktikantin fühlte sich dabei unwohl und sprach ihren Anleiter an mit der Bitte, stattdessen einen diskriminierungsfreien Begriff zu benutzen. Dieser wies ihre Bitte mit der Begründung zurück, dass der verwendete Begriff aus seiner Sicht überhaupt nicht diskriminierend oder rassistisch gemeint sei, vielmehr sei er selber mit diesem Begriff groß geworden, habe ihn immer genutzt und sei daher auch heute kein Rassist. Trotz der Verunsicherung, die diese Zurückweisung bei der Studentin auslöste, nahm sie ihren Mut zusammen und wandte sich im Rahmen einer Dienstbesprechung mit der Hoffnung auf Unterstützung an das Team. Doch auch hier wurde sie enttäuscht. Mit Aussagen wie „Der ist halt so“ oder „Das meint er nicht so“ wurde ihr Anliegen – und damit in ihrer Selbstwahrnehmung auch sie und ihre professionelle Po-

sitionierung sowie ihre persönliche Betroffenheit – kleingeredet. Der Ausflug, auf dem auch die Kinder und Jugendlichen die Sprache des Sozialpädagogen übernahmen, war letztendlich sehr nervenaufreibend für die angehende Sozialarbeiterin.
In unserem anschließenden Gespräch stellten sich Fragen nach professioneller Reflexion mit Blick auf Haltungsfragen und Handlungsoptionen. Gemeinsam mit weiteren Verbündeten konnten wir die Praktikantin in ihrer Einschätzung stärken und sowohl distanziert und professionell Kritik am Verhalten des Anleiters üben als auch seine Vorgesetzten von unserer Bewertung überzeugen. Die Motivation zur Entwicklung des Leitfadens besteht in diesem Sinne darin, einen Wegweiser aus der Verunsicherung und ein Werkzeug zur Wiedererlangung von Handlungsmacht zu schaffen.
Ziel dieser analytischen Reflexion ist es daher, unguten Gefühlen nachzugehen und professionelle Handlungsmöglichkeiten für die Praxis zu entwickeln. Diese unguten Gefühle können dabei sowohl auf eigene Diskriminierungserfahrungen als auch auf das Miterleben von diskriminierenden Verhaltensweisen gegenüber anderen zurückgehen.

Für die Reflexionsmethode „Diversity" haben wir auf Basis theoretischer Vorüberlegungen und praktischer Übungen über die letzten Jahre einen Analyseleitfaden entwickelt. Diesen Leitfaden werden wir zunächst in diesem Kapitel vorstellen und Schritt für Schritt beschreiben. Er kann sowohl linear als auch zirkulär abgearbeitet werden, denn oft bilden sich erst während der Analyse neue Erkenntnisse, die es notwendig machen können, noch einmal von vorne anzufangen oder an einer bestimmten Stelle erneut einzusteigen. Um die Anwendung des Leitfadens möglichst deutlich und nachvollziehbar zu gestalten, finden sich im darauffolgenden sechsten Kapitel einige Praxisbeispiele aus verschiedenen Handlungsfeldern, die exemplarisch mit dem Leitfaden analysiert wurden.

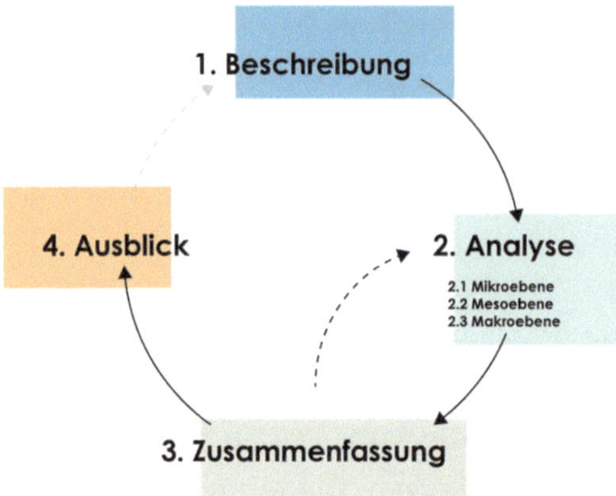

Abb. 9: Ablauf Analyse

1. Beschreibung[26]

Für die Analyse wird zunächst das Praxisbeispiel möglichst ausführlich beschrieben. Diese Beschreibung dient als strukturierte Übersicht und ist Grundlage für die spätere Analyse.

> **Hinweis:** Da hier der Fokus insbesondere auf der Selbstreflexion liegt, ist dieser Leitfaden insbesondere für Praxisbeispiele anwendbar, in denen **das Ich** (als handelnde Akteur*in oder Beobachter*in) involviert ist.

a) Die Beschreibung der Situation sollte unter anderem darauf eingehen, welchem Handlungsfeld das Beispiel zuzuordnen ist und in welcher/n Institution/en die Akteur*innen agieren. Hier sind sowohl die Einrichtung mit ihrer Konzeption und ihrer didaktisch-methodischen sowie handlungstheoretischen Ausrichtung als auch die Trägerschaft und die Finanzierung derselben von Bedeutung.
b) Für die Beschreibung ist es außerdem hilfreich zu identifizieren, um welche Art Praxisbeispiel es sich vordergründig handelt. Ob es um die Analyse eines Falls, einer Situation oder eines Problems geht und wie Situationen in Fälle und Fälle in Probleme eingebettet sind,

26 Eine Übersicht zu dem Analyseleitfaden befindet sich in der Anlage bzw. finden Sie als Online-Material auf www.beltz.de.

wird im Laufe der Analyseschritte deutlich. Eine strikte Trennung wird daher im Sinne der umfassenden Diversityanalyse aufgehoben. Eine genaue Einordnung ist zunächst jedoch notwendig, um das zu reflektierende Beispiel möglichst adäquat erfassen zu können.

c) Um die Bedeutung von Diskriminierung für das professionelle Handeln zu reflektieren, kann es außerdem hilfreich sein, soweit möglich bereits an dieser Stelle Hypothesen über die Diskriminierungsform/en und ihre Verschränkungen zu erstellen. Insbesondere die Verschränkungen können auch erst durch die intensive Auseinandersetzung entlang der drei Ebenen (Mikro, Makro, Meso) sichtbar werden.
d) Zentrales Element der Beschreibung ist die Identifizierung der Akteur*innen: Wer ist neben dem Ich beteiligt? (z. B. Kolleg*innen, Adressat*innen, Leitung). Welchen Merkmalen von Diskriminierung und/oder Privilegierung (siehe Kapitel 2.3) lässt sich das Verhalten der Personen (möglicherweise) zuordnen?

Die Literatur zu Diskriminierung ist nach wie vor häufig unterteilt in bestimmte, oft (noch) nicht intersektional gedachte Formen. Das Hinzuziehen von entsprechenden Studien und Praxishandbüchern für die folgenden Analyseschritte kann und soll in diesem Rahmen nicht ersetzt werden und ist daher – sofern möglich – nicht zuletzt für einen aktuellen Einblick durch stets neu erscheinende Untersuchungen zu empfehlen (siehe Makroebene). Die Diskriminierungsform/en sind dabei stets von den beteiligten Personen abhängig. Einen ersten Überblick liefert hier der Abschnitt 2.3. Handelt es sich in Ihrem Beispiel um ein Kind mit Migrationshintergrund, *kann* es sein, dass die Diskriminierungsformen Rassismus und Ageism relevant sind. Aber auch andere Formen können je nach Problemstellung bedeutend(-er) sein, etwa Klassismus oder Lookismus.

Achtung: Nicht die vordergründigen Kategorien sind hierbei entscheidend, sondern diejenigen, die sich aus der Problemstellung der Adressat*innen ableiten. Eine Jugendliche im Rollstuhl muss somit nicht automatisch in der ausgewählten Situation von Ableism betroffen sein, sondern ringt vielleicht vielmehr gerade mit Fragen der Geschlechtsidentität oder Heteronormativität.

Aus einer intersektionalen Perspektive leiten sich die relevanten Diskriminierungsformen somit nicht ausschließlich aus zugeschriebenen äußerlichen Merkmalen ab, sondern auch aus den Erfahrungen und Wünschen der zu unterstützenden Person. Des Weiteren gilt es nach Intersektionalitäten (siehe Kapitel 2.4) Ausschau zu halten. Herrschen für die eben erwähnte beeinträchtigte Jugendliche beispielsweise besondere Normative hinsichtlich Sexualität und genderspezifischen Rollenkonzepten?

Für die folgenden einzelnen Analyseschritte ist daher eine erste Einordnung ratsam. Welchen Diskriminierungsformen lässt sich die Problemstellung zuordnen? Welche äußerlichen und zugeschriebenen Merkmale – beispielsweise Alter, Aussehen oder Geschlecht – könnten außerdem in diesen oder anderen Zusammenhängen Diskriminierungserfahrungen bedeuten?

2. Analyse

Die Analyse erfolgt entlang der drei Strukturebenen: Individuen (Mikro), Institutionen (Meso) sowie Politik und Gesellschaft (Makro). Alle Ebenen werden im Einzelnen betrachtet, ihre Verwobenheit miteinander sollte aber stets mitgedacht werden. Die Reihenfolge der Analyse der Ebenen ist hierbei unerheblich.

Hinweis: Die nachfolgenden, blau hinterlegten Beispielfragen können für Ihre Analyse hilfreich sein, müssen aber nicht verwendet werden. Sie müssen nicht kategorisch abgearbeitet werden, können aber als Hilfestellung dienen.

5.1 Mikroebene

Die Mikroebene bildet den Kern der Analyse, da sie die beteiligten Personen und ihre Rollen mit einbezieht und hier das eigene Handeln und die eigenen Normen im Fokus der Reflexion stehen.
Für alle Beteiligten gilt es – so weit wie möglich – Privilegien und Diskriminierungserfahrungen zu identifizieren. Zur ausführlichen Darstellung der Bedeutung von Privilegien siehe auch Kapitel 2.1. Da beide im Laufe der Biografie möglicherweise Veränderungen unterliegen, sind sowohl heutige als auch vergangene Positionen hinsichtlich Privilegien und Diskriminierung relevant. Biografiearbeit bildet in diesem Kontext eine Methode für diversitätsbewusste Soziale Arbeit.
Aus dieser Frage heraus kann außerdem deutlich werden, in welche unterschiedlichen sozialen Machtpositionen die Beteiligten eingebettet sind. Die Relevanz dieser Machtpositionen für die professionelle Beziehung ist ebenfalls Bestandteil dieses Analyseschrittes.
Fragen Sie außerdem selbstkritisch nach Ihren eigenen impliziten Annahmen, Erwartungen und Deutungen, überlegen Sie, woher diese Annahmen kommen (dieser Teil ist auch für die Analyse auf der Makroebene wichtig) und wie diese Ihre Haltung gegenüber den anderen Beteiligten beeinflussen.

Beispielfragen

- In welchem Machtverhältnis stehen die Beteiligten/wir (Fachkraft + Adressat*in) auf struktureller und nichtstruktureller Ebene?
- Wie interpretiere ich im Vorhinein das Handeln der Adressat*in (Hypothesen, Annahmen)?
- Welche Vorurteile und Stereotype lassen sich erkennen? Bei mir? Bei anderen? Werden Menschen von mir oder anderen aufgrund zugeschriebener Merkmale bestimmten Kategorien zugeordnet und daraufhin bewertet?
- Welche vergangenen/aktuellen strukturellen Diskriminierungserfahrungen sind für die*den Adressat*in momentan relevant?

- Welche persönlichen Diskriminierungserfahrungen spielen für mich eine Rolle? Welche meiner Privilegien sind relevant?
- In welcher Hinsicht sind die weiteren Akteur*innen privilegiert?
- Wie wirkt sich ein ungleiches Machtverhältnis auf die Beziehung und die Haltung der Beteiligten aus?
- Welchen Effekt hatte diese Haltung wiederum auf den Verlauf des Beispiels?
- Welche Formen der Handlungsmacht lassen sich bei der/dem/den Adressat*innen erkennen?

Hinweis: Wenn Sie keinen Zugang finden, beginnen Sie mit der Beantwortung der obenstehenden Fragen anhand schriftlicher Stichpunkte. Das Verschriftlichen Ihrer Antworten führt in der Regel dazu, dass Reflexionsprozesse einsetzen. Sobald Ihnen weitere „Fragen an die Situation, den Fall, das Problem" einfallen, notieren Sie diese.

5.2 Mesoebene

Die Mesoebene legt den Blick auf die Institution. Hierfür sind sowohl Träger als auch Einrichtung von Interesse. Im Vordergrund steht die Betrachtung der Netzwerke, Konzepte und Leitlinien der Institution, aber auch der Praktiken, die sich im Team und unter den Mitarbeitenden etabliert haben. Diese sind anders als Leitlinien meistens verdeckt, den Beteiligten nicht immer bewusst und daher erst mit genauerem Blick erkennbar. „Praktiken" sind dabei als Handlungen und Haltungen zu verstehen, die sich in der Institution unbewusst herausgebildet haben. Sie können einerseits den Umgang mit Adressat*innen prägen, andererseits aber auch zur Haltung der Einrichtung gegenüber dem Hilfesystem beitragen. Wir bezeichnen diese Praktiken als *kulturalisierte Praktiken*, da sie die Kultur der Einrichtung prägen und somit die Soziale Arbeit in dieser Hinsicht beeinflussen. Es ist zu bedenken, dass kulturalisierte

Praktiken i. d. R. nicht auf bewussten Entscheidungen fußen, sondern eine Form der Etablierung einer (im gewissen Maße wirkungsvollen) Handlungsstrategie darstellen. Aus diesem Grund sind diese Praktiken besonders hinsichtlich ihrer Diskriminierungsfreiheit zu überprüfen.

Eine kulturalisierte Praxis kann beispielsweise die Ermahnung von Kindern sein, bestimmte Verhaltensweisen nicht an den Tag zu legen, da sie ihrem Geschlecht nicht entsprächen. Passen sich die Kinder diesen Forderungen an, wirkt die Praxis zwar äußerlich erfolgreich, für die Kinder bedeutet sie jedoch die Internalisierung von stereotypem Rollenverhalten. Jegliche Formen von Sanktionen, seien sie psychisch (z. B. Ermahnen, Schimpfen) oder physisch (wie etwa die Praxis des Einsperrens von Menschen mit besonderem Unterstützungsbedarf), lassen sich als kulturalisierte Praktiken beschreiben, wenn sie erstens nicht als methodische Handlungsmöglichkeiten im Konzept festgehalten sind (was sie in der Regel nicht sind, da ihnen zumeist die pädagogische Begründung fehlt) und zweitens wiederholt bei einer oder mehreren Personen auftreten.

Zentral ist die Frage der Verankerung von Diversity in der Arbeit: Wie wird Vielfalt einerseits gefördert und welche Grenzen lassen sich andererseits erkennen? Die Mesoanalyse umfasst somit zwei weitere Unterebenen: die äußere und die innere.

Auf der äußeren Unterebene analysieren wir die offizielle Darstellung der Einrichtung nach außen, ihre Öffentlichkeitsarbeit, ihre Bereitschaft zur Weiterentwicklung (Fortbildung) und Netzwerkarbeit (Mitgliedschaft in Gremien, Verbänden oder Kooperation mit anderen Organisationen) sowie – hinsichtlich Diskriminierung von besonderem Interesse – ihre Wahrnehmung des politischen Mandats der Sozialen Arbeit.

Auf der inneren Unterebene wird nach institutionellen und kulturellen Praktiken, nach der Umsetzung von Leitlinien und Konzepten sowie der Anwendung von Diversityansätzen gefragt. Dies umfasst sowohl die Haltung der Mitarbeitenden gegenüber den Adressat*innen als auch die Bereitschaft zur Nutzung der von der Institution bereitgestellten Möglichkeiten zur Weiterbildung und (politischen) Vernetzung zum Thema Diversity.

Beispielfragen

Äußere Ebene:

- Findet Öffentlichkeitsarbeit hinsichtlich Diversity statt (z. B. zur Förderung der gesellschaftlichen Akzeptanz der Adressat*innen)?
- Ist die Einrichtung in (professions-)politischen Gremien oder Verbänden vertreten?
- Werden die Mitarbeitenden in der Wahrnehmung ihres politischen Mandates unterstützt?
- Wie werden Diversityaspekte in der Institution (Einrichtung + Träger) thematisiert?
- Gibt es entsprechende Konzepte? Methoden? Projekte?
- Wie wirkt sich das Vorhandensein dieser Ansätze beziehungsweise ihre Abwesenheit auf mein und/oder unser professionelles Handeln aus?

Innere Ebene:

- Wie divers ist das Team? Wie divers sind die Adressat*innen?
- Wo werden eventuell Kategorisierungen von Adressat*innen vorgenommen und welche Auswirkungen haben diese?
- Welche institutionellen Strukturen/kulturalisierte Praktiken begünstigen Diskriminierung (z. B. geringes Maß an Partizipation, hohe Zugangsbarrieren, verbreitete/verdeckte institutionell-kulturalisierte Haltungen)?
- Welchen Einfluss haben diese Aspekte auf meine eigene Haltung und meine berufliche Praxis? Welche kulturalisierten Praktiken habe ich selbst (unbewusst) übernommen? Wurde dadurch Diskriminierung begünstigt? Was hat mich davon abgehalten, mich über die Praktiken der Einrichtung zu wundern? Welche Praktiken irritieren mich und welche habe ich unkritisch übernommen?
- Wie kongruent ist das Handeln meiner Kolleg*innen/mein eigenes im Abgleich mit meinem Bauchgefühl und mit den theoretischen Ansätzen professionellen Handelns auf diesem Themengebiet? Gab es ähnliche Begebenheiten, die ich noch in Erinnerung habe, die bei mir ein Unwohlsein auslösen? Bestehen Gemeinsamkeiten zwischen diesen Begebenheiten und der hier zu analysierenden Situation? Wie lassen sich diese Gemeinsamkeiten beschreiben?

5.3 Makroebene

Bei der Analyse der Makroebene geht es um die soziale, kulturelle und rechtliche Einordnung von Diskriminierung. Die zentrale Fragestellung ist hier, wie die Diskriminierungsform/en **sozial, kulturell und rechtlich verankert** sind.

Damit stehen bei dieser Analyse gleichermaßen die rechtliche Benachteiligung von Personen, das Vorhandensein von gesellschaftlichen Stereotypen und Vorurteilen sowie die Konstruktion „des Anderen" im Vordergrund (siehe Kapitel 2.2).

Für die Analyse der Makroebene gilt es zunächst die relevanten Diskriminierungsformen (und ihre Intersektionen) zu identifizieren (siehe Kapitel 2). Unterstützend können anschließend folgende Daten und bereits vorhandene wissenschaftliche Analysen herangezogen werden: wissenschaftliche Auseinandersetzungen mit Diskriminierungsformen, Gesetzestexte, Diskursanalysen, Medienanalysen, Untersuchungen zu sozialer Ungleichheit in Deutschland etc.

Beispielfragen

- Wie wird die im Praxisbeispiel entstandene Kategorie „des Anderen" auf ...
  - medialer
  - politischer
  - rechtlicher
  - kultureller
  - sozialer

  ... Ebene konstruiert?
- Welche Auskunft geben Studien über die gesellschaftliche Diskriminierung, der wir in diesem Beispiel begegnen?
- Wo finden sich gesetzlich festgeschriebene Ungleichheiten hinsichtlich der im Beispiel auftretenden Diskriminierungsform/en?
- Wie spiegelt sich die Makroebene in der Institution (Mesoebene), wie in meinem Handeln und in meiner Haltung (Mikroebene) wider?

- Wo tun sich an dieser Stelle Spannungsfelder hinsichtlich der ethischen Prinzipien der Sozialen Arbeit (siehe Kapitel 3) auf?

3. Zusammenfassung

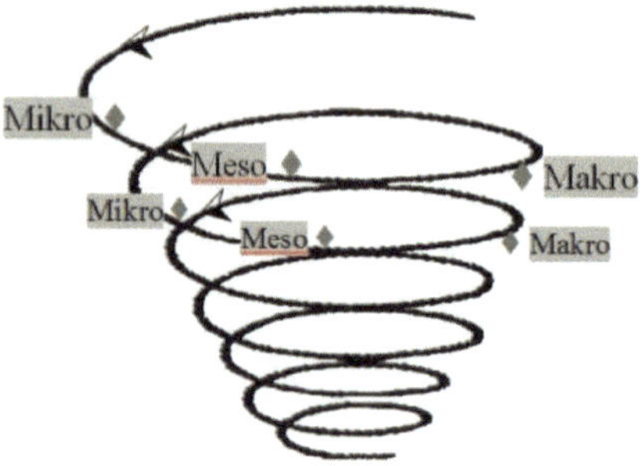

An dieser Stelle kann es sinnvoll sein, eine Übersicht über Verbindungen der drei Ebenen zu erlangen und einen Blick auf weitere relevante Diskriminierungsformen und intersektionale Verschränkungen zu werfen. Sollten dabei neue Aspekte ins Bewusstsein rücken, kann an einer beliebigen Stelle des Leitfadens erneut eingestiegen werden. Sollten etwa neue Diskriminierungsformen und Verschränkungen erkannt werden, wäre ein Neubeginn sinnvoll. Der Leitfaden kann in diesem Sinne auch als eine Art Schleife oder Spirale verstanden werden. Wird die Analyse auf der Mikroebene begonnen, erweist es sich darüber hinaus als hilfreich, die Wirkung der Makro- auf die Mikroebene noch einmal abschließend kritisch zu betrachten.

4. Ausblick

Der Ausblick dient der selbstreflexiven Darstellung einer Zukunftsperspektive. Hier wird sich nicht allein auf die etwaigen Handlungsmöglichkeiten der Adressat*innen fokussiert, sondern vielmehr auch auf die Chancen für mich als Fachkraft, die Person/en mit einer ganz bestimmten Haltung in ihren jeweiligen Handlungsmöglichkeiten gelingend zu unterstützen.

Beispielfragen

- Wie kann ich als Einzelperson in dem gegebenen Rahmen Diversityansätze zukünftig stärker verfolgen und soziale Gerechtigkeit im Sinne der Adressat*innen weiter fördern (in der Einrichtung, durch den Aufbau eigener Netzwerke)?

- Was brauche ich für die Umsetzung?
- Welche Allianzen sind denkbar?
- Wo kann ich Unterstützung bekommen?
- Welche meiner Privilegien kann **ich** wie sinnvoll einsetzen?

Die folgende tabellarische Übersicht des Analyseleitfadens inklusive Beispielfragen zu den einzelnen Analyseschritten sowie Platz für Notizen zur Anwendung in der Praxis steht als Onlinematerial zum kostenlosen Download zur Verfügung.

1. BESCHREIBUNG

- Zu beschreibende Aspekte
- **Institution/en:** Konzeption, methodische Ausrichtung, Trägerschaft; Finanzierung
- **Art des Praxisbeispiels:** Fall, Situation oder Problem
- **Akteur*innen:** Kolleg*innen, Adressat*innen, Leitung sowie deren (mögliche) zugeschriebenen, äußeren Merkmale / Diskriminierungserfahrungen / Privilegien
- Hypothesen über **Diskriminierungsform/en** (sowie Verschränkungen)

2. ANALYSE MIKROEBENE

- In welchem **Machverhältnis** stehen die Beteiligten / wir (Fachkraft + Adressat*in) auf struktureller und nicht-struktureller Ebene?
- Wie interpretiere ich im Vorhinein das Handeln der Adressat*in? (Welche Hypothesen, **Annahmen** habe ich?)
- Welche **Vorurteile und Stereotype** lassen sich erkennen? Bei mir? Bei anderen? Werden Menschen von mir oder anderen aufgrund zugeschriebener Merkmale zu bestimmten Kategorien zugeordnet und daraufhin bewertet?
- Welche vergangenen / aktuellen strukturellen **Diskriminierungserfahrungen** sind für die*den Adressat*in gerade relevant?
- Welche **persönlichen Diskriminierungserfahrungen** spielen für mich eine Rolle? Welche **meiner Privilegien** sind relevant?
- In welcher Hinsicht sind die weiteren Akteur*innen **privilegiert?**
- Wie wirkt sich ein ungleiches Machtverhältnis auf die **Beziehung** und die **Haltung** der Beteiligten aus?
- Welchen **Effekt** hatte diese **Haltung** wiederum auf den Verlauf des Beispiels?
- Welche Formen der **Handlungsmacht** lassen sich bei der/dem/den Adressat*innen erkennen?

MESOEBENE

Äußere Ebene

- Findet **Öffentlichkeitsarbeit** hinsichtlich Diversity statt? (z.B. zur Förderung der gesellschaftlichen Akzeptanz der Adressat*innen)
- Ist die Einrichtung in **(professions-)politischen** Gremien oder Verbänden vertreten?
- Werden die Mitarbeitenden in der Wahrnehmung ihres **politischen Mandates** unterstützt?
- Wie werden **Diversity-Aspekte** in der Institution thematisiert?
- Gibt es entsprechende **Konzepte**? Methoden? Projekte?
- Wie wirkt sich das Vorhandensein dieser Ansätze bzw. ihre Abwesenheit auf mein **eigenes professionelles Handeln aus?**

MESOEBENE

Innere Ebene

- Wie divers ist das **Team**? Wie divers sind die **Adressat*innen**?
- Wo werden eventuell **Kategorisierungen** von Adressat*innen vorgenommen und welche Auswirkungen haben diese?
- Welche institutionellen Strukturen / **kulturalisierte Praktiken** begünstigen Diskriminierung? (z.B. geringes Maß an Partizipation, hohe Zugangsbarrieren, institutionell kulturalisierte Haltungen)
- Welchen Effekt haben diese Punkte auf meine eigene **Haltung** und meine beruflicher Praxis? Welche Praktiken habe ich (unbewusst) übernommen? Wurde dadurch Diskriminierung begünstigt? Was hat mich davon abgehalten, mich über die Praktiken der Einrichtung zu wundern? Welche Praktiken irritieren mich und welche habe ich unkritisch übernommen?
- Wie **kongruent** ist das **Handeln** meiner Kolleg*innen / mein eigenes im Abgleich mit meinem Bauchgefühl und mit den theoretischen Ansätzen professionellen Handelns in diesem Themengebiet? Gab es ähnliche Begebenheiten, die bei mir ein Unwohlsein auslösen? Haben diese Begebenheiten Gemeinsamkeiten mit der hier zu analysierenden?

MAKROEBENE

- Wie wird die im Praxisbeispiel entstandene Kategorie „des **Anderen**“ auf ...
  - omedialer
  - opolitischer
  - orechtlicher
  - okultureller
  - osozialer

  ... Ebene konstruiert?
- Welche Auskunft geben **Studien** über die gesellschaftliche Diskriminierung, der wir in diesem Beispiel begegnen?
- Wo finden sich **gesetzlich festgeschriebene Ungleichheiten** hinsichtlich der im Beispiel auftretenden Diskriminierungsform/en?
- Wie spiegelt sich die **Makro**-Ebene in der Institution (**Meso**-Ebene), wie in meinem Handeln und in meiner Haltung (**Mikro**-Ebene) wider?
- Wo tun sich hier Spannungsfelder hinsichtlich der ethischen Prinzipien der Sozialen Arbeit auf?

3. ZUSAMMENFASSUNG 4. AUSBLICK

- Wie kann **ich** als Einzelperson in dem gegebenen Rahmen Diversity-Ansätze in Zukunft stärker verfolgen und soziale Gerechtigkeit im Sinne der Adressat*innen weiter fördern (in der Einrichtung, durch den Aufbau eigener Netzwerke)?
- Was brauche **ich** für die Umsetzung?
- Welche Allianzen sind denkbar?
- Wo kann **ich** Unterstützung bekommen?
- Welcher meiner Privilegien kann **ich**, wie, sinnvoll einsetzen?
- Welche Haltung soll mein zukünftiges Handeln prägen?

Abb. 10: Analyseleitfaden Diversityreflexion

6 Praxisbeispiele

Um die Anwendung des Leitfadens anschaulicher und greifbarer zu machen, haben wir Erfahrungen von Studierenden zusammengetragen und analysiert. Wir möchten uns an dieser Stelle noch einmal ganz herzlich für das Vertrauen bedanken, diese Erlebnisse mit uns zu teilen und natürlich auch für das Einverständnis zur Verwendung im Rahmen dieses Buches. Alle Beispiele wurden anonymisiert, sodass keine Rückschlüsse auf Personen und Institutionen gezogen werden können. Es handelt sich um Situationen, Fälle und Problemdarstellungen aus verschiedenen Orten in Deutschland. Da die nun folgenden Analysen dieser Beispiele aus unserer Außenperspektive vorgenommen wurden, fehlt ihnen allen die wichtige Ebene der Selbstreflexion. Es handelt sich daher lediglich um erste einführende Vorschläge zur Reflexion von Praxisbeispielen, die für ein konstruktives Ergebnis durchaus noch tiefergehender sowohl aus der persönlichen Sicht der Beteiligten als auch aus wissenschaftlicher Perspektive analysiert werden sollten. Unser Ziel an dieser Stelle ist zunächst einmal den Ablauf darzulegen und Sie einzuladen, Situationen aus Ihrer Praxis mithilfe des Leitfadens zu reflektieren. Bei der Selbstreflexion sind entsprechend deutlich ausführlichere und emotionalere Auseinandersetzungen möglich, wie sie etwa bei Praxisanalyseberichten von Studierenden oder Sozialarbeitenden im Anerkennungsjahr gefordert werden. Für die Anwendung im Berufsalltag sind hingegen derart schriftliche Reflexionen eher unüblich. Hier verweisen wir stattdessen auf das Schaubild der Kurzfassung (s. o.), welches etwa im Kontext von Teambesprechungen Anwendung finden kann.

6.2 Analyse: Beispiel Gemeinschaftsunterkunft

Beschreibung

Die Praktikantin ist seit etwa einem Monat studienbegleitend in der Einrichtung tätig. Zum angegebenen Zeitpunkt sitzt sie im Büro und übersetzt einen Flyer ins Arabische, als eine Bewohnerin (vierzig Jahre, geflohen aus Serbien, Verwandte in einer anderen Einrichtung derselben Stadt) der Einrichtung mit blutüberströmten Unterarmen ins Büro kommt. Irritierenderweise lächelt die Bewohnerin und wiederholt immer nur ein Wort. Die Praktikantin sucht Material zur Wundversorgung, findet dieses nicht und holt sich daher die Leitung der Einrichtung zur Bewältigung der Situation hinzu. Diese reagiert routiniert, verbindet die Wunden und fragt die Bewohnerin, ob sie mit dem Taxi oder dem Krankenwagen in die Klinik gebracht werden will, woraufhin die Bewohnerin ihre Sachen holen geht und auf dem Flur auf das gewünschte Taxi wartet. Andere Bewohner*innen sammeln sich währenddessen um die Bewohnerin und reden auf sie ein. Diese lächelt und wartet. Der Praktikantin wird durch andere Bewohner*innen und deren Kinder signalisiert, dass sie annehmen, die Verletzte habe eine psychische Störung.
Die Einrichtungsleitung berichtet im Nachgespräch, dass sich dieses Szenario etwa einmal pro Woche wiederhole. Es könne keine Kommunikation mit der Betroffenen hergestellt werden, da diese ausschließlich Serbisch spreche und es keine Dolmetscher*innen gäbe. Gleichzeitig wird angenommen, dass die Adressatin eh nicht richtig sprechen könne, weil andere Bewohner*innen dies signalisieren und ihr Verhalten während der Selbstverletzung darauf hindeute. Nachdem die Bewohnerin in der Klinik für psychische Erkrankungen aufgenommen worden sei, wolle sie diese oft bereits am Folgetag wieder verlassen und kommt daher zurück in die Erstaufnahmeeinrichtung. In der kommenden Woche wiederhole sich das Szenario und die Bewohnerin würde wieder aufgrund von Selbstverletzungen in die Klinik gebracht.
Die Praktikantin fragt sich, ob sie in diesem Fall richtig gehandelt habe und sucht eine Möglichkeit, ihre Erfahrung methodengeleitet zu reflektieren.

Beteiligte Personen
Praktikantin, Adressatin (aus Serbien), Einrichtungsleitung, andere Bewohner*innen

Diskriminierungsformen
1. Diskriminierung von geflüchteten Menschen (Migrantismus)
2. Diskriminierung von Menschen mit einer psychischen Erkrankung (Ablesim)

Analyse Mikroebene
Zunächst erfolgt eine Betrachtung der Machtverhältnisse, da diese hierarchische Strukturen auf der Mikroebene verdeutlichen, auf deren Grundlage die weitere Analyse erfolgt. Bei einer Gegenüberstellung von *Praktikantin und Adressatin* werden vor allem zwei wesentliche Punkte deutlich. Zum einen lässt sich das Machtverhältnis über die Abhängigkeit der hilfsbedürftigen Klientin von der Praktikantin in ihrer Rolle als Expertin definieren. Zum anderen genießt die Klientin aufgrund ihres Aufenthaltsstatus nur eingeschränkte Rechte und ist somit der Praktikantin strukturell unterlegen.
Das Machtverhältnis zwischen *Leitung und Adressatin* gestaltet sich ähnlich. In diesem Fall ist das Abhängigkeitsverhältnis vermutlich noch stärker ausgeprägt, da dieses bereits über einen längeren Zeitraum besteht und die hierarchische Distanz in der Funktion der Leitung als größere angenommen werden kann.
Zwischen den anderen Bewohner*innen und der Adressatin besteht scheinbar ebenfalls ein Machtungleichgewicht, da sie ihr durch die Zuschreibung einer psychischen Störung vermeintlich mental und kognitiv überlegen sind. Zudem sind sie in der Lage mit der Praktikantin zu kommunizieren und somit in dieser Situation sprachlich dominant. Da es sich bei der Institution um eine Gemeinschaftsunterkunft für geflüchtete Menschen handelt ist davon auszugehen, dass dort Menschen aus unterschiedlichen Herkunftsländern leben, was das Entstehen von Gruppenbildungen nahelegt. Zwischen diesen Gruppen wiederum können sich hierarchische Strukturen entwickeln. Dies könnte

ebenfalls das Machtverhältnis zwischen der Adressatin und den anderen Bewohner*innen beeinflussen. Dies gilt es insbesondere vor dem Hintergrund der Deklarierung von Serbien als sicheres Herkunftsland und der damit einhergehenden staatlich erklärten „schlechten" Bleibeprognose zu berücksichtigen.

Stellen wir nun einen konkreten Bezug zur Situation her, eröffnen sich verschiedene Interpretationsmöglichkeiten, die mit unterschiedlichen Vorurteilen und Stereotypen verknüpft sind. Eine mögliche Hypothese wäre, das Handeln der Klientin als ungehörte Bitte um Hilfe zu verstehen. In diesem Fall sieht die Einrichtung die Klientin nicht beziehungsweise nimmt sie als Person nicht ernst. Zugrundeliegendes Vorurteil oder Stereotyp könnte sein: „Mit Menschen, die eine psychische Störung haben, kann man nicht reden." Mit dieser eingenommenen Perspektive wird das Verstehen nicht zur Notwendigkeit, denn der Person wird nicht nur die Ausdrucksfähigkeit, sondern auch die Fähigkeit zur Einschätzung ihrer eigenen Situation und ihrer Bedürfnisse abgesprochen. Sprache ist an Wertigkeit gebunden, die dieser Frau so nicht zuerkannt wird. Der Prozess des Kreislaufs zwischen Aufenthalten in der Einrichtung und der Klinik ließe darauf schließen, dass die Klientin weder in der einen noch der anderen Institution die aus ihrer Perspektive notwendige Unterstützung erhalten hat.

Eine weitere Hypothese wäre, das Handeln der Klientin als Mittel zur Sicherung des Aufenthaltes zu sehen. In diesem Fall würde der Betroffenen aufgrund ihres Status der schlechten Bleibeprognose unterstellt, sich unrechtmäßig (durch Vortäuschung einer Krankheit) einen Vorteil in Form eines längeren Aufenthalts erschleichen zu wollen.

Diese Hypothesen zeigen bereits, dass die Art und Weise, wie das Handeln der Klientin interpretiert wird, Hinweise auf möglicherweise unbewusste Vorurteile und Stereotype geben kann.

Um das Verhalten der beteiligten Personen in diesem Fall interpretieren zu können, spielen eventuelle vergangene oder aktuelle Diskriminierungserfahrungen eine wichtige Rolle. Bei der Auseinandersetzung mit der Adressatin ist zunächst festzuhalten, dass diese bereits seit ihrer Ankunft in Deutschland mit einem Asylsystem konfrontiert ist, das sie rechtlich und strukturell diskriminiert (vgl. unter anderem Prasad 2021, Grönheim 2019). Zudem ist aufgrund ihrer Flucht davon auszugehen, dass sie bereits in ihrem Herkunftsland Diskriminierungserfahrungen gemacht hat. In der Gemeinschaftsunterkunft wurde beziehungsweise wird ihr keine Kommunikationsmöglichkeit (beispielsweise durch eine*n Dolmetscher*in) ermöglicht, was ebenfalls eine diskriminierende Erfahrung darstellt, da die Wichtigkeit ihres Gesagten infrage gestellt wird. Da sich das Szenario in dieser Form nicht zum ersten Mal abspielt, wird die Klientin als Person wiederholt abgewertet. Hinzukommt die Möglichkeit, dass die Bewohnerin eine Diskriminierung aufgrund ihres (zugeschriebenen) Geschlechtes erlebt.

Erfahrungen sexistischer oder rassistischer Diskriminierung hat die Praktikantin möglicherweise ebenfalls bereits selbst erlebt. Die Tatsache, dass sie ein Kopftuch trägt, lässt Rückschlüsse auf eine hohe Wahrscheinlichkeit des Erlebens von Diskriminierungserfahrungen aufgrund ihrer zugeschriebenen Religion und Herkunft zu.

Stellt man diesen Erfahrungen die Privilegien der beteiligten Personen gegenüber, spiegeln sich die zu Beginn analysierten hierarchischen Strukturen und Machtverhältnisse wider. *Leitung und Praktikantin* sind gegenüber der Adressatin privilegiert, da sie einen sicheren Aufenthaltsstatus haben und durch die vermeintliche Wertigkeit ihrer Sprache, auch in Bezug auf ihre mentale Gesundheit, ernst genommen werden. Die Leitung genießt zudem Privilegien aufgrund ihrer zugeschriebenen Nationalität, ihrer Religion und ihrer beruflichen Machtposition. Die daraus resultierenden Machtverhältnisse wirken sich vor allem auf die Haltung der Praktikantin und der Leitung aus, die der Adressatin wenig wertschätzend und respektvoll gegenübertreten. Die Haltung der Leiterin kann sich in einer gefühlten Handlungsunfähigkeit der Praktikantin niederschlagen, wenn diese – nicht zuletzt über die Machtdifferenz Alter und Status zwischen Leiterin und Praktikantin – die tradierten Handlungsschemata und die damit verbundene Haltung der Leitung übernimmt. Mögliche Konsequenz wäre ein Nicht-Eingehen auf die Wünsche der Adressatin, was wiederum bei der Klientin Perspektivlosigkeit und Hilflosigkeit hervorzurufen droht.

Analyse Mesoebene

Bei der Analyse der Mesoebene werden institutionelle Rahmenbedingungen erfasst, die diskriminierende Zuschreibungen strukturell verfestigen und somit auch Einfluss auf die Individuen in diesem System nehmen (Mikroebene). Die Betrachtung der äußeren Ebene der Erstaufnahmeeinrichtung zeigt, dass Diversityansätze kaum eine Rolle spielen. Es findet keine Öffentlichkeitsarbeit zu dem Thema statt. In der Institution gibt es keine Konzepte, Methoden oder Projekte, die sich mit Diversityaspekten auseinandersetzen. Somit bekommt das Thema wenig Raum, obgleich die Institution bisweilen im lokalen Arbeitskreis für Asylfragen vertreten ist.

Die Abwesenheit von Diversityansätzen führt dazu, dass die Sozialarbeitenden aufgrund der strukturellen Rahmenbedingungen keinen Zugang zu Wissen in Bezug auf Diversityansätze haben beziehungsweise das vorhandene Wissen nicht aktualisiert wird. Dies kann wiederum zu tradierten Alltagspraxen führen und sich in Kombination mit einer Abwesenheit von Reflexionsansätzen in einer De-Professionalisierung des Handelns niederschlagen. Stereotype und standardisierte Handlungsmuster verdrängen das Individuum aus dem Fokus. Die mangelnde Förderung professionellen Handelns etwa durch Fortbildungs- oder Supervisionsangebote läuft Gefahr, sich in Resignation und Anpassung an die Strukturen zu wandeln. „Eine unkritische Umsetzung (vermeintlicher) gesetzlicher Vorgaben ohne professionsethische Analyse kann dazu beitragen, dass Sozialarbeitende sich an struktureller Diskriminierung beteiligen.“ (Prasad 2021, S. 221)

Auf der inneren Ebene der Einrichtung ist zunächst festzustellen, dass es sich um ein eher homogenes Team handelt, das sich von der diversen Adressat*innengruppe abhebt. Die *weiße* Diplompädagogin in den Mittfünfzigern, die die Einrichtung leitet, wird durch einen vierzigjährigen *weißen* Sozialarbeiter unterstützt. Bei den Adressat*innen handelt es sich um Familien aus allen Herkunftsländern mit heterogener Altersstruktur, die in der Mehrzahl nicht als *weiß* gelten. Die Tatsache, dass es sich um Menschen mit verschiedenen zugeschriebenen Nationalitäten handelt, führt laut der Praktikantin immer wieder zu stereo-

typen Kategorisierungen seitens der Mitarbeiter*innen („Die Marokkaner*innen sind so …“ u. Ä.). Darüber hinaus werden auch allgemein geflüchtete Menschen kategorisiert. Diese Pauschalisierungen bedienen im Alltag die Abwertung dieser Personengruppe. Folglich orientiert sich das Handeln der Fachkräfte wenig am Individuum, es werden vielmehr standardisierte Unterstützungsformen angeboten.
Bei der Betrachtung der institutionellen Strukturen zeigen sich nur wenige Partizipationsmöglichkeiten seitens der Adressat*innen. Die Einrichtung ist nicht offen, sie bildet ein geschlossenes System mit einer vom Gesetzgeber festgelegten Zielgruppenkategorisierung. Der geringe Personalschlüssel trägt dazu bei, dass wenig Zeit für andere Dinge als das „Tagesgeschäft“ bleibt. Der Stressfaktor bei Fachkräften kann zu einer Verlagerung der Verantwortung für die hohe Arbeitsbelastung führen. Anstelle des Trägers oder der Politik werden die scheinbar „verursachenden Subjekte“ (die Geflüchteten) für die Situation verantwortlich gemacht.

> „Die praktische Tätigkeit ist – gerade in Gemeinschaftsunterkünften – dadurch erschwert, dass die Sozialarbeiter_innen meist in schlecht ausgestatteten, unklar geregelten und konzeptionell kaum entwickelten Settings agieren. In der Folge besteht zwischen dem, was fachlich und professionsethisch geboten ist, und dem, was rechtlich sowie praktisch nahe gelegt wird, eine große Diskrepanz.“ (Initiative Hochschullehrender zu Sozialer Arbeit in Gemeinschaftsunterkünften 2016, S. 2)

Solche Strukturen begünstigen beziehungsweise fördern unbewusste Diskriminierung. Dieser Effekt wird im Alltag durch institutionelle Praktiken wie beispielsweise das verwaltungsähnliche Handeln nach vorgegebenen Handlungsschemata verstärkt. Die administrative Arbeit steht aufgrund geringer Kapazitäten im Vordergrund. Somit verliert das Individuum, hier die Adressatin, in der alltäglichen Arbeit an Bedeutung. Dies führt zu einem verwaltenden statt begleitendem Handeln ebenso wie zu einem geringen Maß an kritisch-reflexivem Handeln.
Die Folgen dieser Rahmenbedingungen und Praktiken sind Anpassungen der Fachkräfte an diskriminierende Strukturen und das Ausbleiben

beruflicher Weiterentwicklung. Die gesamte Institution gerät somit in einen De-Professionalisierungsprozess, der sich unter anderem in der Abwesenheit einer Qualifizierung der Fachkräfte in Bezug auf Diversitykompetenzen widerspiegelt.

Analyse Makroebene

Sowohl das Aufenthaltsrecht als auch das Asylbewerberleistungsgesetz führen zu rechtlich konstruierter Diskriminierung. Hinzu kommen der politische und mediale Umgang mit dem Thema „Flüchtlinge", der die Diskriminierung dieser Menschen durch Kategorisierungen und Stereotype zusätzlich verstärkt (beispielsweise: „Flüchtlinge sind kriminell", Grönheim 2018a; Koch 2006). Auch die Diskriminierung von Menschen mit psychischen Störungen im Zusammenhang mit Diskursen zu psychischer Gesundheit sowie deren Verschränkung mit der Kategorie „Flucht" spielen in diesem Fall eine Rolle. So wurden 2016 im sogenannten Asylpaket II „Einschränkungen bei der Geltendmachung von Krankheiten im Rahmen des Asylverfahrens und im Zuge der Abschiebung" eingeführt (Flüchtlingsrat NRW e. V. o. J., o. S.). In der vorangegangenen Debatte wurde unbegründete Kritik an dem Vorbringen psychischer Krankheiten als Abschiebehindernis geübt – ohne die hohe Belastung Geflüchteter durch traumatische Erlebnisse als Fluchtursache oder als Folge der Flucht zu berücksichtigen (Huber 2016, S. 7ff.).

> „Die Exklusion der Ausgeschlossenen in modernen Nationalstaaten erfolgt durch ihre Inklusion in räumlich und ethnisch segregierte Orte. [...] Die Unterbringung der Geflüchteten in Zelten oder Gemeinschaftsunterkünften entspricht diesem einschließenden Ausschluss" (Yildiz 2018, S. 204).

Die soziale Teilhabe Asylsuchender ist politisch nicht gewollt und die Soziale Arbeit ist in der Tätigkeit dieser Einrichtungen beteiligt an ihrer sozialen Ausgrenzung, kritisiert Safiye Yildiz (ebd., S. 208).
Die Rahmenbedingungen, die auf der Makroebene geschaffen werden, nehmen wiederum Einfluss auf die Mesoebene, sofern innerhalb der Institution rechtliche Ungleichheiten reproduziert werden. Diese

Entwicklung ist unter anderem auf die asylrechtliche Gesetzgebung und die staatliche Finanzierung der Institution zurückzuführen. Kategorisierungen wie beispielsweise nach „sicheren Herkunftsländern", die auf der Makroebene konstruiert werden, werden in der Folge auf der Mesoebene übernommen. Auch gesellschaftliche Vorurteile laufen Gefahr reproduziert zu werden. Die durch Debatten auf der Makroebene beförderten Stereotype von Menschen mit einer psychischen Erkrankung und Geflüchteten können dazu führen, dass Individuen nicht ernst genommen werden, da die Wertigkeit ihres Gesagten infrage gestellt wird. Geflüchtete verfügen in Deutschland und auch in anderen Teilen der Welt nicht über eine entsprechende Diskursmacht, die es ihnen ermöglichen würde gehört zu werden. Die strukturelle Entwertung ihres Kapitals ist Kernelement des rassistischen Asyldispositivs[27] (Grönheim 2018a). Sie führt zur Erhaltung gesellschaftlicher Ungleichheit und zur wiederholten Entmächtigung von Fluchtmigrierenden – in diesem Fall durch Akteur*innen der Sozialen Arbeit.

Gesellschaftliche Vorurteile beeinflussen auch auf der Mikroebene etwa die Haltung der Menschen, verstehen wir mit Foucault Rassismus als diskursives, gesamtgesellschaftliches Phänomen (vgl. unter anderem Foucault 1976/2001, S. 301ff.). Dadurch entstehen Spannungsfelder hinsichtlich der eigenen ethischen Prinzipien, wenn das strukturell rassistische Asylsystem Rahmenbedingungen und Handlungsnotwendigkeiten schafft, die der professionellen Orientierung an den Menschenrechten widersprechen. Zudem kann dies dazu führen, dass Fachkräfte ihr politisches Mandat nicht wahrnehmen.

27 Das Dispositiv umfasst nach Foucault sowohl die Diskurse als auch „Institutionen, architekturale Einrichtungen, reglementierende Entscheidungen, Gesetze, administrative Maßnahmen, wissenschaftliche Aussagen, philosophische, moralische oder philanthropische Lehrsätze, kurz: Gesagtes ebenso wie Ungesagtes" (Foucault 1978, S. 119f.). Das Dispositiv ist damit eine Art Gesamtnetz mit Diskursen als dynamischen Verbindungen zwischen den einzelnen Elementen: „Das Dispositiv selbst ist das Netz, das zwischen diesen Elementen geknüpft werden kann." (ebd. S. 120) Die Funktion des Dispositivs im Kontext von Machtstrukturen liegt neben „Differenzierung, Ordnung und Kontrolle" (Foucault 2008 [1975], S. 985) sozialer Gruppen in der Unterstützung bestehender Herrschaftsmechanismen (ebd. S. 981).

Bei der Betrachtung der Makroebene ist deutlich geworden, dass das Asylsystem zu einer Verfestigung von Diskriminierung auf allen drei Ebenen führt. In Bezug auf das Fallbeispiel könnte nun die Hypothese aufgestellt werden, dass das Verhalten der Klientin auf eine (Re-)Traumatisierung schließen lässt, die wiederum auf die Diskriminierungserfahrungen durch das Asylsystem zurückzuführen ist. An dieser Stelle beginnt die Analyseschleife erneut auf der Mikroebene.

Denkbare Reflexionsfragen für die Praktikantin wären an dieser Stelle:

- Bewerte ich das Verhalten der Klientin als Ergebnis ihrer Umstände?
- Erkenne ich ein (re-)traumatisierendes Potenzial im deutschen Asylsystem?
- Sehe ich etwa Zusammenhänge zwischen struktureller und institutioneller Perspektivlosigkeit und Ohnmacht auf der einen und einem kleinstmöglichen selbstbestimmten Handeln auf der anderen Seite?
- Bewerte ich dieses Handeln als störend und unangemessen oder als hilfesuchend und widerständig?
- Was trug zu der einen oder anderen Bewertung bei?
- Was hindert/e mich daran andere Perspektiven einzunehmen?

Intersektionale Verschränkungen

Die augenscheinlichste intersektionale Verschränkung liegt in der Überlagerung von Gesundheit und Herkunft beziehungsweise Aufenthaltsstatus. Traumatisierte Geflüchtete erfahren nur selten eine adäquate Unterstützung. Zugänge zu medizinischer und psychotherapeutischer Versorgung sind gerade für Asylsuchende nach wie vor stark eingeschränkt (§ 4 AsylbLG), „Abschiebeandrohungen und Fristendruck verschlimmern ihre Erkrankungen“ (Gesundheit für Geflüchtete o. J., o. S.). Da eine psychische Erkrankung, ob durch Trauma oder anderweitig hervorgerufen, insbesondere seit dem Asylpaket II kaum mehr als Abschiebehindernis gilt, droht auch im Herkunfts- beziehungsweise Zielland durch dortige Einschränkungen im Gesundheitswesen der Zugang zu Behandlung verwehrt zu bleiben. Hinzukommt ein Generalverdacht der Täuschung, wie ihn auch die Klientin scheinbar selbst bei vorliegendem ärztlichen Attest (Lammers 2016, o. S.) erlebt (s. o.), der wie bereits in der Asylanhörung die eigene Identität und Wahrheit infrage stellt. Auch andere intersektionale Verschränkungen wie etwa Flucht und Geschlecht oder Familienstand können darüber hinaus wirksam sein.

Ausblick

Die Praktikantin hat den Fall eingebracht, da sie in der Folge noch häufig an das Geschehen gedacht hat. Sie hatte „im Gefühl", dass etwas nicht stimmt und stellte sich die Frage, wie sie hätte handeln sollen. Um Diskriminierung entgegenzuwirken, gibt es mögliche Handlungsansätze auf allen drei Ebenen. Zunächst kann auf der Mikroebene das selbstreflexive, diversitätssensible Handeln bewusst in den Blick genommen und umgesetzt werden. Um diesen Prozess zu unterstützen, sind Veränderungen auf der Mesoebene wie beispielsweise die Einführung einer Reflexionskultur mithilfe von Supervisionen und diversitysensiblen Teamsitzungen förderlich. Auch Fortbildungen zur Aktualisierung des Wissens in Bezug auf Diversityansätze haben Einfluss auf das individuelle Handeln und die Haltung der Fachkräfte. In Bezug auf institutionelle Strukturen könnte die Forderung nach einem höheren Personalschlüssel sowie der Ausbau des Netzwerkes (Flüchtlingsselbsthilfeorganisationen, Menschenrechtsorganisationen, Berufsverbände) initiiert werden, ebenso die Aufnahme einer diversitätssensiblen und -reflexiven Perspektive in der Konzeption der Einrichtung. Auf der Makroebene lassen sich politische Forderungen der Fachkräfte beziehungsweise der Institution nach einer Änderung der Asylgesetzgebung formulieren beziehungsweise bereits vorhandene Aktivitäten von Selbstorganisationen oder Menschenrechtsorganisationen unterstützen, um Diskriminierung entgegenzuwirken.

Yildiz (2018, S. 2018f.) stellt an dieser Stelle allerdings grundsätzlich infrage, inwiefern in diesen Kontexten eine Herstellung von Gleichberechtigung überhaupt umgesetzt werden kann und ein ethisches Handeln möglich ist, wenn gleichzeitig die bestehenden Machtverhältnisse unangetastet bleiben. Die Initiative der Hochschullehrenden zu Sozialer Arbeit in Gemeinschaftsunterkünften (2016, S. 2) fordert entsprechend von der Sozialen Arbeit

> „rechtliche Festlegungen, auf deren Grundlage Menschen das Recht auf Aufnahme, Schutz und Unterstützung verwehrt wird, kritisch zu hinterfragen. Das gilt gleichermaßen für die generelle Schlechterstellung wie für aktuell stattfindende Entrechtungen, vernachlässigende Unterstützung sowie für aufenthaltsbeendende Maßnahmen (sog. ‚freiwillige Ausreisen' und Abschiebungen). Das bedeutet auch, sich der Erwartung zu verweigern, an der Durchsetzung aufenthaltsbeendender Maßnahmen mitzuwirken."

Inwiefern es geeigneter scheint, diese Prozesse von innen oder außen anzustoßen und welche konkreten Konsequenzen sich daraus ableiten, ist nicht zuletzt vom individuellen ethischen Verständnis abhängig. Das reine Aufrechterhalten des Status quo, so lässt sich abschließend festhalten, trägt in diesem Fall allerdings nicht zu einem Mehr an sozialer Gerechtigkeit bei. Für alles andere benötigt es sowohl Courage wie auch Verbündete. Der Praktikantin als ebenfalls potenziell von Rassismus Betroffene könnte eine Positionierung durchaus schwerer fallen als etwa im Kontext von Rassismus privilegierten Menschen. Grund dafür sind strukturelle Hürden wie institutionelle Diskriminierung sowie wirkungsmächtige Subjektivierungsprozesse, die die Selbstwahrnehmung und -beurteilung der eigenen Person beziehungsweise Gruppe beeinflussen können (siehe Kapitel 2.5).

6.3 Analyse: Praxisbeispiel Behindertenhilfe

Beschreibung

Eine junge Frau mit Trisomie 21 kommt mit ihrer Mutter zu einem Beratungstermin in die stationäre Einrichtung für Menschen mit Behinderung. Nadja ist 25 Jahre alt und denkt darüber nach zuhause auszuziehen. Die Einrichtung hat sie für sich als eine mögliche Wohnform ausgesucht. Der Praktikant, der erst seit Kurzem dort arbeitet, darf bei dem Gespräch mit der Einrichtungsleitung dabei sein. Ihm fällt auf,

dass die Fachkraft hauptsächlich mit der Mutter in Kontakt tritt. Selbst, wenn Nadja eine Frage stellt, schaut die Einrichtungsleitung bei der Beantwortung ihre Mutter an. Im Gespräch betont die Fachkraft immer wieder die Möglichkeiten der „Versorgung" der „besonderen Bedarfe" von Nadja. Die Einrichtung befindet sich in einem kleinen, abgelegenen Dorf. Die Bewohner*innen bilden den Großteil der Einwohner*innen des Ortes. Neben verschiedenen Wohnkonzepten befinden sich auf dem Gelände auch Behindertenwerkstätten. Die Fachkraft beschreibt den beiden Besucherinnen die Einrichtung und erwähnt, dass Nadja dort in Zukunft auch arbeiten könnte. Diese erwidert, dass sie bereits einen Job habe. Ohne auf Nadjas Einwand einzugehen, fährt die Leitung fort mit der Beschreibung der Arbeit in den Werkstätten und den Projekten der Einrichtung. Hier betont sie unter anderem auch Sport- sowie Ernährungsangebote und fügt hinzu, dass Nadja hier sicher gut aufgehoben wäre.
Der Praktikant bemerkt, wie sich Nadja zunehmend unwohl zu fühlen scheint. Als die Einrichtungsleitung ein wenig später zur Mutter sagt, dass sie volles Verständnis habe, wenn diese sich noch unsicher sei, ihr „Kind" in die Obhut der Einrichtung zu geben, steht Nadja auf und verlässt mit den Worten „Hier möchte ich nicht wohnen" den Raum. Die Fachkraft wirkt irritiert und sagt in einem anschließenden Gespräch zum Praktikanten: „Wie du gesehen hast, kann man es trotz unserer vielfältigen Angebote und unserer Erfahrung nicht allen Behinderten recht machen."

Beteiligte Personen
Nadja (25 Jahre), Mutter von Nadja, Praktikant, Einrichtungsleitung

Diskriminierungsformen
Möglicherweise wirksame Diskriminierungsformen sind hier Disableism aufgrund der Tatsache, dass die Einrichtungsleitung ausschließlich mit der Mutter kommuniziert und Nadja scheinbar nicht als Gesprächspartnerin auf Augenhöhe wahrnimmt, sowie Lookismus, da die Einrichtungsleitung Anspielungen auf Nadjas Erscheinungsbild macht,

indem sie explizit auf Sport- und Ernährungsangebote aufmerksam macht. Die Fachkraft bezeichnet Nadja als „Kind“, somit könnte Alter an dieser Stelle ebenfalls eine Rolle spielen.

Analyse Mikroebene

An diesem Praxisbeispiel werden die Auswirkungen strukturell manifestierter Diskriminierung besonders deutlich. Theoretisch sollten sich Nadja und ihre Mutter in einer Machtposition gegenüber der Einrichtungsleitung befinden, da diese eine Dienstleistung anbietet. Im Machtverhältnis zwischen Nadja und der Einrichtungsleitung markiert letztere jedoch ihre Dominanz, indem sie Nadja nicht auf Augenhöhe begegnet, sondern wie ein „Kind“ behandelt. Da Nadja volljährig ist, ist unklar, ob ein individuelles Machtverhältnis zwischen ihr und ihrer Mutter besteht.

Ein weiteres Machtgefälle ergibt sich zwischen dem Praktikanten und der Einrichtungsleitung. Zunächst einmal ist das Verhältnis hierarchisch geprägt. Der Praktikant darf bei dem Gespräch dabei sein, wird jedoch nicht beteiligt. Obwohl ihm das Ungleichgewicht im Gesprächsverlauf auffällt, schreitet er nicht ein. Dies könnte mit seiner Rolle als Lernender zusammenhängen, der auf das Fachwissen der Einrichtungsleitung angewiesen ist. Womöglich erkennt er diese aufgrund ihrer Ausbildung und ihrer Berufserfahrung als Autorität an.

Die Einrichtungsleitung verhält sich Nadja gegenüber im Gespräch wenig zugewandt und spricht hauptsächlich ihre Mutter an. Zudem übergeht sie die Anmerkungen Nadjas und schildert ausführlich das gesamte Angebot der Einrichtung, ohne auf deren Bedarfe einzugehen. Insbesondere die Bezeichnung von Nadja als „Kind“ gegenüber ihrer Mutter legt die Hypothese nahe, dass die Einrichtungsleitung das stereotype Bild von Menschen mit Behinderung als hilfsbedürftige Individuen hat, die auf Unterstützung (insbesondere auch im Rahmen von Entscheidungsprozessen) angewiesen sind. Mit dieser Annahme geht häufig die Darstellung von Menschen mit Behinderung als kindliche Wesen einher.

Die besondere Betonung der Sport- und Ernährungsangebote als Re-

aktion auf Nadjas äußeres Erscheinungsbild lässt zudem auf die Verinnerlichung des Idealbildes von „schönen", „schlanken" und der heutigen Zeit nach auch „fitten" Körpern schließen. Eventuell ist sich die Einrichtungsleitung der Wirkung ihrer Aussage gar nicht bewusst.
Ein soziokulturelles Machtverhältnis zwischen Nadja und den übrigen drei Anwesenden – sofern wir von deren Nichtbeeinträchtigung ausgehen – besteht durch die soziale Hierarchiekategorie der Beeinträchtigung beziehungsweise Behinderung. Ebenfalls auf Basis dieser Annahme kann die Hypothese aufgestellt werden, dass Nadja in ihrem Leben bereits Erfahrungen mit ableistischer Diskriminierung gemacht hat. Die Gleichsetzung mit einem „Kind" scheint in ihr besonders starke Emotionen und Widerstand auszulösen. Ihre Mündigkeit und ihre Individualität werden an dieser Stelle in hohem Maße infrage gestellt.
Bei den drei als weiblich beschriebenen Personen wäre ergänzend voraussichtlich anzuführen, dass Erfahrungen mit sexistischer Diskriminierung gemacht wurden. Da wir über das Alter, das Aussehen, die Religion, Hautfarbe oder das Einkommen der Beteiligten keine Informationen besitzen, lassen sich zu anderen Diskriminierungsformen keine Vermutungen anstellen. Privilegien lassen sich den drei vermeintlich Nichtbeeinträchtigten zuordnen: aufgrund des zugeschriebenen Geschlechtes dem Praktikanten sowie auf Basis der Anordnung der Situation durch ihre Machtposition der Fachkraft.
Insgesamt verhält sich die Einrichtungsleitung in der Gesprächssituation in hohem Maße pauschalisierend und stereotypisierend. Die Aussage „Wie du gesehen hast, kann man es trotz unserer vielfältigen Angebote und unserer Erfahrung nicht allen Behinderten recht machen" verstärkt den Eindruck, dass sie Menschen mit Behinderung nicht als mündige Individuen, sondern als Kategorie wahrnimmt. Sie scheint sich der Auswirkungen ihrer Einstellung auf die Adressat*innen in keiner Weise bewusst zu sein. Vielmehr sieht sie ihre Arbeit als besonderes Unterstützungsangebot und versteht nicht, warum das an dieser Stelle nicht angenommen wird. Nadja bekommt von keiner Seite Unterstützung und steht am Ende für sich selbst ein, in dem sie sich der vermutlich unangenehmen Situation entzieht.

Analyse Mesoebene

Durch den zuletzt durch die Einrichtungsleitung geäußerten Satz wird deutlich, dass diese in keiner Weise ihr eigenes Verhalten in Zusammenhang mit Nadjas Unzufriedenheit bringt. Sie scheint sich ihrer selbst und den Angeboten der Einrichtung sicher und schreibt Nadja eine Art wählerische Attitüde zu, mit der sie für sich deren Weggang begründet. Dies erweckt den Eindruck, dass die Einrichtungsleitung auf diese Weise bereits ähnliche Gespräche geführt hat und die Art des Übergehens der Anliegen der Klient*innen und die Adressierung der nichtbehinderten Begleitperson gängige Praxis bei der Einrichtungsleitung oder vielleicht sogar innerhalb der Institution sind.

Auf der inneren Ebene erfolgt nur in geringem Maße eine indirekte Auseinandersetzung mit dem Thema Abelismus, beispielsweise, wenn im Rahmen der Supervision Situationen besprochen werden, in denen Bewohner*innen bei Ausflügen angestarrt oder beleidigt wurden. Diskussionen darüber, dass auch Diskriminierung innerhalb der Einrichtung stattfinden kann, hat der Praktikant bisher nicht wahrgenommen. Das Thema Lookismus zeigt sich in Ernährungs- und Sportprogrammen, die eine „überdurchschnittliche Gewichtszunahme" der Bewohner*innen verhüten sollen. Die Fragwürdigkeit dieser Zielsetzung wurde bisher innerhalb der Einrichtung nicht besprochen.

Nach außen präsentiert sich die Einrichtung als „inklusive" Institution mit einer Vielzahl an Sport-, Freizeit- und Arbeitsmöglichkeiten. Der segregierte Standort auf dem Dorf wird als positives Miteinander in der Dorfgemeinschaft hervorgehoben. Das Ziel der Selbstständigkeit und Selbstbestimmung wird durchaus betont, ebenso wie ein respektvoller Umgang miteinander. Allerdings wird hier gerade die Kooperation mit Angehörigen besonders in den Fokus gerückt. Während letzterer Ansatz durchaus an dem Praxisbeispiel erkennbar ist, scheinen der Förderung auf Selbstbestimmung Grenzen gesetzt. Diese Grenzen liegen, unter Umständen aufgrund ökonomischer Interessen, scheinbar eingebettet in den institutionell-räumlichen Rahmen der Einrichtung. Auch, wenn Inklusionsansätze seit 2008 vermehrt Einzug in heilpädagogische Arbeit nehmen, wird doch deutlich, wie schwer es gerade für große Träger zu sein scheint, die alten Strukturen basierend auf internen Werk- und Förderstätten sowie der Abgeschiedenheit vieler Standorte grundlegend in Richtung der Idee von mehr sozialer, wirtschaftlicher und kultureller Teilhabe behinderter Menschen zu verändern (Bundesfachstelle Barrierefreiheit 2020, S. 12). Dass diese räumlichen und ökonomischen Faktoren nicht ohne Einfluss auf die Ausrichtung der Mitarbeitendenkultur bleiben, bestätigt sich an dieser Stelle.

Analyse Makroebene und intersektionale Verschränkungen

> „Gegenwärtig ist das defizitorientierte Bild von ‚Behinderung' sowohl in medizinischen bzw. pädagogischen Handlungsfeldern als auch in (wohlfahrtsstaatlichen) Institutionen strukturell relativ fest verankert." (Windisch 2014, S. 124)

Ein defizitorientierter Blick spiegelt sich hier insbesondere in der Ignoranz der Fachkraft Nadja gegenüber wider. Sie wird nicht angehört, nicht angesprochen, sondern trotz ihres Alters von 25 Jahren stark infantilisiert. Teil der defizitären Perspektive ist das Bild von Behinderung als „Leistungsminderung auf Grund gesundheitlicher Beeinträchtigungen" (Reiss 2007, S. 51). Behinderung wird gesellschaftlich als Abweichung von der Norm wahrgenommen, so Reiss (vgl. auch Schildmann 2007, S. 19), welche zur Antizipation geringerer Leistungen führt. Möglicherweise traut die Fachkraft Nadja das Führen und die Beurteilung des Gespräches nicht zu, weswegen sie ausschließlich die Mutter adressiert.

Besonders wirksam scheint in diesem Beispiel auch die Verschränkung von Geschlecht und Behinderung. Diese beiden „Strukturkategorien" (Köbsell 2007, S. 37) sind gleichzeitig körperbezogen und sozial konstruiert. Gemeint ist hier, dass Körper sozial hergestellt werden, indem bestimmte normative Erwartungen an sie gestellt werden (ebd., S. 43f.).

Swantje Köbsell sieht hier große Ähnlichkeiten zwischen Doing-Gender und Doing-Handicap. In deren Überlagerung wirke sich „das ‚Tun' von Geschlecht oftmals anders aus als bei Menschen ohne Beeinträchtigung". Sowohl mit dem weiblichen Geschlecht als auch mit Behinderung würden ähnliche Stereotype assoziiert wie „schwach, passiv, abhängig, unselbstständig, hilfsbedürftig, kindlich, machtlos", die „körperlich" in Opposition zum nicht beeinträchtigen Mann stehen (ebd., S. 37).

Diese disziplinierenden Zuschreibungen wirken auf die Identitätsentwürfe behinderter Frauen und Mädchen ein. Schon früh lernen diese, dass sie nicht als „richtige" Frauen gelten. Nicht nur seien sie wenig begehrenswert – ein Attribut, welches andererseits gleichzeitig von Frauen und somit auch von ihnen eingefordert wird –, noch dazu wird ihnen auch ihre Produktions- und Reproduktionsfähigkeit abgesprochen. Die Bildung einer gefestigten Genderidentität ist umkämpft und wirkt verunsichernd (Reiss 2007, S. 56). Behinderte Frauen erhalten tendenziell weniger Unterstützung bei Schwangerschaften als bei Schwangerschaftsabbrüchen – ein kultureller Effekt, der sich bei nichtbehinderten Frauen genau gegenteilig äußert. Während ihnen im Zuge von Sexualität das Geschlecht abgesprochen wird, wird ihre Situation im Erwerbsbereich kaum berücksichtigt. Hier wird vielmehr eine Überanpassung von ihnen erwartet, wo sie „mehr Leistung als andere bringen müssen, um so selbständig wie möglich zu sein und zwar sowohl hinsichtlich der Selbstsorge wie auch hinsichtlich der finanziellen Unabhängigkeit." (ebd., S. 33) Hierin liegt somit ein weiteres Spannungsfeld für ihre Identitätsbildung. Obwohl Nadja durchaus diesen sozialen Erwartungen zu entsprechen scheint, reichen ihre Bemühungen um das Erlangen sozialer Anerkennung – zumindest in diesem Beispiel – nicht aus. Das soziale Versprechen bleibt damit uneingelöst und die Ungleichheit bestehen:

> „Die Geschlechterdichotomie wird durch eine imaginierte Grenze hergestellt, wobei weibliche Personen in sämtliche gesellschaftliche Bereiche eintreten können, dies gesellschaftliche Akzeptanz jedoch nur so lange findet, wie ihre ‚Unvollständigkeit' inszeniert wird. [...] Seitens behinderter Frauen kann dagegen keine Grenzüberschreitung erfolgen, da diese aufgrund der körperlichen Merkmalszuschreibung ‚Frau' qua Geschlecht immer schon strukturell ausgeschlossen sind." (Reiss 2007, S. 53)

Grundsätzlich kann festgestellt werden, dass sich mit der Verabschiedung der Behindertenrechtskonvention die rechtlichen Rahmenbedingungen für Menschen mit Behinderungen zwar deutlich verbessert haben, eine inklusive Gesellschaft jedoch noch lange keine Realität ist. An vielen Stellen ist der Zugang zu Dienstleistungen u. Ä. eingeschränkt, teilweise aufgrund scheinbar banaler Umstände wie des Fehlens eines barrierefreien Zuganges für Rollstuhlfahrer*innen, Informationsmaterialien, die nicht sehbehindertengerecht sind oder anderer Umstände, die Menschen mit Behinderungen von der Teilhabe ausschließen. Ableismus ist daher nach wie vor ein gesellschaftlich relevantes Thema.
Auch Lookismus spielt in zahlreichen gesellschaftlichen und strukturellen Kontexten eine Rolle. Menschen, die nicht dem konstruierten Schönheitsideal entsprechen, können beispielsweise im Job Diskriminierungserfahrungen machen, wenn sie aufgrund ihres äußeren Erscheinungsbildes bei Bewerbungsverfahren ausgeschlossen werden. Menschen mit Mehrgewicht sehen sich häufig mit Vorurteilen konfrontiert, wenn ihnen etwa Faulheit oder mangelnde Disziplin unterstellt werden. Die intersektionale Verschränkung von Ableismus und Lookismus ist gesellschaftlich besonders präsent (oder eben gerade nicht präsent), da in den Medien, auf Zeitschriftencovern und in der Werbung kaum Menschen mit Behinderungen vorkommen.

Analyse Mikroebene

Auf Basis der Auseinandersetzung mit der Meso- und Makroebene sowie mit den Ausführungen zur Intersektionalität lassen sich Rückschlüsse für die Analyse auf der Mikroebene ziehen. Nadjas Einwand bezüglich ihrer Erwerbstätigkeit wird von der Einrichtungsleitung übergangen. Dies erlebt Nadja als Zurückweisung. Bei der Fachkraft könnte hier eine Geringschätzung der Erwerbsarbeit von beeinträchtigten Frauen durch bestehende soziokulturelle Diskurse entstanden sein. Die normative Ab-/Bewertung der Berufstätigkeit von behinderten Frauen ist in dem Verhalten der Einrichtungsleitung wiederzuerkennen, wenn sie trotz des Einwands von Nadja, bereits einen Job zu

haben, weiter die hauseignen Werkstätten vorstellt. Nadja wird an dieser Stelle von der Einrichtungsleitung nicht ernst genommen, sondern übergangen. Auch ihre Mutter und der Praktikant schreiten nicht zu ihrer Verteidigung ein. Möglicherweise beschleicht sie ein komisches Gefühl oder sie nehmen unter Umständen sogar Nadjas Unwohlsein wahr, doch die starke Norm der Geringschätzung weiblicher und behinderter Leistungen führt möglicherweise dazu, dass sie das Verhalten der Fachkraft im Gegenzug nicht hinterfragen und es ihnen als normal erscheint. Wahrscheinlich kommt es auch nicht das erste Mal vor, dass ihnen diese Haltung gegenüber behinderten Menschen – möglicherweise gerade gegenüber behinderten Frauen – begegnet, was wiederum zu einer „Normalisierung" derselben führt. Ähnliches kann für die Einrichtungsleitung selbst gelten.
Nadja weist ein hohes Maß an Selbstbestimmung und Handlungsmacht auf, indem sie sich verteidigt, um Wahrnehmung und Einbeziehung in das Gespräch bemüht und am Ende letztlich der Situation entzieht. Diese wiederholte Form des Widerstandleistens lässt darauf schließen, dass sich Nadja nicht zum ersten Mal in einer Situation wiederfindet, in der sie für sich und ihr Recht auf Selbstbestimmung eintritt.

Ausblick

Was kann nun der Praktikant tun, um seinem unguten Gefühl nachzugehen? Zunächst böte die Methode des wertschätzenden und aktiven Zuhörens die Möglichkeit, auf die Wünsche und Kompetenzen der Adressatin – und nicht nur die ihrer Mutter – einzugehen. Ein respektvoller Umgang würde heißen, Nadja selbst ernst zu nehmen. Sie zeigt durchaus eigene Interessen, die sich aufgreifen lassen und Möglichkeiten für einen partnerschaftlichen Gesprächseinstieg bieten. Ihre durchaus erkennbaren Selbst- und Handlungskompetenzen könnten aus dieser Perspektive bereits hier eher als Ressource denn als Störung aufgegriffen werden.

6.4 Analyse: Praxisbeispiel Kindertagesstätte

Beschreibung

Die Praktikantin liest wie jeden Morgen in der Leseecke zwei Kindern ein Buch vor. In der Kindertageseinrichtung befinden sich Lese- und Puppenecke nebeneinander und werden durch einen Vorhang voneinander getrennt. Nebenan in der Puppenecke spielen zwei Jungen „Hochzeit". Während des Spiels sprechen sie eine vorbeigehende pädagogische Fachkraft an und fragen diese, ob sie eine große Feier veranstalten und alle Kinder aus dem Kindergarten zu ihrer „Hochzeit" einladen können. Die Fachkraft willigt zunächst ein und fragt dann die Jungen, wer von den beiden welches Mädchen zur Braut nehmen wolle. Als einer der Jungen antwortet, dass sie einander heiraten wollten, verstummt die Fachkraft zuerst und erwidert dann empört, dass Jungen nicht Jungen heiraten könnten, sondern dies nur für Jungen und Mädchen möglich sei. Im Anschluss entfernt sich die Fachkraft.
Die Praktikantin beobachtet das Geschehen und ist sich unsicher, wie sie reagieren soll. Einerseits ist sie nicht direkt in die Situation involviert, andererseits ist sie schockiert von der Aussage der pädagogischen Fachkraft.
Die beteiligten Personen sind demnach die Praktikantin, die erzieherische Fachkraft, die zwei Jungen, die „Hochzeit" spielen als direkt Beteiligte sowie die zwei Kinder als Beobachter*innen, denen vorgelesen wird.
Möglicherweise wirksame Diskriminierungsformen könnten zum einen Heterosexismus aufgrund des Begrenzens bei einem Überschreiten heterosexueller Normen und zum anderen Adultismus aufgrund der Art und Weise des Verbots sein, bei dem die Erzieherin ihre Macht ausübt, um das freie Rollenspiel der Kinder zu beschränken beziehungsweise zu beeinflussen.

Analyse Mikroebene

Auf der Mikroebene werden zunächst die vorherrschenden Machtverhältnisse in den Blick genommen:

Das erste Machtverhältnis liegt in der Machtungleichheit zwischen Kindern in einer Kindertageseinrichtung und den dortigen Fachkräften. Kinder lernen in Betreuungseinrichtungen schnell, dass sie die dortigen Regeln einzuhalten haben. Zumeist sind es eben jene erzieherischen Fachkräfte, die ihnen diese Regeln vermitteln. Die Kinder vertrauen ihren Erzieher*innen, akzeptieren sie als Autorität und nehmen die Wahrheiten der ihnen vertrauten Erwachsenen als ihre eigenen an. (Becker-Stoll/Textor 2007, S. 58ff.) Die pädagogische Fachkraft befindet sich somit aufgrund ihres Erziehungsauftrages und des Altersunterschiedes in einer Machtposition gegenüber den beiden Kindern. Sie verfügt durch diese Machtposition über die Möglichkeit fremdbestimmend und paternalistisch gegenüber den Jungen zu handeln. Durch Ver- und Gebote vermittelt sie den Kindern ihre eigenen Werte und Normen.

Ein weiteres Machtgefälle besteht zwischen der Praktikantin und der Fachkraft. Die Praktikantin ist verunsichert und nicht einverstanden mit dem Handeln der Erzieherin, interveniert jedoch nicht. Dies könnte damit zusammenhängen, dass sie durch die Fachkräfte angeleitet werden soll, da sie sich zum Lernen in der Einrichtung befindet und somit die ausgebildeten und berufserfahrenen Fachkräfte ebenfalls als Autoritäten anerkennt. Das Ausbleiben einer Intervention könnte auch auf ein bestehendes Abhängigkeitsverhältnis zurückzuführen sein. Die pädagogische Fachkraft kann ihr Alter und ihre berufliche Mehrerfahrung potenziell gegen die Praktikantin einsetzen, da diese in der institutionellen Hierarchie in der Regel unter der Fachkraft steht.

Eine weitere Hypothese könnte sein, dass sich die Praktikantin zum ersten Mal in einer Situation befindet, in der sie als Lernende mit einer Aussage oder einem Handeln einer anleitenden Person nicht d'accord geht und somit unsicher ist, welches Verhalten (auch in professioneller Hinsicht) angemessen ist.

Das Handeln der Fachkraft kann überlegt oder unreflektiert erfolgt sein. Sie war in dem Geschehen kaum involviert und nur kurz anwesend. Vermutlich ist sie selber heterosexuell und stark heteronormativ sozialisiert, denn obgleich die gleichgeschlechtliche Ehe in Deutschland seit 2017 rechtskräftig möglich ist und auch die Option der eingetragenen Lebenspartnerschaft, die seit 2001 besteht, von vielen Paaren bereits als eine Art „Hochzeit" betrachtet und entsprechend gefeiert wird, kommt ihr diese Normalität scheinbar in dem Moment nicht in den Sinn. Aus einer anderen Perspektive ließe das Verhalten der Fachkraft auf umfassende Vorurteile gegenüber der Ehe homosexueller Paare schließen. In jedem Fall vermittelt sie das Normativ der „traditionellen" Ehe zwischen Mann und Frau und verstärkt somit stereotype Rollenbilder.

Zudem stellt die Fachkraft durch ihr Verbot, das keine Anzeichen eines partizipativen Aushandlungsprozesses aufweist, die Mündigkeit der Kinder infrage. Dies könnte ein Anzeichen dafür sein, dass sie diese (wenn auch unbewusst) als hilflose Menschen ohne eigenes Werte- und Normenkonstrukt betrachtet.

Eventuell spielen für die Kinder an dieser Stelle vergangene Diskriminierungserfahrungen im Rahmen möglicher paternalistischer Strukturen in der Kindertageseinrichtung eine Rolle. Darüber lassen sich lediglich Hypothesen anstellen. Möglicherweise haben sie bereits zuvor durch Ver- und Gebote die Erfahrung gemacht, fremdbestimmt und übergangen beziehungsweise nicht miteinbezogen zu werden. Adultismus wird erst seit kurzer Zeit im Fachdiskurs diskutiert, im öffentlichen Bewusstsein ist die Diskriminierungsform noch kein Thema. So ist es unwahrscheinlich, dass etwaige frühere adultistische Erfahrungen von den beteiligten Kindern oder den Erwachsenen als solche bewusst wahrgenommen wurden.

Die Fachkräfte, beide als weiblich angegeben, haben statistisch gesehen in ihrem Leben vermutlich bereits sexistische Erfahrungen machen müssen. Es ist auch möglich, dass die Praktikantin selbst Diskriminierungserfahrungen aufgrund ihrer sexuellen Orientierung gemacht hat und sich eventuell durch das Verhalten der Fachkraft verunsichert oder verletzt fühlt.

Die Privilegien der Fachkraft in Form ihrer angenommenen Heterosexualität sowie ihres Alters und – in diesem Zusammenhang – auch ihrer beruflichen Stellung sind in diesem Fallbeispiel relevant. Für die

Praktikantin könnten ähnliche Privilegien gegenüber den Kindern gelten.

Analyse Mesoebene

Auf der inneren Mesoebene hat die Praktikantin bisher keine konkrete Auseinandersetzung mit expliziten Diversitykonzepten auf der Metaebene erlebt. Da der Anteil der Kinder „mit Migrationshintergrund" in der Einrichtung signifikant hoch ist, gibt es für diese Zielgruppe spezifische Projekte wie Sprachförderangebote, Rucksackprojekte u. Ä. Inwiefern in diese jedoch auch eine machtkritische Perspektive Einzug hält, vermag die Praktikantin nicht zu beurteilen.

In dem Konzept, das auch von außen einzusehen ist, wird die individuelle und ressourcenorientierte Betrachtung der Kinder hervorgehoben. Interessant sind die Angaben zum Rollenspielraum im Konzept, in welchem der experimentelle Charakter des Raumes explizit festgehalten ist. Den Kindern soll hier die Möglichkeit gegeben werden, sich über die Grenzen der eigenen Realität hinaus auszuprobieren und „neue Handlungsrahmen zu schaffen."[28]

Auch die Partizipation, die im zweiten Kapitel als wichtige Methode für die diversitätssensible Arbeit herausgestellt wurde, ist konzeptionell verankert. Die Einrichtung arbeitet mit der Methode der Kinderkonferenz, in welcher die Kinder bei einer wöchentlichen Versammlung, bei der ebenfalls zwei Kinder die Moderation übernehmen, demokratisch Entscheidungen zu Angeboten, Schwerpunktthemen und Projekten treffen.

Insgesamt erwecken diese Beispiele den Eindruck, dass die Einrichtung durchaus bemüht ist, neue Konzepte und Methoden in ihren Alltag zu integrieren, jedoch bei der Umsetzung zumindest punktuell durch strukturelle Herausforderungen nicht unbedingt allein der Meso-, sondern vor allem der Makroebene zurückgeworfen wird.

28 Konzept Einrichtung C.

Analyse Makroebene

Diversityreflexives Arbeiten ist gerade auch deswegen so herausfordernd, weil wir als Menschen in die bestehenden hegemonial-normativen Diskurse eingebunden sind.

In Bezug auf Adultismus zeigt sich historisch eine Entwicklung hin zur Stärkung der Kinderrechte, beispielsweise durch die Verabschiedung der UN-Kinderrechtskonvention oder die Diskussion in Deutschland, die Kinderrechte im Grundgesetz zu verankern. Dennoch existieren weiterhin vielfach paternalistische Strukturen und wenig Partizipationsmöglichkeiten für Kinder.

In Bezug auf Heterosexismus findet sich medial überwiegend das Bild der „traditionellen Kernfamilie“: Mutter, Vater, Kind. Auch, wenn die Ehe homosexueller Paare in Deutschland inzwischen vor dem Gesetz zugelassen ist, besteht weiterhin ein rechtliches und insbesondere ein soziales Ungleichgewicht. Gleichgeschlechtliche Paare sehen sich nach wie vor mit gesellschaftlicher Diskriminierung konfrontiert. (Kühne 2019, o. S.) Zudem sind die Hürden für die Gründung einer Familie für sie deutlich höher als für heterosexuelle Paare.

Haben wir in unserer Umgebung, in Fernsehsendungen oder auch in den Büchern, die wir Kindern vorlesen, ausschließlich Berührungspunkte mit einer heteronormativen Wirklichkeit, wird der Blick auf weitere Lebenswirklichkeiten versperrt. Diese Blindheit wurde in Kapitel 2 thematisiert. Es bedarf eines Bewusstseins für die Bedeutung der Reproduktion sozialer Ungleichheiten wie beispielsweise die Annahme, gleichgeschlechtliche Ehen seien nicht „richtig“.

Jill Twiss und E.G. Keller (2018) kritisieren diese Annahme und werben mit ihrem Kinderbuch „Ein Tag im Leben von Marlon Bundo“ für die Akzeptanz gleichgeschlechtlicher Ehe. Eine Stinkwanze wettert darin als Karikatur des damaligen US-Vizepräsidenten Mike Pence:

> „‚Kaninchenjungs heiraten keine anderen Kaninchenjungs!‘, rief die Stinkwanze. ‚Kaninchenjungs müssen Kaninchenmädchen heiraten.‘ ‚Aber er ist das Kaninchen meines Lebens‘, rief Wesley. ‚Und er ist das Kaninchen *meines* Lebens‘, rief ich, Marlon Bundo. Allein schon, dass Wesley neben mir stand, machte mich ein wenig mutiger.“ (Twiss/Keller 2018)

Würde man die Fachkraft unabhängig von dieser Situation fragen, wie sie zur „Ehe für Alle“ steht, würde sie diese eventuell gar befürworten. Das Unbewusste sozialer Normen macht Veränderungen so schwer – selbst, wenn sie von professioneller Seite gewünscht sind. Laut Tupoka Ogette (2020, S. 21ff.) benötigt es dafür einen Ausstieg aus dem, was sie „Happy Land“ nennt. So bezeichnet sie den Ort, an dem privilegierte Menschen, die keine Diskriminierungserfahrungen machen müssen, das größte Privileg des Sich-nicht-damit-auseinandersetzen-Müssens haben. Tatsächlich kann sich Gesellschaft erst dann diversitätsgerecht entwickeln, wenn die Menschen der Dominanzgesellschaft diese Entwicklungsprozesse als notwendig betrachten und unterstützen. Das Nicht-Sehen von Rassismus (wie bei Ogette) oder von Heterosexismus wie in dem oben genannten Beispiel kann nur mit einem Austritt aus dem „Happy Land“ geschehen. Dieser Austritt ist in der Regel ungemütlich, denn erst ab diesem Punkt ist es möglich sich einzugestehen, als Mitglied der Dominanzgesellschaft an der Reproduktion von Vorurteilen und an dem Fortbestehen sozialer Unterdrückung durch Nicht-Sehen-Wollen und Nicht-Thematisieren (was das „Happy Land“ so gemütlich macht) beteiligt zu sein.

Zusammenfassung

Gerade in Situationen intersektionaler Verschränkungen wie der geschilderten wird die Wirksamkeit einer leichtfertig getroffenen Aussage besonders deutlich. Heteronormative Bilder festigen sich wie andere unter anderem durch die Wiederholung der Andersheit (Iterabilität; Butler, 1998). Der Sprechakt der Erzieherin wird zu einer Handlung (Performanz), die ihrerseits sowohl das Handeln der Kinder beschränkt als auch Einfluss auf deren Einschätzung nimmt, was als richtig und was als falsch gilt. Wo Erziehung aufhört und Fremdbestimmung anfängt, ist eine im Zusammenhang mit Adultismus aktuell viel diskutierte Frage (Steinke 2021, o. S.). Wir Autorinnen* verstehen Adultismus insbesondere als Frage der Haltung (siehe Kapitel 2). Ist es mein Ziel, Kinder zu selbstbestimmten, andere achtenden und wertschätzenden Menschen zu erziehen oder will ich ihnen meine Sicht der

Welt aufdrängen, da ich sie hinsichtlich Intelligenz und Denkvermögen geringschätze und als unmündig betrachte?
Das Verhalten der Fachkraft im geschilderten Beispiel spricht dafür, dass das Thema Heteronormativität im institutionellen Kontext kaum aufgegriffen und hinterfragt wird. Möglicherweise werden Rollenbilder durch bestimmte Strukturen sogar noch unbewusst verstärkt, beispielsweise durch die Forcierung von Mutter-Vater-Kind-Rollenspielen im Rahmen klassischer Geschlechterrollen o. Ä. Zudem stellt sich die Frage, ob es in der Einrichtung Räume für die reflexive Auseinandersetzung mit Stereotypen und Vorurteilen gibt, beispielsweise Supervisionen oder andere Austauschmöglichkeiten im Team.

Ausblick

Würden derartige Situationen in den Teambesprechungen sozialer Einrichtungen reflektiert, könnte sowohl ihr adultistischer wie auch ihr heteronormativer Charakter erkannt werden. Bei der Reproduktion von diskriminierenden Zuschreibungen hat die Erziehung eine ganz besondere Verantwortung. Kinder, die lernen, dass es ebenso normal ist, zwei Mamas oder zwei Papas zu haben wie eine Mama und einen Papa, werden höchstwahrscheinlich später seltener heterosexistische Vorurteile übernehmen. Gehören Kinderbücher wie „Ein Tag im Leben von Marlon Bundo“ (Twiss/Keller 2018) oder „Zwei Jungs und eine Hochzeit“ (Poulin/Lafrance 2021) zu gleichgeschlechtlichen Beziehungen und solche zu aufbrechenden Geschlechterrollen, wie „Julian ist eine Meerjungfrau“ (Love 2020) zum Repertoire der Einrichtung, können heteronormative Bilder und Annahmen aufgebrochen beziehungsweise erweitert werden.
Das Praxisbeispiel hat gezeigt, dass das bloße Vorhandensein von Diversityaspekten in den Konzepten sozialer Einrichtungen noch keinen reflexiven Umgang mit diesen Themen garantiert. Sollte die Praktikantin erneut in eine ähnliche Situation geraten, könnte sie ein Bündnis mit den Kindern erwägen. Indem sie die Kinder bei ihren Hochzeitsfeierlichkeiten unterstützen und in der Planung bestärken würde, nähme sie nicht nur die zwei Jungen ernst, sondern würde gleichzeitig

ein Zeichen in Richtung Personal und der anderen Kinder setzen und im besten Fall positive Irritationen hervorrufen. Ihr Handeln ließe sich beispielsweise anhand der im Konzept verankerten partizipativen Ansätze oder der rechtlichen Gleichstellung der Ehe homosexueller Paare verteidigen. Drei Jahre nach diesem Ereignis ist am Schwarzen Brett der Kindertagesstätte zu lesen, dass das Team an einer Anti-Bias-Schulung teilnimmt. Das ist sicherlich keine falsche Entscheidung.

6.5 Analyse: Praxisbeispiel Jugendhilfe

Beschreibung

Eine Sozialarbeiterin berichtet: Bei einem Gespräch mit den Kolleg*innen in einer Wohngruppe für unbegleitete Minderjährige, in der sie noch recht neu ist, fiel bezüglich der Verbindlichkeit und des Einhaltens von Terminen der Jugendlichen folgende Aussage: „Das ist halt eben ein anderer Kulturkreis. Sie müssen das mit dem Einhalten von Terminen erst lernen."

Im Rahmen ihrer Tätigkeit in der Einrichtung baut die Sozialarbeiterin nach und nach eine vertrauensvolle Beziehung zu ihrem Bezugsjungen Nawid[29] auf. Begegnungen mit ihm finden meist in der stationären Wohngruppe statt. An einem Samstag unterhielten sich die Sozialarbeiterin und Nawid darüber, wie es ihm im Allgemeinen geht, wie er die Schule erlebt und was er außerhalb des Unterrichts unternimmt. In dem Gespräch teilte Nawid der Sozialarbeiterin mit, dass er sich in der Einrichtung nicht besonders wohl fühle und dass er gerne woanders wohnen würde. Sie fragte ihn daraufhin, was ihn störe, worauf er zunächst antwortete, dass er es ungerecht fände, dass alle Jugendlichen bestraft werden, wenn ein einzelner gegen eine Regel verstößt. Nach und nach berichtete er auch von anderen Vorkommnissen. Er erzählte, dass er und ein weiterer Jugendlicher ein Gespräch zwischen

29 Der Name wurde geändert.

zwei Mitarbeitenden mitgehört hätten, in dem eine*r der beiden gesagt haben soll: „Von den Afghanen hier sind sowieso siebzig Prozent süchtig. Nazar [Kautabak] ist da billiger als das Essen.“ Die neue Bezugsbetreuerin spürte, dass es Nawid sehr schwerfiel, davon zu erzählen, da ihn diese Aussage verletzt hatte. Sie war kränkend für ihn, da die Betreuer ihm ohne Grund Suchtverhalten unterstellten. Darüber hinaus empfand er sie auch als abwertend gegenüber seinem Heimatland.

Des Weiteren berichtete Nawid von einer Situation, in der ein Jugendlicher der Einrichtung abends eine Kollegin nach etwas Thunfisch und Toastbrot gefragt hatte. Die Vorräte der Einrichtung befinden sich im Keller und werden nur von den Mitarbeitenden ausgegeben. Daraufhin sagte die Mitarbeiterin zu ihrer Kollegin: „Das ist doch Essen für Ausländer. Das geben wir hier unseren Hunden.“ Während Nawid der Sozialarbeiterin dies erzählte, liefen ihm Tränen über die Wangen. Sie spürte, wie sehr er von diesen Aussagen getroffen worden war.

Die beteiligten Personen sind in dieser Situation die Bezugsbetreuerin, das restliche Team der Wohngruppe, Nawid sowie seine Mitbewohnenden.

Die Aussagen über Thunfisch, Kautabak und Pünktlichkeit werden mithilfe kulturalisierender Begründungsmuster verteidigt. Sie gehören damit in den Bereich des Rassismus. Die verallgemeinernde Bestrafung im Sinne einer Sippenhaft und der Umstand, dass Jugendliche in stationären Maßnahmen wenig Mitspracherecht über die Unterbringung und die ihnen zugewiesenen Betreuer*innen haben, fällt wiederum eher in den Bereich des Adultismus. Somit ist die Relevanz der Diskriminierungsformen Rassismus und Adultismus denkbar.

Analyse Mikroebene

Die Ankunftsphase nach der Flucht ist für junge Geflüchtete mit vielerlei Unsicherheiten verbunden. Insbesondere unbegleitete Jugendliche gelten als sogenannte vulnerable Gruppe und damit als besonders schutzbedürftig. An diesem Beispiel wird die Abhängigkeit der jungen Neuankömmlinge von den Fachkräften besonders deutlich. Der Anpassungsdruck ist gerade in der Zeit bis zum Erlangen eines Aufenthaltstitels besonders hoch, wenn die Angst vor Schutz- und Perspektivlosigkeit groß ist. Durch die Abhängigkeit der Jugendlichen von den Fachkräften entsteht ein Machtungleichgewicht, das durch den Altersunterschied und gesellschaftliche Privilegien auf Seiten der Fachkräfte weiter verstärkt wird. Dieses Machtungleichgewicht birgt die Gefahr eines Machtmissbrauchs in Form diskriminierender und paternalistischer Verhaltensweisen, so wie sie am Beispiel des im Keller gelagerten Essens deutlich werden: Die Jugendlichen werden hier zusätzlich abhängig gemacht, indem das Essen weggeschlossen und der Zugang zu diesem durch die Mitarbeitenden reguliert wird. Darüber hinaus erfolgt durch die Fachkraft in dieser durch Ohnmacht geprägten Situation eine Konstruktion der Jugendlichen als „Fremde, die auf gleicher Stufe mit Tieren sind". An dieser Stelle findet somit in doppelter Hinsicht ein Machtmissbrauch statt. Dieses Machtungleichgewicht zeigt sich auch im Rahmen der „Bestrafungskultur", die in der Einrichtung zu herrschen scheint. Grundsätzlich sind strafende Ansätze im Bereich der Jugendhilfe kritisch zu hinterfragen. Hinzu kommt, dass Strafen generalisiert und die gesamte Gruppe auf diese Art und Weise kontrolliert wird.

Es ist durchaus denkbar, dass hier die Besonderheit der intersektionalen Verknüpfung zu einem spezifischen Machtverhältnis führt, das seitens der Fachkräfte von Vorstellungen des Integrationszwangs, vermuteter Unwissenheit und angenommener Unmündigkeit der geflüchteten Jugendlichen geprägt ist.

Auch die Bezugsbetreuerin bewegt sich in diesem Spannungsfeld des Machtungleichgewichtes, scheint dies jedoch im Umgang mit den Jugendlichen zu reflektieren. Da sich Nawid ihr anvertraut, scheinen sich diese Punkte in ihrer Beziehung allerdings nicht widerzuspiegeln. Vielmehr ergibt sich hier eine individuelle, akzeptierende und auch wertschätzende Begegnung. Die Bezugsbetreuerin wird durch ihren Status als „Neue" möglicherweise mit Hierarchien im Team konfrontiert, die sich anhand vermeintlicher Berufserfahrung, Alter und weiterer Faktoren herausgebildet haben.

Zum Verhalten der Fachkräfte könnten folgende Hypothesen aufgestellt werden: Zum einen kann davon ausgegangen werden, dass sich die Betreuer*innen aufgrund von (unbewussten) Stereotypen und Vorurteilen diskriminierend gegenüber den Jugendlichen verhalten. Zudem zeugen kollektive Bestrafung und pauschalisierendes Verhalten von einer „Die sind ja eh alle gleich"-Haltung. Pauschalisierende und kulturalisierende Aussagen wie „die Ausländer", „Afghanen sind drogenabhängig" und „Das ist Essen für Ausländer, das geben wir hier unseren Hunden" spiegeln unreflektierte Stereotype und Vorurteile wider. Die Bestrafungspraktiken sowie Ge- und Verbote zeugen von der Weitergabe eines umfassenden Anpassungsdrucks („Das ist halt eben ein anderer Kulturkreis. Sie müssen das mit dem Einhalten von Terminen erst lernen"). Die Jugendlichen werden nicht als selbstbestimmte, mündige und gleichberechtigte Individuen wahrgenommen. Die Bezugsbetreuerin von Nawid distanziert sich von diesen Verhaltensweisen und Aussagen. Durch ihre Haltung hat sie Nawid das Gefühl vermittelt sich ihr anvertrauen zu können.

Vermutlich haben die Jugendlichen in Deutschland bereits weitere Diskriminierungserfahrungen gemacht und wurden schon häufiger mit pauschalisierenden und kategorisierenden Aussagen konfrontiert. Es ist nicht unwahrscheinlich, dass Nawid im Kontext der Flucht und des Ankommens bereits ähnliche Erfahrungen gemacht hat. Ferner scheint der Sprachduktus der Fachkräfte relativ alltäglich. Es entsteht nicht der Eindruck, als würde viel darüber reflektiert werden, welche Effekte kulturalisierende Zuschreibungen auf die Schutzbefohlenen haben können. In ähnlichem Maß ist das Machtverhältnis mit Blick auf Regeln und Sanktionen wenig von einer Begegnung auf Augenhöhe geprägt.

An dieser Stelle machen die Jugendlichen Diskriminierungserfahrungen an einem Ort, der eigentlich einen Schutzraum darstellen sollte. Scheinbar gibt es in der Institution keine Möglichkeit bereits erlebte Diskriminierungen aufzuarbeiten. Dadurch entstehende Gefühle der Ohnmacht können sich mit anderen ähnlichen Situationen wie beispielsweise dem Asylverfahren oder der Erfahrung, gesellschaftlich ab-

gelehnt und „fremdgemacht“ zu werden, verknüpfen und ein Misstrauen gegenüber Betreuungspersonen auslösen.
Die Privilegien der Fachkräfte spielen an dieser Stelle ebenfalls eine Rolle: Sie sind *weiß*, haben durch die Staatsbürgerschaft einen sicheren Aufenthalt in Deutschland und haben zudem den Erwachsenenstatus. Diese Privilegien erlauben es ihnen, sich nicht mit Rassismus oder der prekären Situation eines unsicheren Aufenthaltes auseinandersetzen zu müssen. Sie sind nicht gezwungen, sich mit ihren internalisierten Stereotypen und Vorurteilen auseinanderzusetzen, weil sie durch diese keine Benachteiligung erfahren.
Diese Haltung hat jedoch direkten Einfluss auf ihre Arbeit: Sie nehmen die Jugendlichen aufgrund ihrer Zuschreibungen nicht als mündige Individuen wahr und verhalten sich entsprechend paternalistisch, pauschalisierend und diskriminierend. Die getroffenen Aussagen und Handlungen werden im Team – außer vonseiten der Bezugsbetreuerin – scheinbar nicht infrage gestellt.
Die Jugendlichen tauschen sich über die diskriminierenden Verhaltensweisen der Betreuer*innen aus. Dies spricht für solidarische Prozesse untereinander und zeigt Handlungsmacht. Zudem vertraut sich einer der Jugendlichen seiner Bezugsbetreuerin an. Dies erfordert Mut und gegebenenfalls Rückhalt in der Gruppe.

Analyse Mesoebene

Die Einrichtung hat erst im Sommer 2016 die Wohngruppe für unbegleitete Jugendliche eröffnet. Der Träger hatte zuvor weder Erfahrungen in der Arbeit im Bereich des achten Sozialgesetzbuch (SGB VIII) noch in der Flüchtlings- oder Migrationssozialarbeit, beschreibt sich vielmehr als mittelständisches christliches Unternehmen mit dem Ziel der Förderung der Teilhabe von Menschen mit Behinderung.
Wie auch an vielen anderen Orten in Deutschland Ende der 2010er-Jahre (das Praxisbeispiel stammt aus dem Jahr 2017) fehlte es sowohl dem Träger als auch der Einrichtung inklusive Mitarbeitenden und Teamleitung an wichtigen fachlichen, wissenschaftlichen und rechtlichen Kompetenzen für dieses Handlungsfeld. Diese mussten sie sich

erst nach und nach über Fortbildungen und auf anderen Wegen aneignen. Der neuen Kollegin, die während ihres Studiums Kurse zum Thema Asylrecht und Flüchtlingssozialarbeit besucht hatte, fielen schnell die Informationslücken der Kolleg*innen bei Themen wie Aufenthaltstitel, sequentielle Traumatisierungen oder rassismuskritische Ansätze auf.

Die Tatsache, dass in der Einrichtung die Essensvorräte im Keller eingeschlossen sind und nur von den Mitarbeitenden herausgegeben werden können zeigt ebenso wie die generelle Bestrafung aller Jugendlichen bei Regelverstößen einzelner, dass das Konzept der Einrichtung in diesen Bereichen eher paternalistisch ausgerichtet ist. Die Jugendlichen haben scheinbar keine Möglichkeiten Einfluss auf diese Rahmenbedingungen zu nehmen und werden nicht an Entscheidungsprozessen bezüglich der Strukturen beteiligt.

Zudem scheint es in der Einrichtung keine Konzepte zum diversitätssensiblen Umgang zu geben. Die Äußerungen der Mitarbeitenden zu vermeintlichem Suchtverhalten sowie zum Essverhalten sind in hohem Maße kulturalisierend. Derartige diskriminierende Kategorisierungen scheinen sich bereits in die Institutionskultur eingeprägt und im Umgang mit den Jugendlichen verfestigt zu haben. Die Tatsache, dass andere Mitarbeitende nicht einschreiten, wenn diskriminierende Äußerungen getätigt werden, spricht dafür, dass im Team kaum reflexive Prozesse stattfinden. Die Kulturalisierungen sind demnach entweder Konsens oder hierarchische Strukturen in der Einrichtung verhindern eine entsprechende Aufarbeitung.

Laut Mecheril kann Kulturalisierung als ein „offenkundiges Indiz der *Hilflosigkeit eines bloß wissensbegründeten Handelns* verstanden werden, das die eindeutige Anwendbarkeit von Wissen voraussetzt und dem ein mögliches Nicht-Wissen zu einem bedrohenden und Unsicherheiten auslösendem Faktor werden muss." (Mecheril 2013, S. 28) Die Gefahr dabei besteht in der verengten Sicht dieses „kulturellen Wissens", dass sich hier etwa am Beispiel der Aussage zeigt: „Siebzig Prozent der Afghanen sind süchtig nach Kautabak." Auf diesem Weg werden die geflüchteten Jugendlichen gleichzeitig differenz- und defi-

zitorientiert als „Migrations-Andere“ (Mecheril 2010a, S. 9) oder Kulturell-Andere markiert. Auch Marcus Emmerich und Ulrike Hommel sind der Ansicht, dass sich eine auf kulturelle Differenzen beziehende pädagogische Praxis „nicht unerheblichen fachwissenschaftlichen Begründungsproblemen“ aussetzt (Emmerich/Hommel 2013, S. 136).
Die Bezugsbetreuerin, die neu in der Einrichtung ist, ist von den Verhaltensweisen und Äußerungen der anderen Mitarbeitenden irritiert und distanziert sich in der Folge von diesen. Zudem scheint sie den Jugendlichen eine offenere und wertschätzendere Haltung entgegenzubringen, da sich Nawid entscheidet, ihr seine Ängste und Erfahrungen anzuvertrauen, obwohl sie als seine Betreuerin Teil der Einrichtung ist und sich damit in einer Machtposition befindet.
Im öffentlichen Leitbild des Trägers sind Respekt, Wertschätzung und die Achtung von Individualität besonders hervorgehoben. Auch die Beteiligung der Menschen, mit denen die Einrichtungen arbeiten, wird betont: Es sei ein wichtiges Anliegen diese zu sehen und zu hören.
Das Verhalten der Betreuer*innen zeugt jedoch nicht von einem reflexiven Umgang mit sozialen Kategorien, im Gegenteil. Für die Fachkraft, die neu in die Gruppe kommt und zur Bezugsbetreuerin von Nawid wird, wird es durch die verfestigten Strukturen zur Herausforderung, sich ihre kritisch-reflexive Haltung zu bewahren. Zudem steht sie eventuell hierarchischen Strukturen im Team gegenüber, die sich mit der Zeit herausgebildet haben. Die Haltung der anderen beeinflusst somit auch ihre eigene Arbeit.

Analyse Makroebene

Junge unbegleitete Geflüchtete werden in vielfacher Hinsicht als „Fremde“ konstruiert. Zum einen geschieht das medial im Zuge der Diskurse um Migration und Integration, über die eine ablehnende Haltung und ein enormer Anpassungsdruck vermittelt wird. Zum anderen lässt sich das aus rechtlicher Perspektive konstatieren: Menschen mit einem unsicheren Aufenthaltsstatus befinden sich rechtlich in einer in höchstem Maße unsicheren und prekären Situation. Ihre Zukunft in Deutschland ist nicht gesichert und das Asylverfahren beeinflusst zahlreiche Lebensbereiche wie beispielsweise Bildung, Arbeit und das Sozialleben (Grönheim et al. 2021).

Rassismus und Diskriminierung als Folge der Differenzierung zwischen „Kulturen“ kann als ein Nachfolgediskurs der Unterscheidung der Menschen in „Rassen“ gesehen werden. Heute ist an die Stelle der „Rasse“ als Begründung für einen vermeintlich „anderen“ Charakter die „Kultur“ oder auch die „Ethnie“ getreten. Die Differenzierung bleibt dabei wie im „Rasse“-Diskurs bestehen. Folgen können nach wie vor abwertende und desintegrierende Effekte sein. Eine „Integration“ wird dadurch besonders erschwert, dass innerhalb der Kulturalisierung von einer zentralen Bedeutung der „Kultur“ für die Identitätsbildung ausgegangen wird (Ottersbach 1997, S. 179).

> „Mit dem Gebrauch ethnischer und nationaler Bezeichnungen, mit dem Bezug auf Nationalität und Ethnizität wird zugleich die sogenannte Herkunftskultur von Menschen mit Migrationshintergrund zum Mittelpunkt ihrer ‚anderen‘ Kultur. Hier kehrt letztlich in nunmehr landeskulturell informierterer Weise, dadurch maskiert, die Rede von Ausländern und Ausländerinnen zurück. Türken kommen aus der Türkei, und diese Herkunft, so suggeriert die Bezeichnung, bestimme ihre Identität.“ (Mecheril 2010b, S. 21)

Die Fokussierung auf kulturelle Erklärungsmuster bei Ungleichheitserfahrungen verstellt laut Mecheril (ebd., S. 22) mit Bezug auf Radtke den Blick auf strukturelle Ursachen. Gerade in der Migrationsdebatte bietet die Übernahme kultureller Begründungstopoi eine vereinfachte, bequemere Strategie im Vergleich zur Strukturanalyse und -kritik (Grönheim 2015, S. 29).

Auch ein mit kulturellen Argumenten arbeitender Rassismus ist Ausdruck gesellschaftlicher Macht- und Herrschaftsverhältnisse, die die Jugendlichen in vielerlei Hinsicht zu spüren bekommen – sei es, wenn ihnen der Zugang zu bestimmten Orten (z. B. Clubs) verwehrt wird oder sie aufgrund ihres Namens schlechtere Chancen auf dem Wohnungsmarkt haben. Hinzukommt, dass sich junge Geflüchtete im Jugendhilfesystem in einem besonderen Abhängigkeitsverhältnis befinden: Sie sind auf die Unterstützung durch die Fachkräfte angewiesen. In der Jugendhilfe besteht generell eine erhöhte Gefahr für paternalis-

tische Strukturen und in der Arbeit mit jungen geflüchteten Menschen ist diese in besonderem Maße ausgeprägt. Hier zeigen sich intersektionale Verschränkungen.
An dem vorangegangenen Beispiel wird deutlich, dass ein Leitbild und ein Konzept nicht automatisch die Praxis wiedergeben. Auch hier kommen erneut die Makroebene, die Wechselwirkung aller drei Ebenen als Herausforderung sowie letztlich der Bedarf einer Auseinandersetzung mit den Ansätzen kritisch-reflexiver Praxis ins Spiel. Werte- und Normenkonzepte einzelner Menschen werden insbesondere durch Erziehung und Sozialisation geprägt. Sie stehen darüber hinaus in Bezug zu den gesellschaftlich anerkannten Normen. Normative Diskurse prägen auch im Erwachsenenalter unsere Weltsicht, jedoch sind wir tendenziell eher dazu geneigt, Bilder, Ideologien und Vorstellungen wahrzunehmen, die unseren eigenen Wertekonzepten entsprechen, um uns selber darin bestätigt zu sehen. Bei einer Irritation existierender stabiler Wertekonzepte entstehen insbesondere im Erwachsenenalter eher innere Widerstände und das Bedürfnis, sich auf die vorhandenen Bilder und Zuschreibungen (zurück) zu besinnen. Doch gerade diese irritierten, verstörenden Momente sind äußerst wertvoll: An ihnen lernen wir und entwickeln uns und unseren Horizont weiter. Czollek et al., 2019, 45f.) bezeichnen sie als „Wendepunkte". Im Praxisalltag bleibt jedoch häufig wenig Zeit und Raum innezuhalten und diese Momente einer genaueren Betrachtung zu unterziehen, um sich dem Lernprozess bewusst zu stellen. So gewinnen die Widerstände überhand und selbst diskriminierendes Handeln wird durch Aussagen wie „Das war ja nicht so gemeint", „Das haben wir immer schon so gemacht, da hat sich noch nie jemand beschwert", „Das ist hier bei uns nun mal so, da müssen sie sich eben dran gewöhnen" oder „Mit Diskriminierung hat das nichts zu tun, das ist eine unverschämte Beleidigung" legitimiert.

Analyse Intersektionalität

Nawid ist als minderjähriger Flüchtling in Deutschland von unzähligen Menschen, Institutionen und Strukturen abhängig. Ein selbstbestimmtes Leben ist für diese Personengruppe der minderjährigen Geflüchteten aufgrund rechtlicher Rahmenbedingungen sowie vorurteilsbehafteter Zuschreibungen stark eingeschränkt. Führt die diskursive Verschränkung von Jugendlichen in Wohngruppen in einem rassifizierenden Asylsystem zu Paternalismus und Abwertung wie in dem oben genannten Beispiel, bleibt der Weg hin zu Veränderungsprozessen *ohne* den Willen von innen trotz Einfluss von außen versperrt.

Ausblick

So war es in etwa, als die neue Kollegin das Gespräch mit der Teamleitung suchte. Sie hatte sich noch um einen Wohngruppenwechsel für Nawid bemüht, bevor sie selbst die Einrichtung wieder verließ.
Nach Mecheril ist professionelles Handeln für die Überwindung der kulturalisierenden „Normalität" „darauf angewiesen, in ein grundlegend reflexives Verhältnis zu dem eigenen professionellen Handeln, seinen Bedingungen und Konsequenzen treten zu können." (Mecheril 2010b, S. 25) Zentral hierfür ist die Etablierung von Strukturen, „in denen Reflexion nicht nur möglich, sondern auch sinnvoll sowie attraktiv ist und systematisch unterstützt wird." (ebd.) Hierin läge die Möglichkeit, Prozesse des Othering und der Reproduktion kulturalisierender Zuschreibungen aufzubrechen und Macht- und Herrschaftsverhältnisse, die sich dabei manifestieren, professionsethisch zu überprüfen. Mecheril fordert in diesem Zusammenhang die Beobachtung der Verwendung des Kulturbegriffs. In welchen Zusammenhängen, zu welchen Zwecken, zu wessen Vorteil und mit welchen Konsequenzen werden kulturalisierende Zuschreibungen vorgenommen? „Reflexive Vorgehensweisen können zwar nicht dominante Differenzschemata abschaffen, aber sie tragen über Inhalte, vor allem aber über Interaktionsformen zur Pluralisierung und Diversifizierung von Selbst- und Fremdverständnissen bei." (Mecheril 2010b, S. 27)

7 Handlungsempfehlungen

Einige Handlungsempfehlungen sind bereits im Verlauf des Buches direkt oder indirekt angesprochen worden. Dieses Kapitel liefert nun einen Gesamtüberblick über konkrete Möglichkeiten für eine diversitätsreflexive Praxis der Sozialen Arbeit. Strukturgebend sind dabei die drei bereits bekannten horizontalen Ebenen Mikro, Meso und Makro sowie die vierte Querschnittskategorie der kulturellen Diskurse. Gesellschaftlicher Wandel sollte laut Dominelli (2002, S. 86) auf allen diesen Ebenen adressiert werden:

> „For example, if poverty is causing hardship, institutional (meso-level) and/or societal (macro-level) changes may be required alongside endeavours aimed at helping the individual to control its deleterious effect on his or her life. Profound changes in one of these three spheres may also produce changes in the others as they are all interconnected."

7.1 Mikroebene

Auf der Mikroebene wird die Arbeit mit den Adressat*innen in den Fokus genommen. Es ist davon auszugehen, dass nahezu alle Adressat*innen der klassischen Zielgruppen der Sozialen Arbeit Erfahrungen im Kontext struktureller Diskriminierung gemacht haben. Soziale Arbeit als „Arbeit mit den Anderen" (Kessl/Plößer 2010) ist in diesem klassischen Sinne auf die Arbeit mit Menschen ausgerichtet, die zum binären Anderen der Dominanzgesellschaft konstruiert werden: Seien es Menschen mit Behinderungen, Drogengebrauchende, Wohnungslose, Geflüchtete oder junge und alte Menschen. In einem intersektional-inklusiven Diverstitätsverständnis werden diese Kategorien aufgebrochen und die Gesellschaft mitsamt all ihrer Mitglieder zur Adressatin. Handlungsfelder könnten entsprechend bedürfnisorientiert statt kategorial ausgerichtet sein (siehe Kapitel 7.3).

In der Arbeit mit Menschen, die Diskriminierungserfahrungen gemacht haben beziehungsweise machen, empfehlen wir (a) Anerkennung, (b) Sicherheit, (c) Empowerment, (d) Identitätsarbeit, (e) Partnerschaftlichkeit und (f) die Reflexion eigener Privilegien beziehungsweise der persönlichen Verortung im Diskurs.

a) Grundlegend in der Arbeit zu Diskriminierungserfahrungen ist deren *Anerkennung* (Melter/Mecheril 2009). Auch wenn der Wunsch, Diskriminierungserfahrungen kleinzureden, abzutun, zu negieren oder zu verharmlosen nachvollziehbar sein mag, da sie unangenehme Gefühle hervorrufen, ist zu konstatieren, dass die fehlende Macht die tatsächlich gemachte Diskriminierungserfahrung nicht weniger schlimm werden lässt. Im Gegenteil gibt sie den Diskriminierten vielmehr das Gefühl, nicht ernst genommen zu werden und vergrößert somit die Machtdifferenz in der Beziehung. (Dominelli 2009) Tabuisierungen bilden die Mauern, die ein partnerschaftliches Arbeiten verunmöglichen (siehe e). Eine diversitätsreflexive Lebensweltorientierung versteht die Situation der Personen als eingebettet in diskriminierende Diskurse und geprägt von diskriminierenden Zuschreibungen. Sie geht sogar noch über das Zuhören hinaus und hinterfragt explizit. Denn längst nicht allen Menschen sind Diskriminierungserfahrungen überhaupt als solche bewusst. Vielmehr betrachten sie diese als „normalen" Bestandteil ihres Alltags, an den sie sich gewöhnt haben. Es gilt, diese Menschen nicht im Kleinreden ihrer Probleme oder in deren Individualisierung zu bestätigen, sondern sie bei Versuchen, Muster aufzubrechen und Machtverhältnisse zu hinterfragen zu bestärken sowie ihre Diskriminierungserfahrungen zusammen mit ihnen zu thematisieren und zu enttabuisieren (siehe auch Rainer 2018).
b) Für Menschen, die Diskriminierung erlebt haben, muss der Ort, an dem sie auf Sozialarbeitende treffen, ein vollumfänglich *sicherer Raum* sein. Je nach Erlebnis kann dies bedeuten, dass traumapädagogische Ansätze gefragt sind (Zito/Martin 2016). In jedem Fall heißt das aber, dass sie mit ihren Erlebnissen anerkannt (siehe a)

werden sollten und dass ihnen die entwertenden Normen der Diskriminierung auf keinen Fall in der aufgesuchten Institution oder in der Beziehung zu der angefragten Fachkraft begegnen (siehe Kapitel 3). Die Praxisbeispiele aus Kapitel 6 haben gezeigt, dass die Bewertung von außen, ob eine Einrichtung für ihre Adressat*innen als sicher gilt, von der der Fachkräfte durchaus abweichen kann. Eine kritisch-reflexive Soziale Arbeit nimmt geäußerte Kritik wie an Beispiel S gezeigt auf anstatt sie abzuwiegeln oder kleinzureden.

c) Da das konstante Erleben von und Leben mit Diskriminierungserfahrungen einen starken Einfluss auf das Selbstwertgefühl der Menschen hat (siehe Kapitel 2.5), kommt dem *Empowermentansatz* hier eine zentrale Rolle zu. Um das Empowern oder Bestärken zu ermöglichen, sind in diesem Kontext Transparenz und Partizipation (s. u.) gleichermaßen wichtig. Empowerment wird hier demnach ressourcenorientiert betrachtet, d. h. die Fähigkeiten, Kompetenzen und unterstützenden Faktoren der Adressat*innen werden in den Blick genommen. Es wird jedoch vor allem auch gesellschaftspolitisch verstanden: Aus dieser analytischen Perspektive werden die strukturellen Gegebenheiten betrachtet, die Diskriminierung begünstigen – und dies gemeinsam mit den Adressat*innen. Die Aufklärung über Diskriminierungsformen und strukturelle Machtverhältnisse bildet die Basis, um Diskriminierung nicht weiter zu individualisieren und zu internalisieren. Menschen können allein dadurch Erleichterung erleben, dass sie erfahren, dass ihre Situation nicht unbedingt selbstverschuldet ist. Das Wissen um die Strukturalität von Diskriminierung und die soziale Konstruktion von Gruppen ist der Türöffner zu einem neuen Blick auf das Selbst. Hier bildet neben der Enttabuisierung von struktureller Diskriminierung das Sprechen über Schuld- und Schamgefühle einen weiteren Aspekt des Empowerments. Zu einem solch *transparenten und partizipativen Empowerment* gehört auch die schlichte Aufklärung über Möglichkeiten sowie über Wahl- und Wunschrechte. Das Erleben von Ohnmachtsgefühlen als Konsequenz von Diskriminierungserfahrungen kann dazu führen, dass sich die Betroffenen mit den ihnen oft begrenzt eröffneten Möglichkeiten abfinden. Nicht selten sind jedoch weitere Türen und Wege offen, die unseren Adressat*innen oder auch uns Fachkräften nicht unbedingt bekannt sind (mögliche Betreuer*innen- oder Einrichtungswechsel, alternative Wege im Sozial-, Asyl- oder Bildungssystem, diverse finanzielle Hilfen oder andere Unterstützungsleistungen). Hinzukommt, dass viele strukturelle und auch rechtliche Hürden bestehen, die kritikwürdig sind. Hier ist es wichtig, sich gemeinsam mit den Adressat*innen mit deren Rechten zu befassen und politische Forderungen zu stellen (s. u.).

d) Eng damit verbunden ist auch die *Stärkung alternativer Identitätskonstruktionen* (Hoffman 2013): Die Identität der Menschen wird sowohl von außen als auch zum Teil in der Selbstbetrachtung von der kategorialen Zuordnung bestimmt, die Menschen in Schubladen sortiert. Geflüchtete werden ausschließlich als Geflüchtete wahrgenommen, Muslima als Muslima, Schwule als Schwule, Wohnungslose als Wohnungslose und Juden als Juden. Walgenbach beschreibt, wie darauf in der Praxis reagiert werden kann: „In intersektionalen Bildungsprojekten mit Jugendlichen oder Erwachsenen ist die Auseinandersetzung mit der eigenen Biografie häufig Ausgangspunkt der Reflexion unterschiedlicher Macht- und Diskriminierungsformen. Auf diese Weise wird von den Lebenswirklichkeiten, Bedürfnissen und Interessen der Teilnehmenden ausgegangen. Dabei arbeiten intersektionale Bildungsansätze mit offenen Identitätskonzepten. D. h., Jugendliche beziehungsweise Erwachsene werden nicht auf spezifische Identitäten festgelegt, vielmehr wird ihnen ein Auseinandersetzungs- und Verhandlungsraum angeboten, in dem sie ihre eigenen Identitäts- und Selbstkonzepte entwerfen können. Darüber hinaus wird die Verortung von Identitäten in Machtstrukturen stets mit reflektiert.“ (Walgenbach 2017, S. 86) Andere, vielleicht für die Person wesentlich prägendere Identitätskategorien geraten durch die Fremdzuschreibungen in den Hintergrund. Mithilfe einer ressourcenorientierten Biografiearbeit können die selbstgewählten und gewünschten Eigenschaften herausgestellt und in der Arbeitsbeziehung in den Vordergrund gerückt werden (Grönheim et al. 2021). Die mit den Schubladen einhergehenden kulturellen Stereotype drohen darüber hinaus internalisiert, also übernommen zu werden. Sie können aber auch zu übermäßigen – sich selbst aufgebenden – Anpassungsleistungen auf Basis von Normalisierungsforderungen führen oder in einem ständigen Widerstandskampf enden (Kapitel 2.5; Grönheim 2018b). Die Stärkung alternativer Identitätskonstruktionen hat somit das empowernde Potenzial der Selbstwertsteigerung:

> „In working with individuals in a therapeutic way, the anti-oppressive social workers' task is to open discursive spaces in which clients can develop their own interpretive story that is, one that gives meaning to their experiences, and to understand how dominant discourses operate to suppress this story. In other words, it is about validating the clients' entitlement to explain their lives in their own ways and in doing so assist in their empowerment." (Dominelli 2002, S. 86)

e) Dazu gehört auf der anderen Seite auch, Menschen nicht als bloße Opfer von Diskriminierung zu betrachten, sondern vor allem ihre Handlungsmacht zu sehen und ihre *Beteiligung* zu fördern. Für ein *partnerschaftliches Arbeiten* ist die Reflexion bestehender Machtungleichheiten, deren Hierarchie sich andernfalls in einer paternalistischen Arbeitsbeziehung widerzuspiegeln droht, unabdinglich. Für die individuelle Ebene bedeutet das, die Menschen als Expert*in ihrer Lebenswelt anzuerkennen und möglichst nie Entscheidungen gegen ihren Willen zu fällen – also nur mit ihnen, nicht für sie. Dies ist gerade in besonderen Fürsorgebereichen wie der Jugendhilfe, der Altenpflege, der Psychiatrie oder der Behindertenhilfe, in denen die Soziale Arbeit eine Fürsorgepflicht gegenüber ihren Adressat*innen hat, eine besondere Herausforderung. Nicht nur kulturelle Stereotype, sondern auch rechtliche Normen üben hier Druck auf die Fachkräfte aus, die ihre eigene Entscheidungsfähigkeit über die der Adressat*innen stellen. Erving Goffman beschreibt zwei Maximen, anhand derer Herrschaftsverhältnisse als Dienstleistungen legitimiert werden, die hier nach einer Einschätzung von Müller (1991) wirksam werden: Zum einen das Beschützer*innenprinzip, bei dem die Handlung der Sozialarbeitenden mit der unterstellten Hilflosigkeit der Adressat*innen gerechtfertigt wird, zum anderen das Gefahrenmandat, bei dem davon ausgegangen wird, dass nur die Expert*innen die Situation der Klient*innen professionell einschätzen können und entsprechend verhindern müssen, dass die Adressat*innen „falsche" Entscheidungen treffen (Goffman 1973). Hier bedarf es besonderer Reflexionskriterien, um abzuwägen, ob ein Machtgebrauch gerechtfertigt ist. Das heißt konkret: Stellt die Entscheidung oder der Wunsch einer Person tatsächlich eine Selbst- oder Fremdgefährdung dar oder wird in dem Moment nur angenommen, der/die Klient*in würde unter der eigenen Entscheidung mehr leiden als unter von uns als Fachkraft präferierten? Die Folgefrage „Warum präferieren wir das eine über dem anderen?" wäre ein Indikator, der uns direkt zu unserem vorgestellten Analyseleitfaden (Kapitel 5) führen könnte. Ohne die ehrliche Auseinandersetzung mit diesen wichtigen Fragen bliebe das Ziel des partnerschaftlichen Arbeitens auf Augenhöhe ein Feigenblatt.

f) Wie bereits dargelegt ist ein Bewusstsein über eigene Privilegien der Türöffner für ein empathisches Verständnis der Tiefe und Weite von Diskriminierungsformen. Fachkräfte bringen ihre eigenen Privilegien und Diskriminierungserfahrungen und damit auch biografisch gewachsene individuelle Werte und Normen als Grundlage für ihr Handeln (un)bewusst mit in die Arbeit ein. Das enttabuisierte Reflektieren der eigenen Privilegien und der eigenen Verortung im Diskurs ist damit entscheidend für das Verstehen von und die Auseinandersetzung mit Diskriminierungserfahrungen. Eine professionelle Haltung erfordert nicht nur die Anerkennung und Wertschätzung der Erfahrungen und Lebenswelten anderer, sondern auch die Anerkennung der eigenen Erfahrungen und der eigenen Lebenswelt als Bestandteile professionellen Handelns. Die Methode der Biografiearbeit kann hier einen Ansatzpunkt bieten. Im Rahmen der Biografiearbeit erfolgt eine reflexive Auseinandersetzung mit Vergangenheit, Gegenwart und Zukunft. Neben der Aufarbeitung bereits geschehener Ereignisse und deren Auswirkungen auf den individuellen Lebensweg und die Persönlichkeit bilden auch Lebensbewältigung und Lebensplanung Kernaspekte der Biografiearbeit. (Klingenberger 2020, S. 13ff.)

Im Sinne der biografischen Selbstreflexion sollen die persönlichen Norm- und Wertvorstellungen, die unter anderem auch auf strukturellen Machtverhältnissen und damit verbundenen Erfahrungen der Privilegierung und der Diskriminierung basieren, als Hintergrundfolie für das eigene Handeln begriffen werden (Ebert 2012, S. 51ff.). So können unter anderem internalisierte Stereotype und Vorurteile erkannt und hinterfragt werden. Die Auseinandersetzung mit der persönlichen Verortung im Diskurs auf Basis individueller Biografiearbeit erzeugt somit eine Basis für diversitätssensibles Arbeiten.

7.2 Mesoebene

Auf der Mesoebene werden institutionelle Strukturen in den Blick genommen. Aufgrund der Entwicklung der Sozialen Arbeit entlang zentraler Differenzkategorien (siehe Kapitel 3) sind auch Institutionen und Angebote größtenteils entsprechend strukturiert. Die Definition der Zielgruppen erfolgt in der Regel weiterhin entlang binärer Konstruktionen. In einem intersektional-inklusiven Diverstitätsverständnis sollen diese Kategorien auch auf institutioneller Ebene aufgebrochen werden. Wir sehen hier Potenziale in den Bereichen (a) Reflexion, (b) Konzeption, (c) Intersektionalität, (d) Etablierung diskriminierungsfreier Praktiken, (e) Partizipation, (f) Einbezug von *„Experts by experience"*, (g) Adressierung intrainstitutioneller Ungerechtigkeiten und (h) regelmäßige Fort- und Weiterbildung.

a) Um die *Reflexion* kontinuierlich gewährleisten zu können, braucht es mehr als nur den Willen und das Engagement der einzelnen Fachkraft. Überlastung und starke hierarchische Strukturen können ein Nährboden für diskriminierende Zuschreibungen und kulturalisierte Praktiken sein. Die alltäglichen Einflüsse sozialer Normen und kultureller Diskurse bilden immer wiederkehrende Herausforderungen. Insbesondere in Stresssituation sind wir eher geneigt, auf altbewährte Muster und Verhaltensweisen zurückzugreifen. Die institutionelle Einbindung von Diversityreflexion in Strukturen kollegialer Beratung, Supervision und Dienstbesprechungen ermöglicht konstante und strukturierte Räume für das gesamte Team das eigene Handeln, die Haltung und die Methoden multiperspektivisch zu analysieren. Hierfür braucht es neben der Unterstützung durch die Einrichtungsleitung und im besten Falle auch durch den Träger vor allem ein gemeinschaftliches Interesse des gesamten Teams. Ohne dessen Bereitschaft, sich kritisch-reflexiv mit Diversitythemen auseinanderzusetzen, wird dem Ziel der Selbstreflexion kaum näherzukommen sein. Einzelne Abwehrhaltungen können den Gesamtprozess behindern oder bei anderen Mitgliedern Unsicherheiten hervorrufen. Gefühle des gegenseitigen Vertrauens und Akzeptierens bilden dabei die Basis gemeinsamer Reflexionsprozesse.

b) Die Übereinkunft des Teams hinsichtlich eines gemeinschaftlichen kritisch-reflexiven Arbeitsprozesses in einem *Konzept* schafft für Mitarbeitende und Leitende Verbindlichkeit. Konzepte mit einem kritisch-reflexiven Diversitätsansatz schaffen auch für Adressat*innen Klarheit und vermitteln einen anerkennenden und schützenden Ansatz. Konzepte dienen in diesem Sinne der Transparenz und damit einem der zentralen Menschenrechtsprinzipien, das eng mit der Rechenschaftslegung verbunden ist, die etwa über die Veröffentlichung von (Jahres-)Berichten erfolgt. Letztere bieten die Möglichkeit, die im Konzept verankerten Arbeitsansätze einer internen Evaluation zu unterziehen und fördern damit zusätzlich die internen Reflexionsprozesse. Nach außen hin wird durch sie deutlich, wie eine Einrichtung beispielsweise den kritisch-reflexiven Diversityansatz (und dessen Methoden) in der Praxis anwendet. Die kontinuierliche Auseinandersetzung mit der Frage „Warum machen wir hier was, wie?“ bietet damit gleichermaßen Mitarbeitenden wie Adressat*innen Sicherheit.

c) Ein auch in diesem Buch immer wieder beschriebener methodischer Ansatz ist der der *Intersektionalität*, dessen konzeptionelle Verankerung unter anderem Maureen Maischa Eggers (2013) für die diversitätssensible Soziale Arbeit einfordert. Walgenbach, die sich aus erziehungswissenschaftlicher Perspektive der Intersektionalität widmet, betont deren strukturelle Perspektive. Identitätskonstruktionen und Verhaltensweisen werden in diesem Sinne „auf der Folie von […] sozialen Ausgrenzungserfahrungen diskutiert und nicht [etwa] auf vermeintliche kulturelle Traditionen zurückgeführt. Vergleichbar mit intersektionalen Forschungsstudien, werden soziale Kategorien demnach nicht allein beschrieben, sondern in ihren Herstellungsprozessen analysiert.“ (Walgenbach 2014, S. 84)

d) Zur Etablierung *diskriminierungsfreier Praktiken* zählen diskriminierungsfreie beziehungsweise anerkennende Sprache (Czollek et al. 2019, S. 48f.) und die Nicht-Beteiligung an restriktiven Gesetzen (Scherr 2015). Erstere lässt sich in allen öffentlichen Schreiben und vor allem in solchen an die Adressat*innen der Einrichtung berücksichtigen. Im Sinne des partnerschaftlichen Arbeitens ließen sich entsprechende Entscheidungen für Formulierungen gemeinsam mit den Klient*innen diskutieren und erarbeiten. Die Nicht-Beteiligung an restriktiven Gesetzen umfasst im positiven Sinne die Förderung von Inklusion, im negativen sind das bewusste Unterlassen und Leisten von Widerstand gegen diskriminierende Richtlinien und Gesetze gemeint. Dies kann das klare (interne) Beziehen von Stellung gegen gefährdende Abschiebungen in der Flüchtlingsarbeit ebenso umfassen wie die Isolierung Einzelner als Straf- oder Erziehungsmaßnahme in stationären Unterkünften.

e) Die neben der Reflexion und dem Empowerment vielleicht zentralste Methode einer diversitätsbewussten Sozialen Arbeit ist die *Partizipation*, die bereits bei der Erstellung der Konzepte (siehe b) ansetzt. Die Beteiligung von Adressat*innen an der Konzepterstellung besitzt ähnlich wie eine vorangeschaltete partizipative Bedarfsanalyse ein verstärktes Potenzial, an den Bedürfnissen und Interessen der Adressat*innen ausgerichtet zu sein, und bietet darüber hinaus eine hilfreiche Grundlage für eine ressourcen- und klient*innenzentrierte Ausrichtung. Partizipation als Methode in der Sozialen Arbeit (beispielsweise die Beteiligung unserer Adressat*innen in der Forschung, in der Konzeptionierung von Projekten, bei der Wahl von Schwerpunktthemen oder bei institutionellen Entscheidungsprozessen) geht, wenn sie ernst genommen wird, immer mit einer anerkennenden Haltung einher. Zu dem oben genannten Sehen-Wollen (Anerkennung) fügt sich hier das Zuhören-Wollen und Sprechen-Lassen hinzu. Nach dem Prinzip „Nothing without us, about us“ werden im Sinne partizipativer Anerkennungsgerechtigkeit die Adressat*innen sowohl angehört als auch in zentrale Prozesse strukturell und konzeptionell eingebunden. Auch die Einbindung der Adressat*innen in die politische Arbeit (s. u.) verleiht gestellten Forderungen nicht nur eine gewisse Authentizität, sondern führt gleichzeitig dazu, dass die Adressat*innen als Expert*innen für ihre Lebenswelt ernst genommen werden. Sich im solidarischen Sinne gemeinsam mit Adressat*innen zu äußern, hat in diesem Sinne einen inklusiven wie auch bestärkenden Effekt. Partizipation kann über das Erleben eigener Handlungsfähigkeit als individuelle Erfahrung das Selbstwertempfinden und die Wahrnehmung eigener Selbstwirksamkeit stärken. (Bukow/Ottersbach/Oreissing/Lösch 2013)

f) Eine in Deutschland noch nicht sehr etablierte Form der institutionellen Partizipation ist das Arbeiten mit *„Experts by experience“*. So ist es im Vereinigten Königreich oder in Finnland beispielsweise bereits üblich, dass diese „Experts by experience“ oder „Peer employees“ als Ehrenamtliche oder auch gleichgestellte Kolleg*innen gemeinsam mit professionellen Fachkräften ein Team bilden (Vva Ry o. J., o. S.). Die institutionelle Anerkennung als Expert*innen hat sowohl einen empowernden als auch inklusiven Aspekt. Eine dieser Expertinnen aus einem britischen Projekt zur Gesundheitsförderung von Wohnungslosen beschreibt ihre Erfahrung wie folgt: „It provides me with the opportunity to use my experiences to improve services and feel support, respected and listened to as a person. This has had a massive impact on my recovery, my confidence has grown, my skills improved and I now have hope for the future. I feel empowered to make a difference with a job that I love and positive personal relationships.“ (Sarah Holmes in: Pathway 2017, S. 3) Die Expert*innen werden in ihrem Ich-Sein gestärkt und wertgeschätzt. Diese Anerkennung hat laut Mielen Ry (2020, o. S.) einen nachhaltigen Effekt (etwa auf die Genesung von Suchtkranken) sowohl für die Expert*innen als auch die übrigen Klient*innen, die mit den Expert*innen zusammenarbeiten, von ihnen lernen und durch ihre Erfahrungen inspiriert würden. In einigen Ländern findet dieser Ansatz bereits Einzug in die Lehre von Studiengängen der Sozialen Arbeit oder der Gesundheitsbereiche. Studierende können auf diesem Weg aus erster Hand erfahren, welche Perspektiven ihre zukünftigen Adressat*innen auf Methoden, Hilfen und Angebote haben. Das britische Wohnungslosenprojekt kooperiert zusätzlich mit verschiedenen Universitäten. Ein*e Student*in beschreibt ihre Erfahrung wie folgt: „The ‚Experts by Experience‘ stories and bravery provide me with the greatest motivation to devote my career to working in this field.“ (Pathway 2017, S. 10) Eine Hochschule, die die Kompetenzentwicklung selbst- und machtkritischer sowie partnerschaftlicher Sozialer Arbeit zum Ziel hat, kann durch diese Art der kooperativen Projekte und/oder Lehrveranstaltungen gleichzeitig die Qualität der anwendungsorientierten Lehre verbessern und als konkretes (gelebtes beziehungsweise praktisches) Vorbild für die vermittelten Theorien fungieren. Das Netzwerk „Power Us“ (2017) mit Forschenden, Lehrenden und Praktiker*innen aus zehn europäischen Ländern sowie Kanada und Südafrika arbeitet an der Entwicklung von Methoden für diese Art des gegenseitigen Lernens. Es betrachtet die Erfahrungen der Menschen als wertvolles Wissen für Ausbildung und Praxis der Sozialen Arbeit und verfolgt das Ziel, bisherige Differenzen zwischen Fachkräften und Adressat*innen durch das Empowern marginalisierter und diskriminierter Gruppen zu überwinden.

g) Dass unbewusste kulturelle Praktiken in Einrichtungen diskriminierende Bilder und Zuschreibungen begünstigen können, haben die Praxisbeispiele in Kapitel 6 gezeigt. Die Verwirklichung des Ziels, diesen nachhaltig etwas entgegenzusetzen, geht im weiteren Verständnis der Reflexion Hand in Hand mit der offenen Adressierung intrainstitutioneller Ungerechtigkeiten. Dies kann zum einen bedeuten barrierefreie Zugänge zu schaffen, zum anderen können diese wiederum sowohl baulicher als auch institutioneller Art sein. Im Kontext der sogenannten interkulturellen Öffnung wurde beispielsweise viel darüber diskutiert, wie sich Einrichtungen so präsentieren können, dass sie für Migrant*innen ansprechender wirken. Dieser Ansatz ließe sich bewusst auf jegliche Klientel übertragen. Einrichtungen könnten sich in einem kritisch-reflexiven Sinne beispielsweise die Frage stellen, wie ansprechend und einladend ihre Angebote auf Transgender, Menschen mit Beeinträchtigung oder Jüdinnen und Juden wirken. Zum anderen umfasst die Adressierung intrainstitutioneller Ungerechtigkeiten auch die Analyse von strukturellen Ungleichheitsdimensionen innerhalb einer Einrichtung. Wo spiegeln sich diskriminierende kulturelle Normen in institutionellen Praktiken wider (siehe Kapitel 5)? Das Arbeitsklima sollte nach Dominelli (2002, S. 33) durch und durch anti-unterdrückend sein, d. h., auch Arbeitgebende müssten sich ihren Arbeitnehmenden gegenüber in entsprechender Weise verhalten. Streng hierarchische Strukturen oder eine Geringschätzung der Fachkräfte beeinträchtigen dementsprechend eine diversitätssensible, partizipative und anerkennende professionelle Haltung.

h) Regelmäßige *Fort- und Weiterbildungen* gehören für die meisten (sozialen) Institutionen zu den zentralen Qualitätskriterien. Leitungen und Mitarbeitende wählen diese in der Regel ihrem Konzept entsprechend aus. Anti-Bias[30]-, Intersektionalitäts- oder Social-Jus-

30 Diese werden beispielsweise über das Anti-Bias-Netz angeboten: www.anti-bias-netz.org.

tice-und-Diversity[31]-Workshops sind prominente Beispiele, die für interne Schulungen zur Stärkung der diversitätsgerechten Ausrichtung von sozialen Einrichtungen professionelle Angebote vorhalten. Die kontinuierliche Auseinandersetzung mit aktuellen wissenschaftlichen Erkenntnissen ist für die Praxis von zentraler Bedeutung. Insbesondere im Rahmen des Empowerments von Adressat*innen, die von struktureller Diskriminierung betroffen sind, können umfassende rechtliche und strukturelle Kenntnisse sowie Verweisungswissen ausschlaggebend sein. Zudem bieten Fort- und Weiterbildungen immer auch einen Anstoß für die Reflexion der bisherigen Praxis und stellen wertvolle Plattformen für den Austausch und die Vernetzung mit Kolleg*innen dar.

7.3 Makroebene

Den Auftrag des politischen Mandates der Sozialen Arbeit (Staub Bernasconi 2007) sowie dessen Bedeutung für eine kritische Diversityarbeit haben wir insbesondere in Kapitel 3 hergeleitet. An dieser Stelle möchten wir auf konkrete Umsetzungsbeispiele eingehen. Im theoretischen Kontext von Social Justice und Diversity wird insbesondere der Ansatz des Verbündet-Seins, den wir im Kontext der partizipativen Anerkennungsgerechtigkeit bereits kurz vorgestellt haben, als zentrale Strategie und Haltung betont. Das Verbündet-Sein kann als Handlungsoption auf verschiedene Weise und im Rahmen unterschiedlicher Dimensionen Anwendung finden. So kann sich die verbündete Haltung einer in einem bestimmten Kontext privilegierten Person über ein Undoing (*gender, race, ableism, class etc.*), also das bewusste Stören sozialer Hierarchieverhältnisse, sowie durch eine beabsichtigte Nichtpositionierung hinsichtlich einer normativen Zugehörigkeit äußern. Es

31 Diese werden beispielsweise durch das Institut für Social Justice angeboten: www.institut-social-justice.org.

kann auch heißen, als privilegierte Person über Diskriminierung überhaupt erst zu sprechen und damit einhergehende Ungleichheitsverhältnisse öffentlich wie privat zu thematisieren. Des Weiteren kann es bedeuteten, Bündnisse zwischen verschiedenen sozialen Gruppen und auch über diese hinaus zu schließen, um die Ressourcen zu bündeln und den Forderungen nach Anerkennung sowie nach einer Umverteilung von Privilegien ein weitreichendes Gehör zu verschaffen. Im Folgenden zeigen wir anhand einzelner Beispiele praxisorientierte Umsetzungsmöglichkeiten für die Wahrnehmung des politischen Mandats aus dieser Perspektive des Verbündet-Seins auf:

a) Auf die Bedeutung von Partizipation und Teilhabe haben wir bereits verwiesen. Auch im Kontext des politischen Engagements nimmt die partnerschaftliche Beteiligung der Zielgruppe aufgrund ihrer empowernden und Selbstwirksamkeit fördernden Wirkung eine wichtige Funktion ein. Für die *partizipative Beteiligung an politischen Prozessen* können Fachkräfte ihr Wissen über und ihre Zugangswege beispielsweise zu kommunalen Gremien nutzen. Runde Tische (Prölß 2011) und Arbeitskreise existieren etwa zu den verschiedensten Themenbereichen und sind bezogen auf die Teilnahme häufig relativ offen. In Ausschüsse und Beiräte können sich zum Teil nur „Expert*innen" im traditionellen Verständnis wählen lassen. Entscheiden sich Sozialarbeitende dafür, ist es wichtig, dass sie die Belange, Wünsche und Interessen der Adressat*innen erfragen und aus deren Perspektive einbringen. Für alle Einrichtungen, Vereine, Träger etc. ist es möglich, politische Stellungnahmen – wieder gemeinsam-partizipativ – zu formulieren und diese über Netzwerke oder Dachverbände öffentlichkeitswirksam zu verbreiten. Dies kann ergänzt werden durch das Engagement in der Gewerkschaftsarbeit, die Zusammenarbeit mit anderen Verbünden oder den Kontakt zu Selbstorganisationen (siehe Punkt e).
b) Über diese Wege hat die Soziale Arbeit die Möglichkeit ihre eigene sowie die *Diskursmacht* ihrer Adressat*innen zu stärken. Denn auch die Soziale Arbeit sieht sich dem Problem des Gehört-Wer-

dens gegenüber. Viel zu selten haben wir die Gelegenheit, in Zeitungen, Interviews oder Talkshows unsere Expertise zu gesellschaftlichen und sozialpolitischen Themen einzubringen. Noch seltener haben unsere Adressat*innen die Chance, sich mit ihrer eigenen Perspektive an öffentlichen Debatten zu beteiligen. Um bestimmte (Gegen-)Diskurse zu stärken, ist es sinnvoll, oben genannte Netzwerke aufzubauen und zu nutzen, (fach-)öffentlich zu schreiben, zu sprechen und zu diskutieren (siehe auch Punkt f).

c) Zuweilen wirken die *Menschenrechte* und die dahinterstehenden UN- oder Europarat-Systeme sowohl überkomplex als auch weit weg und praxisfern. Dabei gibt es durchaus ganz konkrete Möglichkeiten, wie durch das Menschenrechtsschutzsystem selbst kleine Einrichtungen und sogar Einzelpersonen zu ihrem Recht kommen. In Europa ist es etwa möglich, Klage beim Europäischen Gerichtshof für Menschenrechte (EGMR) einzureichen, wenn der nationale Rechtsweg ausgeschöpft ist. Auch einzelne internationale Menschenrechtskonventionen wie die Kinderrechtskonvention bieten sogenannte Individualbeschwerdeverfahren an. Das Kinderrechtskomitee befasst sich mit dem Eintrag und fordert nach Prüfung die Bundesregierung zu entsprechendem Handeln auf.[32] Darüber hinaus können Institutionen und Organisationen (gemeinsam) sogenannte Schattenberichte verfassen und diese bei den regelmäßigen Überprüfungen der Bundesrepublik als Parallelbericht zum öffentlichen Bericht der Bundesregierung an das entsprechende Komitee senden, das diese (zivilgesellschaftlichen) Berichte in seine Bewertung der Situation einfließen lässt. So kritisieren etwa zivilgesellschaftliche Organisationen, Anwält*innen der Nebenklage und Wissenschaftler*innen in einem solchen Bericht an den Ausschuss zur Beseitigung rassistischer Diskriminierung (CERD) der Vereinten

32 Ein erfolgreiches Beispiel ist der Fall von Gazale Salame, nachzulesen auf der Website des Flüchtlingsrates Niedersachsen.

Nationen institutionellen Rassismus in Deutschland.[33] (Schellenberg et al. 2015, o. S.) Ein aktuelleres Beispiel ist der erste Schattenbericht an das GREVIO[34]-Komitee des Europarates zu Genitalverstümmelung in Deutschland (LebKom e. V. et al. 2020, o. S.). Noch unkomplizierter ist es eine Petition beim Deutschen Bundestag einzureichen, was auch online möglich ist. Der Petitionsausschuss ist dazu verpflichtet sich mit jeder Petition befassen.

d) Die Bedeutungsverschiebung in der Sozialen Arbeit, nach der Differenz nicht mehr als an die Norm anzupassendes Defizit gesehen wird, sondern „Andere in ihrem Anderssein" (Eppenstein/Kiesel 2012, S. 98) unterstützt werden, fand auf struktureller Ebene seine Verbriefung durch die UN-Behindertenrechtskonvention und den Ansatz der Inklusion. *Inklusion*, die durch die UN-Behindertenrechtskonvention als Menschenrecht verbrieft ist, zielt anders als der Normalisierungsansatz nicht auf eine Anpassung der Menschen, sondern eine Veränderung der Strukturen ab. Ziel ist es, Zugangschancen zu sozialer, politischer und ökonomischer *Teilhabe* zu erhöhen. Dies erfordert den Abbau ausgrenzender und teilhabeerschwerender Strukturen oder „Barrieren", wie es die Behindertenrechtskonvention formuliert. Neben physikalischen Barrieren zählen hierzu auch kommunikative, soziale oder ökonomische (Alicke 2013, S. 243).

e) Nach Heike Raab beschreibt Inklusion die „Gleichwertigkeit eines Individuums, was nicht gleichzusetzen sei mit Normalität. Normal sei vielmehr die Vielfalt, das Vorhandensein von Unterschieden" (2016, S. 123). In der entnormalisierenden Inklusion liegt Raab (2016, S. 129) zufolge das Potenzial für Enthinderungszenarien.

33 Parallelbericht zum 19. bis 22. Staatenbericht der Bundesrepublik Deutschland an den UN-Ausschuss zur Beseitigung rassistischer Diskriminierung (CERD). Institutioneller Rassismus am Beispiel des Falls der Terrorgruppe „Nationalsozialistischer Untergrund" (NSU) und notwendige Schritte, um Einzelne und Gruppen vor rassistischer Diskriminierung zu schützen, April 2015, Berlin, Deutschland.

34 Die GREVIO ist die unabhängige Expertengruppe für die Überwachung der Umsetzung des Übereinkommens des Europarates zur Verhütung und Bekämpfung von Gewalt gegen Frauen und häuslicher Gewalt (Istanbul-Konvention).

Grundlage für eine inklusive Umgestaltung der Gesellschaft ist die Anerkennung von Vielfalt und Pluralität, die sich wiederum auf alle Diskriminierungsformen und das Ziel der partizipativen Anerkennung aller Mitglieder einer Gesellschaft übertragen lässt. Dies fordert eine Abkehr von einheitlichen Konzepten und pauschalen Arbeitsansätzen in der Pädagogik und eine Forderung nach gleichberechtigter Teilhabe in der Gesellschaft. Unterschiedliche Ausgangssituationen und Ressourcen rechtfertigen und erfordern unterschiedliche Ausgleichsmaßnahmen (vgl. Kapitel 3).

f) Inklusion lässt sich somit als Perspektivwechsel verstehen. Dieser ergibt sich aus einer Betrachtungsweise, die den offenen, dekonstruktivistischen Blick ebenso beinhaltet wie die Fähigkeit, sich von einem individualisierenden Blick zu lösen. Dies bedeutet sowohl Individuen als Subjekte der Gesellschaft zu begreifen und die Prozesse des Othering zu dekonstruieren als auch die Frage der Problematisierung umzukehren. Die Frage für die Soziale Arbeit ist in diesem Sinne nicht mehr jene danach, welches Problem die Adressat*innen haben, sondern vielmehr danach, wie ihr Problem durch gesellschaftliche Ungleichheitsverhältnisse und Zuschreibungsprozesse überhaupt erst entstehen konnte. Aus dieser Perspektive werden alle Menschen einer Gesellschaft zu Adressat*innen der Sozialen Arbeit und nicht nur die vermeintlichen „Problemfälle". Durch diese Arbeitsweise können gleichzeitig Stigmatisierungen durch individualisierte Problematisierung aufgehoben und soziale Ungleichheiten und Ausgrenzungsprozesse ganzheitlich, in ihrer sozialen und diskursiven Dimension betrachtet und entsprechend kritisiert werden.

g) Es gibt bereits zahlreiche Initiativen und Vereine, die sich für die Förderung sozialer Gerechtigkeit und die Umsetzung der Menschenrechte starkmachen. Die Soziale Arbeit hat das Potenzial, dieses *zivilgesellschaftliche Engagement* zu *fördern* und Zusammenschlüsse, die für partizipative Anerkennungsgerechtigkeit kämpfen, aktiv zu unterstützen, beispielsweise durch die Bereitstellung von Ressourcen (Räumen etc.), die Anbindung an politische Netzwerke, persönliches Engagement und gegebenenfalls die Akquise von finanziellen

Mitteln. Durch die Nähe zu den Adressat*innen können Sozialarbeitende zudem *Formen der Selbstorganisation* wie Selbsthilfegruppen, Interessengemeinschaften oder grundsätzlich Räume des Austausches (z. B. Angehörigengruppen) anregen und fördern. „Menschen zum gemeinsamen Handeln zu ermutigen, bildet die Voraussetzung für die kollektive Gegenwehr", so Ebert (2016, S. 95f.). Empowerment als ermutigende Bestärkung von Gruppen und sozialen Bewegungen, sich für gesellschaftliche Veränderungsprozesse zu engagieren und dabei die politische Handlungsmacht zu stärken, kann potenziell ein Gegengewicht zum bestehenden Macht- und Herrschaftssystem kreieren. Diese Prozesse kann die Soziale Arbeit begleiten, so Ebert weiter: „Um kollektiv handeln zu können, bedarf es individueller Fähigkeiten und Ressourcen, die häufig ohne professionelle Unterstützung nicht (wieder) erlangt werden können." (ebd., S. 96)

h) Die Förderung von und die Sensibilisierung für globale Gerechtigkeit über die Ansprache einer möglichst breiten Öffentlichkeit stellen eine zentrale Chance für die gesamtgesellschaftliche Etablierung einer Auseinandersetzung mit Diversität und Diskriminierung dar (Sen 2012). *Öffentlichkeitsarbeit* in Form von Kampagnen, Demonstrationen, Tagen der offenen Türen, Dialogen, Begegnungen, Veranstaltungen und Pressemitteilungen kann genutzt werden, um Rassismus und andere Machtstrukturen zu thematisieren, zu enttabuisieren und somit möglichst viele Menschen in den Diskurs aktiv einzubinden (Dominelli 2009). Einrichtungen können etwa im Rahmen von Aktionstagen, Ausstellungen oder Feierlichkeiten gleichzeitig auf erfreuliche und weniger erfreuliche Entwicklungen aufmerksam machen. Auftritte in den Sozialen Medien stellen ebenfalls eine Möglichkeit dar, auf empowernde Art und Weise für das Thema zu sensibilisieren. Sofern es die Ressourcen zulassen, kann es sinnvoll sein im Team eine Fachkraft zu benennen, die den Bereich Öffentlichkeitsarbeit koordiniert.

8 Schlussbetrachtung

Alle Menschen haben als Teil einer normierten Gesellschaft bereits Diskriminierung oder Privilegierung erfahren und/oder erlebt. Die Strukturalitätsdimension der verschiedenen Diskriminierungsformen beschreibt den Umstand, dass es letztlich kein Außerhalb gibt. Niemand ist demnach in der Lage, sich den Strukturen, die auf Macht- und Herrschaftsverhältnisse zurückzuführen sind, vollständig zu entziehen. Es handelt sich um gesamtgesellschaftliche Phänomene, die die Werte und Normen und damit die Handlungen und Haltungen aller Menschen beeinflussen. Diese Prozesse verlaufen nicht selten unbewusst und können gar zu Einstellungen führen, die nicht zwangsläufig kongruent mit den bewussten Einstellungen und dem – zumeist positiven – Selbstbild sind. Ziel des Diversitykonzeptes ist es, ebendiese Strukturen kritisch zu hinterfragen und den gesellschaftlichen „Leittypus", also normative Kategorien und dahinterstehende Machtstrukturen, zu durchbrechen.

Wir begreifen Diversity als Haltung, die die Offenheit gegenüber anderen, das Zuhören, die selbstreflexive Auseinandersetzung mit unguten Gefühlen, das kritische Hinterfragen bestehender Strukturen und die Suche nach eigenen blinden Flecken umfasst. Im professionellen Kontext der Sozialen Arbeit stehen hier die Reflexion der Haltung und die Reflexion des Handelns ebenso im Fokus wie die Wechselwirkung zwischen Haltung und Handlung.

Diversity bedeutet in diesem strukturellen Verständnis, auch sensibel für diskriminierende Mechanismen auf individueller, institutioneller und gesellschaftlicher (sowie diskursiver) Ebene zu sein, maßgeblich für die gegenseitige Bedingung und die wechselseitige Einflussnahme der Ebenen untereinander.

Das intersektionale Verständnis fügt diesem eine weitere Verschränkung hinzu und nimmt die besondere Spezifik sich überkreuzender Diskriminierungsformen in den Blick, die neben den gängigen hier vorgestellten Diskriminierungsformen für einzelne Menschen ganz eigene

Stigmatisierungs- oder Ausgrenzungsprozesse mit sich bringen. Intersektionalität beschreibt darüber hinaus auch die Einnahme einer offenen und inklusiven Haltung, die um eine Verabschiedung vom starren Denken in sozialen Kategorien bemüht ist.

Die Soziale Arbeit, die sich als Profession zur Förderung sozialer Gerechtigkeit versteht und sowohl auf der Mikro- und der Mesoebene als auch auf der Makroebene wirkt, hat einen besonderen Zugang zu diskriminierenden Strukturen und ist gleichzeitig partiell selbst Teil dieser Prozesse. Daraus ergibt sich auf der einen Seite die Notwendigkeit einer kritisch-reflexiven Haltung, um die eigene Eingebundenheit und die Eingebundenheit der Adressat*innen in ungleichheitsgenerierende Strukturen reflektieren zu können. Auf der anderen Seite stellt diese Position eine Chance dar, auf allen drei Ebenen auf diskriminierende Diskurse einzuwirken (siehe Handlungsempfehlungen) und Räume der Selbstermächtigung zu schaffen.

Sozialarbeitende nutzen diese Chance bereits auf vielfältige und kreative Art und Weise: durch wertschätzende Beziehungen, in denen sie zuhören und Raum geben für Diskriminierungserfahrungen; durch die Implementierung von kritischer Selbstreflexion für sich und im Team; durch die Verankerung von Gerechtigkeits- und Diversityaspekten in institutionellen Konzepten; durch die Förderung der wissenschaftstheoretischen Auseinandersetzung mit dem Thema; durch Öffentlichkeitsarbeit und politisches Engagement und insbesondere durch die partizipative Einbindung der Adressat*innen in all diese Prozesse.

Dabei geht es mitnichten darum das gesamte System zu verändern: kleine Denkanstöße, Lesen, Diskutieren und die selbstreflexive Auseinandersetzung auf der Mikroebene sind ebenso relevante Handlungsoptionen wie politisches Engagement auf der Makroebene. Der Einsatz für partizipative Anerkennungsgerechtigkeit findet im Kleinen wie im Großen statt und äußert sich in Gestalt diversityreflexiver Haltung. In Anlehnung an eine Formulierung Hannah Arendts aus dem Jahr 1958 ist unseres Erachtens an dieser Stelle die Anerkennung von Vielfalt und Pluralität zentral. Arendt fordert die Anerkennung und Akzeptanz nicht einer, sondern vieler, nebeneinanderstehender Wahrheiten. Arendt sieht Gerechtigkeit dann als gegeben, wenn die Anerkennung von Pluralität in einer Gesellschaft gegeben ist. Pluralität beschreibt dabei die Vielfalt der Mitglieder einer Gesellschaft, also ihre vielfältigen Menschen. Diese Anerkennung kann nach Arendt dann erreicht werden, wenn Menschen bereit sind, andere Perspektiven anzuhören, einzunehmen und sich vor allem von der Idee verabschieden, dass die eigene subjektive Wahrheit die einzig richtige sei. Menschen sind unterschiedlich sozialisiert, wachsen mit unterschiedlichem Kapital und Ressourcen auf und werden durch Umfeld, Gesellschaft und Normierungserfahrungen auf unterschiedliche Weise geprägt. Über Arendts Konzept des dialogischen Denkens können wir versuchen, uns so viele andere Sichtweisen auf ein Thema wie möglich vorzustellen. Wenn uns das gelingt, haben wir unsere Perspektive erweitert und sind, so Arendt, in der Lage, uns eine qualifizierte Meinung zu bilden. Diesen akzeptierenden Dialog beschreibt sie letztlich als das Politische, dessen Gegensatz der Totalitarismus und die Zerstörung der Vielfalt ist. (Arendt 1967/2018; 1985/2013)

Nach unserem Verständnis steht Diversity demnach für einen dialogischen Umgang mit Diskriminierung. Selbstverständlich hat dieser Dialog auch Grenzen, beispielsweise dann, wenn (extreme, totalitaristische) Äußerungen verletzen, Rechte beschnitten werden, keine Dialogbereitschaft gezeigt wird oder Gewalt beziehungsweise Prozesse der Radikalisierung im Raum stehen. Grundsätzlich sind wir jedoch der Ansicht, dass insbesondere vor dem Hintergrund aktueller gesellschaftlicher Entwicklungen Schuldzuweisungen und Fingerzeigen keine geeigneten Lösungsansätze darstellen. Vielmehr impliziert das kritisch-reflexive Diversityverständnis die dialogische Äußerung der Kritik struktureller Ungleichheit etwa auf folgende Weise: Im Dialog mit den Adressat*innen wird erstens das Ziel der Entindividualisierung struktureller Probleme verfolgt. Durch den Austausch von Informationen über die strukturelle Verankerung von Diskriminierungsformen und die Wahrnehmung von Subjektivierungsprozessen als Teil dieser strukturellen Diskriminierungsphänomene können im Rahmen gemeinsamer Analyse und Reflexion möglicherweise vorhandene Schuld- und Schamgefühle sowie Selbststigmatisierungen enttabuisiert werden.

Gemeinsam mit den Adressat*innen gilt es im zweiten Schritt Kritik zu üben oder vielmehr diese bei ihrer eigenen Kritikäußerung etwa durch vorhandene Privilegien zu unterstützen, was darüber hinaus im Sinne des politischen Empowerments eine bestärkende Funktion hat. Hierzu bedarf es einer institutionellen Orientierung am Konzept der Partizipation, welches Adressat*innen nicht nur Mitbestimmung (z. B. bei der Wahl von Tagesausflugszielen), sondern grundlegend eigene Gestaltungsräume auch hinsichtlich theoretischer, methodischer und didaktischer Ausrichtungen und Zielsetzungen einräumt.

Dies setzt drittens einen intrainstitutionellen Dialog zur strategischen Einbindung der Adressat*innen im Sinne der Förderung von Handlungsmacht sowie zur Auseinandersetzung mit der Wirkungsmacht struktureller Diskriminierung auf Institutionen (z. B. in Form von kulturalisierten Praktiken) voraus, wie es beispielsweise im Rahmen diversitätssensibler Supervision denkbar ist.

Viertens ist der öffentlich-politische Dialog zu nennen. Soziale Arbeit wird dem Auftrag, sich als Menschenrechtsprofession gegen Diskriminierung einzusetzen, gerecht, indem sie Bündnisse schließt und sich gemeinsam mit anderen stark macht für den Weg hin zu einem Mehr an Gerechtigkeit.

Reflexion als Prozess der Auseinandersetzung kann schlussendlich die Basis für einen gemeinsamen Austausch darstellen und als verbindendes Element die Grundlage für ein Gespräch bilden. Das Ziel der partizipativen Anerkennungsgerechtigkeit ist die gleichberechtigte, diskriminierungsfreie Teilhabe aller Menschen. Die Soziale Arbeit leistet hier einen wichtigen Beitrag. Die in diesem Buch vorgestellte Reflexionsmethode kann ihr dabei als Wegweiser dienen. Dies umfasst sowohl die methodische Umsetzung durch Beteiligung, Bestärkung und Kritik als auch die Implementierung und Verinnerlichung einer akzeptierenden professionellen Haltung. Indem sie sich in ihrem Selbstverständnis und ihrer Praxis (selbstkritisch) für Gerechtigkeit einsetzt, geht die Profession mit gutem Beispiel voran, um auf allen Ebenen in die Gesellschaft hineinzuwirken.

Abbildungsverzeichnis

Literaturverzeichnis

Abels, Heinz (2017): Identität. Über die Entstehung des Gedankens, dass der Mensch ein Individuum ist, den nicht leicht zu verwirklichenden Anspruch auf Individualität und Kompetenzen, Identität in einer riskanten Moderne zu finden und zu wahren. Wiesbaden

Adams, Robert; Dominelli, Lena; Payne, Malcolm (Hg.) (2009): Critical practice in social work. 2nd ed. Basingstoke [England]: Palgrave Macmillan.

Alicke, Tina (2013): Inklusion – Hintergründe eines neuen Blickwinkels. In: *Migration und Soziale Arbeit* (3), S. 243–248.

Arendt, Hannah (1967/2018): Vita activa oder Vom tätigen Leben. Ungekürzte Taschenbuchausgabe, 19. Auflage. München, Berlin, Zürich: Piper (Piper, 3623).

Arendt, Hannah (1985/2013): Das Urteilen. Texte zu Kants Politischer Philosophie ; dritter Teil zu „Vom Leben des Geistes“. 2. Auflage. München: Piper (Piper, 7490).

Attia, Iman (2013): Perspektivenwechsel durch Dekonstruktion. Islamdiskurs und (rassismus-)kritische Soziale Arbeit. In: Hünersdorf, Bettina/Hartmann, Jutta (Hg.): Was ist und wozu betreiben wir Kritik in der Sozialen Arbeit? Disziplinäre und interdisziplinäre Diskurse, Bd. 37. Wiesbaden, S. 333-350.

Auernheimer, Georg (2006): Das Ende der ‚Normalität‘ und die soziale Arbeit in der Einwanderungsgesellschaft, in: Otto, Hans-Uwe/Schrödter, Mark (Hrsg.): Soziale Arbeit in der Migrationsgesellschaft. Multikulturalismus – Neo-Assimilation – Transnationalität. Lahnstein: Neue Praxis. Sonderheft 8. S.192-200.

Babad, Elisha Y.; Inbar, Jacinto; Rosenthal, Robert (1982): Pygmalion, Galatea, and the Golem: Investigations of biased and unbiased teachers. In: *Journal of Educational Psychology* 74 (4), S. 459–474.

Backes, Laura/Bettoni, Margherita (2021): Alle drei Tage. Warum Männer Frauen töten und was wir dagegen tun müssen. München, Hamburg: Deutsche Verlags-Anstalt; Spiegel-Verlag Rudolf Augstein GmbH.

Beauvoir, Simone de (2000): Das andere Geschlecht. 3. Aufl. Reinbek bei Hamburg

Becker-Stoll, Fabienne; Textor, Martin R. (2012): Die Erzieherin-Kind-Beziehung. Zentrum von Bildung und Erziehung.

Bernstein, Julia/Inowlocki, Lena (2015): Soziale Ungleichheit, Stereotype, Vorurteile, Diskriminierung. In: Bettina Bretländer, Michaela Köttig und Thomas Kunz (Hg.): Vielfalt und Differenz in der sozialen Arbeit. Perspektiven auf Inklusion. Stuttgart: Verlag W. Kohlhammer (Grundwissen Soziale Arbeit, Band 15), S. 15–26.

Bimschas, Bärbel/Schröder, Achim (2003): Beziehungen in der Jugendarbeit. Untersuchung zum reflektierten Handeln in Profession und Ehrenamt. Wiesbaden: VS Verlag für Sozialwissenschaften. Online verfügbar unter www.socialnet.de/rezensionen/isbn.php?isbn=978-3-8100-3834-0.

Border Violence Monitoring Network (2020): Annual Torture Report 2020, online: www.borderviolence.eu/annual-torture-report-2020/

Boud, David/Keogh, Rosemary/Walker, David (1985): Reflection. Turning experience into learning. London: Kogan Page.

Bourdieu, Pierre/Passeron, Jean-Claude (1971): Die Illusion der Chancengleichheit. Untersuchungen zur Soziologie des Bildungswesens am Beispiel Frankreichs : Tl. II : Die Aufrechterhaltung der Ordnung. Stuttgart

Bretländer, Bettina/Köttig, Michaela/Kunz, Thomas (Hg.) (2015): Vielfalt und Differenz in der sozialen Arbeit. Perspektiven auf Inklusion. Stuttgart: Verlag W. Kohlhammer (Grundwissen Soziale Arbeit, Band 15).

Bruce, Linda (2013): Reflective practice for social workers. A handbook for developing professional competence. Maidenhead: Open University Press. Online verfügbar unter http://site.ebrary.com/lib/alltitles/docDetail.action?docID=10698334.7

Bühl, Achim (2020): Antisemitismus. Geschichte und Strukturen von 1848 bis heute. Originalausgabe. Wiesbaden: marixverlag (marixwissen).

Bukow, Wolf-Dietrich/Ottersbach, Markus/Preissing, Sonja; Lösch, Bettina (Hg.) (2013): Partizipation in der Einwanderungsgesellschaft. Wiesbaden: Springer VS.

Bundesfachstelle Barrierefreiheit (2020): Wohnen im inklusiven Sozialraum. Erkenntnisse und Handlungsempfehlungen aus der zweiten Regionalkonferenz der Initiative Sozialrauminklusiv. Online verfügbar unter www.bundesfachstelle-barrierefreiheit.de/SharedDocs/Downloads/DE/ISI-Regionalkonferenzen/dokumentation-regionalkonferenz-wohnen-im-inklusiven-sozialraum.pdf?__blob=publicationFile&v=5.

Bundeskriminalamt (2020): Politisch motivierte Kriminalität im Jahr 2019 Bundesweite Fallzahlen, online: www.bmi.bund.de/SharedDocs/downloads/DE/veroeffentlichungen/2020/pmk-2019.pdf?__blob=publicationFile&v=11

BMFSFJ – Bundesministerium für Familie, Senioren, Frauen und Jugend (2012): Lebenssituation und Belastungen von Frauen mit Beeinträchtigungen und Behinderungen in Deutschland, online: www.google.com/url?sa=t&rct=j&q=&esrc=s&source=web&cd=&ved=2ahUKEwiHw8yRyLjxAhUt_7sIHaFdB8UQFjAAegQIBxAD&url=https%3A%2F%2Fwww.bmfsfj.de%2Fblob%2F94204%2F3bf4ebb02f108a31d5906d75dd9af8cf%2Flebenssituation-und-belastungen-von-frauen-mit-behinderungen-kurzfassung-data.pdf&usg=AOvVaw2FR_wf5dJC06--E6QSjRhh

Bundesregierung (2019): „Natürlich zahlen Juden Steuern!“, online: www.bundesregierung.de/breg-de/suche/-natuerlich-zahlen-juden-steuern--1570680

Burke, Beverly/Harrison, Philomena (2009): Ant-oppressive approaches. In: Robert Adams, Lena Dominelli und Malcolm Payne (Hg.): Critical practice in social work. 2nd ed. Basingstoke [England]: Palgrave Macmillan, S. 209-229.

Butler, Judith (1998): Hass spricht. Zur Politik des Performativen. Berlin: Berlin-Verl.

Butler, Judith (2013 [1997]): Psyche der Macht. Das Subjekt der Unterwerfung. 7. Aufl. (1744 = n.F., Bd. 744).

Butler, Judith; Spivak, Gayatri Chakravorty (2011): Sprache, Politik, Zugehörigkeit. 2. Aufl. Zürich: Diaphanes.

Butterwegge, Christoph (2011): Dilemma für die Soziale Arbeit – Armut ist zwar ein Skandal, aber funktional. In: *Soziale Arbeit* (10/11), S. 371–377.

Castoriadis, Cornelius (1987): Gesellschaft als imaginäre Institution. Entwurf einer politischen Philosophie. Wiss. Sonderausg. Frankfurt am Main: Suhrkamp.

Castoriadis, Cornelius (1990): „Die griechische polis und die Schaffung der Demokratie“ und „Das Gebot der Revolution“. In: Ulrich Rödel und Kathrina Menke (Hg.): Autonome Gesellschaft und libertäre Demokratie. Dt. Erstausg. Frankfurt am Main: Suhrkamp (Edition Suhrkamp, 1573 = N.F., 573).

Castro Varela, Maria do Mar; Dhawan, Nikita (2003): Postkolonialer Feminisums und die Kunst der Selbstkritik. In: Hito Steyerl, Encarnación Gutiérrez Rodríguez und Kien Nghi Ha (Hg.): Spricht die Subalterne deutsch? Migration und postkoloniale Kritik. Münster: Unrast, S. 270-290.

Cheema, Saba-Nur (2017): Gleichzeitigkeiten; Antimuslimischer Rassismus und islamisierter Antisemitismus. Anforderungen an die Bildungsarbeit. In: Meron Mendel und Astrid Messerschmidt (Hg.): Fragiler Konsens. Antisemitismuskritische Bildung in der Migrationsgesellschaft. Frankfurt: Campus Verlag, S. 61–76.

Czollek, Max (2019): Desintegriert euch! 7. Auflage. München: Carl Hanser Verlag.

Czollek, Leah Carola; Perko, Gudrun; Czollek, Max; Kaszner, Corinne (2019): Praxishandbuch Social Justice und Diversity. Theorien, Training, Methoden, Übungen. 2., vollständig überarbeitete und erweiterte Auflage. Weinheim: Juventa Verlag ein Imprint der Julius Beltz GmbH & Co. KG (Pädagogisches Training).

Czollek, Leah Carola; Perko, Gudrun; Weinbach, Heike (2012): Praxishandbuch Social Justice und Diversity. Theorien, Training, Methoden, Übungen. 1., neue Ausg. Weinheim: Juventa (Pädagogisches Training).

DBSH (2016): Deutschsprachige Definition Sozialer Arbeit des Fachbereichstag Soziale Arbeit und DBSH. Online verfügbar unter www.dbsh.de/fileadmin/downloads/, zuletzt geprüft am 15.06.2019.

Degele, Nina; Winker, Gabriele (2011): Intersektionalität als Beitrag zu einer gesellschaftstheoretisch informierten Ungleichheitsforschung. In: *Berlin J Soziol* 21 (1), S. 69–90. DOI: 10.1007/s11609-011-0147-y.

Denninger, Tina; van Dyk, Silke; Lessenich, Stephan; Richter, Anna (2014): Leben im Ruhestand. Zur Neuverhandlung des Alters in der Aktivgesellschaft. Bielefeld: transcript (12).

Deutsche Gesellschaft für Transidentität und Intersexualität e.V. (dgti) (o.J.): Der neue Ergänzungsausweis der dgti, online: https://dgti.org/ergaenzungsausweis.html

Dewe, Bernd; Otto, Hans-Uwe (2011): Reflexive Sozialpädagogik: Grundstrukturen eines neuen Typs dienstleistungsorientierten Professionshandeln. In: Werner Thole (Hg.): Grundriss Soziale Arbeit. Ein einfÃ1/4hrendes Handbuch. 4 Aufl. [s.l.]: Springer VS.

Domes, Michael/Wagner, Leonie (2020): Haltung (Gesinnung), online: www.socialnet.de/lexikon/Haltung-Gesinnung

Dominelli, Lena (1994): 'Anti-racist social work education', Paper given at the 27th Congress of the International Association of Schools of Social Work, Amsterdam, July.

Dominelli, Lena (2002): Anti-Oppressive Social Work Theory and Practice. London, s.l.: Macmillan Education UK.

Dominelli, Lena (2008): Social work. Theory and practice for a changing profession. Reprinted. Cambridge, UK, Malden, MA: Polity Press.

Dominelli, Lena (2009): Anti-Racist Social Work. 3rd ed. Basingstoke, Hampshire, New York: Palgrave Macmillan.

Ebert, Jürgen (2012): Reflexion als Schlüsselkategorie professionellen Handelns in der Sozialen Arbeit, Hildesheim

Ebert, Jürgen (2016): Partizipation und Selbstorganisation. In: Soziale Arbeit und Gesundheit im Gespräch (02), S. 83–103.

Ebert, Jürgen; Klüger, Sigrun (2017): Im Mittelpunkt der Mensch – Reflexionstheorien und -methoden für die Praxis der Sozialen Arbeit. Dritte Auflage. Hildesheim, Zürich, New York: Georg Olms Verlag (Hildesheimer Schriften zur Sozialpädagogik und Sozialarbeit, Band 23).

Ebner, Julia (2019): Radikalisierungsmaschinen. Wie Extremisten die neuen Technologien nutzen und uns manipulieren. 2. Auflage. Berlin: Suhrkamp (suhrkamp taschenbuch).

Eddo-Lodge, Reni (2018): Why I'm no longer talking to white people about race. Expanded edition. London: Bloomsbury Publishing.

Eggers, Maureen Maisha et al. (Hg.) (2009): Mythen, Masken und Subjekte. Kritische Weissseinsforschung in Deutschland. 2., überarb. Aufl. Münster: Unrast.

Ehret, Rebekka (2011): Diversity – Modebegriff oder eine Chance für den strukturellen Wandel? In: Eva van Keuk (Hg.): Diversity. Transkulturelle Kompetenz in klinischen und sozialen Arbeitsfeldern. Stuttgart: Kohlhammer (Klinische Praxis), S. 43–53.

Emmerich, Marcus; Hormel, Ulrike (2013): Heterogenität – Diversity – Intersektionalität. Zur Logik sozialer Unterscheidungen in pädagogischen Semantiken der Differenz. Wiesbaden: Springer VS. Online verfügbar unter http://dx.doi.org/10.1007/978-3-531-94209-4.

Engelke, Ernst; Borrmann, Stefan; Spatscheck, Christian (2014): Theorien der Sozialen Arbeit. Eine Einführung. 6., überarb. und erw. Aufl. Freiburg im Breisgau: Lambertus. Online verfügbar unter https://content-select.com/portal/media/view/551d23d3-6aa4-45db-8bbb-4afeb0dd2d03.

Eppenstein T., Kiesel D. (2012) Intersektionalität, Inklusion, und Soziale Arbeit – ein kongeniales Dreieck. In: Balz HJ., Benz B., Kuhlmann C. (eds) Soziale Inklusion. VS Verlag für Sozialwissenschaften, Wiesbaden.

Europäisches Komitee zur Verhütung von Folter (2020): Griechenland: Antifolterkomitee fordert Reform des Systems der Inhaftierung von Migranten und Beendigung von Push-Backs, online: www.coe.int/de/web/portal/-/anti-torture-committee-calls-on-greece-to-reform-its-immigration-detention-system-and-stop-push-backs.

Fereidooni, Karim; El, Meral (2017): Rassismuskritik und Widerstandsformen. Wiesbaden: Springer VS (Research).

Fook, Jan (2016): Social work. A Critical Approach to Practice. Third edition. London: SAGE Publications Ltd.

Foucault, Michel (2001): Das Außen. Aus: Das Denken des Außen [1966]. In: Michel Foucault und Pravu Mazumdar (Hg.): Foucault. München: Dt. Taschenbuch-Verl. (30694), S. 181–186.

Foucault, Michel (Hg.) (2005): Schriften in vier Bänden. Dits et Ecrits [1982]. Frankfurt am Main: Suhrkamp (IV).

Foucault, Michel (2006): Sicherheit, Territorium, Bevölkerung: Geschichte der Gouvernementalität I. Vorlesung am Collège de France [1977-1978]. Frankfurt am Main: Suhrkamp (1808).

Foucault, Michel (2008): Überwachen und Strafen [1975]. In: Michel Foucault (Hg.): Die Hauptwerke. Frankfurt am Main: Suhrkamp, S. 701–1019.

Foucault, Michel (2010 [1970]): Die Ordnung des Diskurses. Erw. Ausg., 11. Aufl. Frankfurt am Main: Fischer-Taschenbuch-Verl. (10083).

Geißler, Karlheinz A.; Hege, Marianne (2001): Konzepte sozialpädagogischen Handelns. Ein Leitfaden für soziale Berufe. 10., aktualisierte Aufl., (27.–29. Tsd.). Weinheim: Beltz (Beltz-Edition sozial).

Gesundheit für Geflüchtete (o.J.): Asylpaket II: Änderungen im Bereich „Abschiebeschutz aus gesundheitlichen Gründen", online: http://gesundheit-gefluechtete.info/asylpaket-ii-aenderungen-im-bereich-abschiebeschutz-aus-gesundheitlichen-gruenden/.

Gillich, Stefan (2013): Lobbyarbeit, Anwaltschaft, Parteilichkeit. Spurensuche und Erinnerung an ein vergessenes Versprechen. In: Alexander Dietz und Stefan Gillich (Hg.): Barmherzigkeit drängt auf Gerechtigkeit. Anwaltschaft, Parteilichkeit und Lobbyarbeit als Herausforderung für Soziale Arbeit und Verbände. 1. Aufl. Leipzig: Evangelische Verlagsanstalt, S. 13–28.

Goffman, Erving (1973): Asyle. Über d. soziale Situation psychiatr. Patienten u. anderer Insassen. [6. Aufl.]. Frankfurt am Main: Suhrkamp (Edition Suhrkamp, 678).

Greif, Philippe; Sarfert, Nadine (2017): „schau mal, klasse!". Zur Verschränkung von Lookism und Klassismus. In: Lea Schmid, Darla Diamond und Petra Pflaster (Hg.): Lookismus. Normierte Körper – diskriminierende Mechanismen – (Self-)Empowerment. Unter Mitarbeit von Hengameh Yaghoobifarah, SchwarzRund, Lila Adama, Erika Niedermeier, Steffen Loik Molina, Corinna Schmechel et al. 1. Auflage. Münster: Unrast (Unrast transparent: [...], Geschlechterdschungel, Band 8), S. 28–35.

Grönheim, Hannah von (2015): Migrationsarbeit statt Flüchtlingssozialarbeit? Potentiale und Herausforderungen für eine inklusive Soziale Arbeit mit Flüchtlingen. In: *Sozial Extra* 2015 (4), S. 28–31.

Grönheim, Hannah von (2018a): Solidarität bei geschlossenen Türen. Das Subjekt der Flucht zwischen diskursiven Konstruktionen und Gegenentwürfen. Wiesbaden: Springer VS (Interkulturelle Studien).

Grönheim, Hannah von (2018b): Subjektivierung in Prozessen struktureller Diskriminierung am Beispiel der Fluchtmigration. In: Rauf Ceylan, Markus Ottersbach und Petra Wiedemann (Hg.): Neue Mobilitäts- und Migrationsprozesse und Sozialräumliche Segregation. Wiesbaden: Springer VS, S. 223–241.

Grönheim, Hannah von (2018c) Menschenrechte und soziale Gerechtigkeit als Leitmotive Sozialer Arbeit im Kontext rassistischer Asyldiskurse. In: Rohloff S., Martínez Calero M., Lange D. (eds) Soziale Arbeit und Politische Bildung in der Migrationsgesellschaft. Bürgerbewusstsein (Schriften zur Politischen Kultur und Politischen Bildung). Springer VS, Wiesbaden.

Grönheim, Hannah von (2019): Intersektionale Soziale Arbeit im asylpolitischen Ungleichheitssystem. In: Rita Braches-Chyrek, Tilman Kallenbach, Christina Müller und Lena Stahl (Hg.): Bildungs- und Teilhabechancen geflüchteter Menschen. Kritische Diskussionen in der Sozialen Arbeit. Opladen, Berlin, Toronto: Verlag Barbara Budrich, S. 183–195.

Grönheim, Hannah von/Paulini, Christa/Seeberg, Jelena (2021): „Gib nicht auf, irgendwann erreichst du deine Ziele!" Übergänge begleiten, junge Geflüchtete stärken. Hildesheim

Grossmann, Juna (2018): Schonzeit vorbei. Über das Leben mit dem täglichen Antisemitismus. München: Droemer.

Hartmann, Annika (2020): „Habt ihr das denn nicht vorher gewusst?", online: www.medienwerkstatt-franken.de/video/film-praenataldiagnostik-schwangerschaft-downsyndrom/.

Hasters, Alice (2020): Was weiße Menschen nicht über Rassismus hören wollen, aber wissen sollten. Sonderausgabe für die Bundeszentrale für politische Bildung. Bonn:

bpb, Bundeszentrale für politische Bildung (Schriftenreihe/Bundeszentrale für Politische Bildung, Band 10579).

Heiner, Maja (2004): Professionalität in der Sozialen Arbeit. Stuttgart.

Heiner, Maja (2007): Soziale Arbeit als Beruf. Fälle – Felder – Fähigkeiten; mit 25 Tabellen. München: Reinhardt (Soziale Arbeit). Online verfügbar unter www.socialnet.de/rezensionen/isbn.php?isbn=978-3-497-01897-0.

Heite, Catrin (2010): Anerkennung von Differenz in der Sozialen Arbeit. Zur professionellen Konstruktion des Anderen. In: Fabian Kessl und Melanie Plößer (Hg.): Differenzierung, Normalisierung, Andersheit. Soziale Arbeit als Arbeit mit den Anderen. 1. Aufl. Wiesbaden: VS Verl. für Sozialwiss., S. 187–200.

Hoffmann, Sarah G.; Kiehne, Björn (2016): Ideen für die Hochschullehre. Ein Methodenreader. Berlin: Universitätsverlag der TU Berlin (Fokus gute Lehre – Transferideen aus den Berliner Hochschulen, 1).

Huber, Michaela (2016): Geleitwort. In: Dima Zito und Ernest Martin (Hg.): Umgang mit traumatisierten Flüchtlingen. Ein Leitfaden für Fachkräfte und Ehrenamtliche. 1. Auflage. Weinheim, Basel: Beltz Juventa, S. 7–9.

Hußmann, Anke; Wendt, Heike; Bos, Wilfried; Bremerich-Vos, Albert; Kasper, Daniel; Lankes, Eva-Maria et al. (Hg.) (2017): IGLU 2016. Lesekompetenzen von Grundschulkindern in Deutschland im internationalen Vergleich. 1., neue Auflage. Münster: Waxmann.

Initiative Hochschullehrender zu Sozialer Arbeit in Gemeinschaftsunterkünften (2016): Zukunft? Positionspapier: Soziale Arbeit mit Geflüchteten in Gemeinschaftsunterkünften. Professionelle Standards und sozialpolitische Basis,. Berlin. Online verfügbar unter www.fluechtlingssozialarbeit.de/Positionspapier_Soziale_Arbeit_mit_Geflüchteten.pdf.

International Lesbian, Gay, Bisexual, Trans and Intersex Association (ILGA) (2019): State-Sponsored Homophobia 2019, online: https://ilga.org/downloads/ILGA_State_Sponsored_Homophobia_2019.pdf.

Instituts für Demoskopie Allensbach: Jacobs Studie 2014: Freunde fürs Leben. Ergebnisse einerbevölkerungsrepräsentativen Befragung. Online verfügbar unter www.ifd-allensbach.de/fileadmin/studien/Jacobs_Freunde_fuers_Leben_2013.pdf, zuletzt geprüft am 03.06.2021.

Ismar, Georg/Fiedler, Maria/Jansen, Frank (2020): Verfassungsschutzchef Haldenwang warnt „Steil ansteigender Antisemitismus in Deutschland“, online: www.tagesspiegel.de/politik/verfassungsschutzchef-haldenwang-warnt-steil-ansteigender-antisemitismus-in-deutschland/26258602.html%20abgerufen%20am%2011.10.2020

Kemper, Andreas; Weinbach, Heike (2021): Klassismus. Eine Einführung. 4. Auflage. Münster: Unrast.

Kendi, Ibram X. (2019): How to be an antiracist. London: Bodley Head.

Kessl, Fabian; Plößer, Melanie (Hg.) (2010): Differenzierung, Normalisierung, Andersheit. Soziale Arbeit als Arbeit mit den Anderen. 1. Aufl. Wiesbaden: VS Verl. für Sozialwiss. Online verfügbar unter http://dx.doi.org/10.1007/978-3-531-92233-1.

Kleen, Hannah; Glock, Sabine (2020): Sag’ mir, wie du heißt, dann sage ich dir, wie du bist: Eine Untersuchung von Vornamen. In: Sabine Glock und Hannah Kleen (Hg.): Stereotype in der Schule. Wiesbaden: Springer Vieweg. in Springer Fachmedien Wiesbaden GmbH, S. 99–131.

Klingenberger, Hubert (2020): Was ist Biografiearbeit? In: Hansjörg Auer, Gesine Hirtler-Rieger, Erika Ramsauer und Silvia Ruhland (Hg.): 77 Impulse und Methoden Biografiearbeit. Mutmacher und Anregungen für ein Leben in Vielfalt und Wertschätzung. 1. Auflage. Weinheim: Beltz Juventa, S. 13–15.

Klinger, Cornelia; Knapp Gudrun-Axeli (2005): Achsen der Ungleichheit – Achsen der Differenz. Verhältnisbestimmungen von Klasse, Geschlecht, ‚Rasse'/Ethnizität. In: *Transit – Europäische Revue* 29, S. 72–96.

Köbsell, Swantje (2007): Behinderung und Geschlecht – Versuch einer vorläufigen Bilanz aus Sicht der deutschen Behindertenbewegung. In: Jutta Jacob und Eske Wollrad (Hg.): Behinderung und Geschlecht – Perspektiven in Theorie und Praxis. Dokumentation einer Tagung ; [Fachtagung vom Dezember an der Carl-von-Ossietzky-Universität Oldenburg. Oldenburg: BIS-Verl. der Carl-von-Ossietzky-Univ (Oldenburger Beiträge zur Geschlechterforschung, 8), 31–49.

Koch, Ralf (2006): Medien, „Minderheiten" und Rassismus. Erfahrungen und Beobachtungen von Journalisten. In: Susan Arndt (Hg.): AfrikaBilder. Studien zu Rassismus in Deutschland. Studienausg. Münster: Unrast, S. 95–108.

Kollodzieyski, Tanja (2020): Ableismus. Berlin: SUKULTUR (Aufklärung und Kritik, 527).

Körner, Jürgen; Ludwig-Körner, Christiane (1997): Psychoanalytische Sozialpädagogik. Eine Einführung in vier Fallgeschichten. Freiburg im Breisgau: Lambertus.

Kubisch, Sonja (2012): Differenzsensible Forschung in der Sozialen Arbeit. Intersektionalität nach rekonstruktivem Verständnis. In: Herbert Effinger, Stefan Borrmann, Silke Birgitta Gahleitner, Michaela Köttig, Björn Kraus und Sabine Stövesand (Hg.): Diversität und Soziale Ungleichheit. Analytische Zugänge und professionelles Handeln in der Sozialen Arbeit. Opladen, Berlin, Toronto: Verlag Barbara Budrich (Buchreihe Theorie, Forschung und Praxis der sozialen Arbeit, Band 6), S. 97–108.

Kühne, Anja (2019): „Heterosexualität organisiert die gesamte Alltagskultur" Geschlecht, Identität und Begehren: Wie prägt Heterosexualität die Gesellschaft und was folgt daraus? Ein Gespräch mit der Soziologin Sabine Hark. Online verfügbar unter www.tagesspiegel.de/gesellschaft/queerspiegel/gesellschaftliche-normen-heterosexualitaet-organisiert-die-gesamte-alltagskultur/24700860.html.

Kunstreich, Tim; Müller, Burkhard; Heiner, Maja; Meinhold, Marianne (2003): Diagnose und/oder Dialog? Ein Briefwechsel. In: *Widersprüche* 23 (6), S. 11–32.

Kusche, Christoph; Krüger, Rolf (2001): Sozialarbeit muss sich endlich zu ihrem politischen Mandat bekennen! In: Roland Merten (Hg.): Hat Soziale Arbeit ein politisches Mandat? Positionen zu einem strittigen Thema. Wiesbaden: VS Verlag für Sozialwissenschaften; Imprint, S. 15–25.

Lammers, Hendrik (2016): Abschiebungen trotz Traumatisierung? Wie der Zweck die Mittel heiligen soll, online: www.migazin.de/2016/06/22/abschiebungen-traumatisierung-wie-zweck-mittel/

Lamp, Fabian (2014): Eine intersektionale Analyse der Schule. Schulsozialarbeit als Beitrag zu einer differenzsensiblen Schulkultur? In: Nicole Langsdorff (Hg.): Jugendhilfe und Intersektionalität: Verlag Barbara Budrich, S. 211–228.

LebKom e.V./Lessan e.V./Terre des Femmes e.V./End FGM EU (2020): Schattenbericht zur Umsetzung der Istanbul-Konvention durch Deutschland bezüglich weiblicher Genitalverstümmelung, online: www.frauenrechte.de/images/downloads/fgm/2020/TDF_LebKom_Lessan_End_FGM_EU_GREVIO_Schattenbericht_-_Deutschland.pdf.

Liebel, Manfred (2020): Unerhört. Kinder und Macht. Weinheim: Beltz Juventa.

Lindmeier, Christian (2019): Differenz, Inklusion, Nicht/Behinderung. Grundlinien einer diversitätsbewussten Pädagogik. Stuttgart: Verlag W. Kohlhammer.

Lohrenscheit, Claudia (2009): Sexuelle Selbstbestimmung als Menschenrecht. Baden-Baden: Nomos.

Love, Jessica (2020): Julian ist eine Meerjungfrau. München: Knesebeck Verlag.

Maaser, Wolfgang (2010): Lehrbuch Ethik. Grundlagen, Problemfelder und Perspektiven. Weinheim: Juventa-Verl. (Studienmodule soziale Arbeit). Online verfügbar unter www.socialnet.de/rezensionen/isbn.php?isbn=978-3-7799-2207-0.

Maccoby, Hyam (2020): Der Antisemitismus und die Moderne. Die Wiederkehr des alten Hasses. 1. Auflage. Berlin, Leipzig: Hentrich und Hentrich.

Mecheril, Paul (2013): „Kompetenzlosigkeitskompetenz" – Pädagogisches Handeln unter Einwanderungsbedingungen. In: Auernheimer, Georg (Hrsg.): Interkulturelle Kompetenz und pädagogische Professionalität, 4. Aufl., S. 15-35. Wiesbaden.

Mecheril, Paul; Melter, Claus (2010): Differenz und Soziale Arbeit. Historische Schlaglichter und systematische Zusammenhänge. In: Fabian Kessl und Melanie Plößer (Hg.): Differenzierung, Normalisierung, Andersheit. Soziale Arbeit als Arbeit mit den Anderen. 1. Aufl. Wiesbaden: VS Verl. für Sozialwiss, S. 117–134.

Melter, Claus/Mecheril, Paul (2009): Rassismuskritik. Band 1: Rassismustheorie und -forschung. Frankfurt am Main.

Melter, Claus (Hg.) (2015): Diskriminierungs- und rassismuskritische soziale Arbeit und Bildung. Praktische Herausforderungen, Rahmungen und Reflexionen. Weinheim: Beltz Juventa.

Mielen Ry (2020): Experts by Experience Program, online: www.mielen.fi/experts-by-experience/

Molina, Steffen Loick (2017): Körper/fett als Konzept lookistischer Diskriminierungsmechanismen. In: Lea Schmid, Darla Diamond und Petra Pflaster (Hg.): Lookismus. Normierte Körper – diskriminierende Mechanismen – (Self-)Empowerment. Unter Mitarbeit von Hengameh Yaghoobifarah, SchwarzRund, Lila Adama, Erika Niedermeier, Steffen Loik Molina, Corinna Schmechel et al. Münster: Unrast (Unrast transparent : [...], Geschlechterdschungel, Band 8), S. 18–26.

Moser, Ulrike (2018): Schwindsucht. Eine andere deutsche Gesellschaftsgeschichte. Berlin: Matthes & Seitz.

Motakef, Mona (2014): Subjektposition. In: Daniel Wrana (Hg.): DiskursNetz. Wörterbuch der interdisziplinären Diskursforschung. Berlin: Suhrkamp (2097), S. 394–395.

Mummendey, Hans D. (1995): Psychologie der Selbstdarstellung. GöttingenMüller, Burkhard (2006): Sozialpädagogisches Können. Ein Lehrbuch zur multiperspektivischen Fallarbeit. 3. Aufl. Freiburg im Breisgau: Lambertus.

Müller, C. Wolfgang (1995): Einführung in die Soziale Arbeit. Weinheim und München: Juventa.

Müller, C. Wolfgang (2001): Die Entwicklung von Schlüsselqualifikationen in der Ausbildung der Fachkräfte der Sozialen Arbeit. In: Hans Pfaffenberger (Hg.): Identität – Eigenständigkeit – Handlungskompetenz der Sozialarbeit, Sozialpädagogik als Beruf und Wissenschaft. Münster, Hamburg, London: Lit (Sozialpädagogik, Sozialarbeit im Sozialstaat, Bd. 12), S. 153–164.

Nauerth, Matthias (2012): Diversität verstehen. Das „erweiterte Mehr-Ebenen-Modell“ als Orientierungshilfe in der Sozialen Arbeit. In: Herbert Effinger, Stefan Borrmann, Silke Birgitta Gahleitner, Michaela Köttig, Björn Kraus und Sabine Stövesand (Hg.): Diversität und Soziale Ungleichheit. Analytische Zugänge und professionelles Handeln in der Sozialen Arbeit. Opladen, Berlin, Toronto: Verlag Barbara Budrich (Buchreihe Theorie, Forschung und Praxis der sozialen Arbeit, Band 6), S. 43–56.

Ogette, Tupoka (2017): exit RACISM. Rassismuskritisch denken lernen. Münster: Unrast.

Ottersbach, Markus (1997): Gesellschaftliche Konstruktion von Minderheiten. Bevölkerungswissenschaftlicher Diskurs und politische Instrumentalisierung. Opladen: Leske + Budrich.

Pathway. Healthcare for homless people (2017): Experts by Experience. Involvement Handbook.

Pease, Bob (2009): From radical to critical social work. Progressive transformation or mainstream incorporation? In: Robert Adams, Lena Dominelli und Malcolm Payne (Hg.): Critical practice in social work. 2nd ed. Basingstoke [England]: Palgrave Macmillan, S. 189–198.

Penke, Swantje (2009): Soziale Arbeit in Bewegung – Die „Arbeitskreise Kritische Sozialarbeit“ gestern und heute, in: Wagner, Leonie (Hrsg.): Soziale Arbeit und Soziale Bewegungen. Wiesbaden, S. 192–205.

Poulin, Andrée/Lafrance, Marie (2021): Zwei Jungs und eine Hochzeit. Grevenbroich: Südpol Verlag.

Prasad, Nivedita (2021): Rassismus, Migration und Flucht als Themen im Kontext menschenrechtsbasierter Sozialer Arbeit. In: Heiko Berner und ogsa A. G. Migrationsgesellschaft (Hg.): Soziale Arbeit in der Postmigrationsgesellschaft. Kritische Perspektiven und Praxisbeispiele aus Österreich. Weinheim, Basel: Beltz Juventa (Buchreihe der ogsa – Österreichische Gesellschaft für Soziale Arbeit), S. 220–233.

Prömmel, Erdmann (2006): Liebe Widersprüche-Redaktion. In: *Widersprüche*, S. 25–31.

Prölß, Claus-Ulrich (2011): Flüchtlingspolitik und Flüchtlingsarbeit in der Stadt Köln. In: Markus Ottersbach und Claus-Ulrich Prölß (Hg.): Flüchtlingsschutz als globale und lokale Herausforderung. Wiesbaden: VS Verlag für Sozialwissenschaften/Springer Fachmedien Wiesbaden, Wiesbaden (Beiträge zur Regional- und Migrationsforschung), S. 169–192.

Raab, Heike (2016): Re/Visionen – Inklusion, Behinderung und Geschlecht. In: Anja Tervooren, Jürgen Budde und Susanne Offen (Hg.): Das Geschlecht der Inklusion. Opladen: Verlag Barbara Budrich (Jahrbuch Frauen- und Geschlechterforschung in der Erziehungswissenschaft, 12/2016), S. 119–135.

Rainer, Heike (2018): Intersektionale Perspektive auf professionelles Handeln in der Schulsozialarbeit. In: *SiO – Fachzeitschrift für Soziale Arbeit in Österreich* (1), S. 18–22.

Rainer, Heike (2021): Selbstrepräsentationen und Handlungsmacht – im Kontext von Biographie und Selbstwahrnehmung in diskursiven Zusammenhängen. In: OGSA AG Migrationsgesellschaft (Hg.): Soziale Arbeit in der Postmigrationsgesellschaft. Kritische Perspektiven und Praxisbeispiele aus Österreich. Weinheim, Basel: Beltz Juventa, S. 351–363.

Rauschenbach, Thomas (Hg.) (2000): Der sozialpädagogische Blick. Lebensweltorientierte Methoden in der sozialen Arbeit. Deutsche Gesellschaft für Erziehungswissenschaft; Tagung der Kommission Sozialpädagogik der Deutschen Gesellschaft für Erziehungswissenschaft. 2. Aufl. Weinheim: Juventa (Edition soziale Arbeit).

Reiss, Kristina (2007): Behinderung von Geschlecht – Zur Exklusion von Geschlecht urch Behinderung und Produktion des Anderen. In: Jutta Jacob und Eske Wollrad (Hg.): Behinderung und Geschlecht – Perspektiven in Theorie und Praxis. Dokumentation einer Tagung; [Fachtagung vom Dezember an der Carl-von-Ossietzky-Universität Oldenburg. Oldenburg: BIS-Verl. der Carl-von-Ossietzky-Univ (Oldenburger Beiträge zur Geschlechterforschung, 8), S. 51–63.

Richter, Sandra (2013): Adultismus: die erste erlebte Diskriminierungsform? Theoretische Grundlagen und Praxisrelevanz. Online verfügbar unter www.kita-fachtexte.de/de/fachtexte-finden/adultismus-die-erste-erlebte-diskriminierungs-form-theoretisch-grundlagen-und-praxisrelevanz.

Riegel. Christine/Scharathow, Wiebke (2012): Mehr sehen, besser handeln. Intersektionalität als Reflexionsinstrument in der Sozialen Arbeit. Sozial Extra 36, S. 20–23.

Roediger, David R. (2018): Working toward whiteness. How America's immigrants became white : the strange journey from Ellis Island to the suburbs. Updated edition. New York: Basic Books.

Rommelspacher, Birgit (2012): Kulturelle Grenzziehungen in der Sozialarbeit: Doing and undoing differences. In: Herbert Effinger, Stefan Borrmann, Silke Birgitta Gahleitner, Michaela Köttig, Björn Kraus und Sabine Stövesand (Hg.): Diversität und Soziale Ungleichheit. Analytische Zugänge und professionelles Handeln in der Sozialen Arbeit. Opladen, Berlin, Toronto: Verlag Barbara Budrich (Buchreihe Theorie, Forschung und Praxis der sozialen Arbeit, Band 6), S. 43–56.

Rottscheidt, Ina/Pindur, Markus/Krause, Suzanne (2019): Nach dem Anschlag in Halle. Warum der Antisemitismus nie weg war, online: www.deutschlandfunk.de/nach-dem-anschlag-in-halle-warum-der-antisemitismus-nie-weg.724.de.html?dram:article_id=460747.

Rowe, Glenn/O'Brien, James (2002): The Role of Golem, Pygmalion, and Galatea Effects on Opportunistic Behavior in the Classroom. Journal of Management Education 26(6), S. 612–628.

Ruch, Gillian (2002): From triangle to spiral: reflective practice in social work education, practice and research. In: *Social Work Educaton* 21 (2), S. 199–216.

Schellenberg, Britta/Daimagüler, Mehmet/Behrens, Antonia von der/Basay-Yildiz, Seda/Ilius, Carsten/Doerfer, Achim (2015): Parallelbericht zum 19.-22. Staatenbericht der Bundesrepublik Deutschland an den UN-Ausschuss zur Beseitigung rassistischer Diskriminierung (CERD). Institutioneller Rassismus am Beispiel des Falls der Terrorgruppe „Nationalsozialistischer Untergrund" (NSU) und notwendige Schritte, um Einzelne und Gruppen vor rassistischer Diskriminierung zu schützen, online: www.miteinander-ev.de/wp-content/uploads/2017/08/ParallelberichtInstitutionellerRassismuszuCERD-Staatenbericht2015.pdf.

Scherr, Albert (2015): Soziale Arbeit mit Flüchtlingen. Die Realität der ‚Menschenrechtsprofession' im nationalen Wohlfahrtsstaat. In: Sozial Extra 39 (4), S. 16–19.

Schildmann, Ulrike (2007): Behinderung und Geschlecht. Datenlage und Perspektiven der Forschung. In: Jutta Jacob und Eske Wollrad (Hg.): Behinderung und Geschlecht – Perspektiven in Theorie und Praxis. Dokumentation einer Tagung ;

[Fachtagung vom Dezember an der Carl-von-Ossietzky-Universität Oldenburg. Oldenburg: BIS-Verl. der Carl-von-Ossietzky-Univ (Oldenburger Beiträge zur Geschlechterforschung, 8), S. 11–29.

Schindler, Frederik (2019): Debatte „Pinkwashing" und ESC in Israel: Verhasste Vielfalt. Israel wird vorgeworfen, mit liberaler LGBT-Politik und dem Eurovision Song Contest die Palästinenser-Politik reinzuwaschen. Geht's noch absurder?, online: https://taz.de/Debatte-Pinkwashing-und-ESC-in-Israel/!5589969/.

Schön, Donald A. (1983): The reflective practitioner. How professionals think in action. Aldershot: Arena. Online verfügbar unter www.loc.gov/catdir/enhancements/fy0832/82070855-d.html.

Schorb, Friedrich (2015): Die Adipositas-Epidemie als politisches Problem. Gesellschaftliche Wahrnehmung und staatliche Intervention. Wiesbaden: Springer VS (Perspektiven kritischer sozialer Arbeit, Bd. 24).

Schreier, Maren (2012): Aktuelles Schlagwort: Kritik und Soziale Arbeit. In: *Sozial Extra* (7/8), S. 14.

Schreiner, Patrick (2018): Unterwerfung als Freiheit. Leben im Neoliberalismus. 5. Auflage. Köln: PapyRossa Verlag (Neue kleine Bibliothek, 206).

Schröder, Achim (2002): Jugendarbeit: Reflektieren lernen. In: *Hessische Jugend* (4), S. 10–13.

Schwarzer, Beatrix (2015): Gesellschaftliche Teilhabe als Grundlage Sozialer Arbeit. In: Bettina Bretländer, Michaela Köttig und Thomas Kunz (Hg.): Vielfalt und Differenz in der sozialen Arbeit. Perspektiven auf Inklusion. Stuttgart: Verlag W. Kohlhammer (Grundwissen Soziale Arbeit, Band 15), S. 37–47.

Schwarz-Friesel, Monika (2020): Antisemintismus im Web 2.0. Judenhass zwischen Kontinuität und digitaler Adaption. In: Zentralrat der Juden in Deutschland (Hg.): „Du Jude". Antisemitismus-Studien und ihre pädagogischen Konsequenzen. Leipzig: Hentrich & Hentrich, S. 170–183.

Seithe, Mechthild (2012): Schwarzbuch Soziale Arbeit. 2., durchgesehene und erweiterte Auflage. Wiesbaden: VS Verl. für Sozialwiss. Online verfügbar unter http://gbv.eblib.com/patron/FullRecord.aspx?p=884594.

Sen, Amartya Kumar (2012): Die Idee der Gerechtigkeit. München: Dt. Taschenbuch-Verl. (Dtv, 34719).

Spiegel, Hiltrud von (2013): Methodisches Handeln in der Sozialen Arbeit. Grundlagen und Arbeitshilfen für die Praxis : mit 4 Tabellen und 30 Arbeitshilfen. 5., vollständig überarbeitete Auflage. München, Basel, Stuttgart: Ernst Reinhardt Verlag; UTB (utb-studi-e-book, 8277). Online verfügbar unter www.utb-studi-e-book.de/9783838585574.

Spivak, Gayatri Chakravorty (2007): Can the Subaltern Speak? Postkolonialität und Subalterne Artikualtion. Berlin: Turia & Kant.

Staffa, Christian (2017): Antisemitismuskritik in Kirche und Theologie heute. In: Meron Mendel und Astrid Messerschmidt (Hg.): Fragiler Konsens. Antisemitismuskritische Bildung in der Migrationsgesellschaft. Frankfurt: Campus, S. 171–185.

Staub-Bernasconi, Silvia (1983): Soziale Probleme – Dimensionen ihrer Artikulation. Umrisse einer Theorie sozialer Probleme als Beitrag zu einem theoretischen Bezugsrahmen sozialer Arbeit. Diessenhofen: Rüegger.

Staub-Bernasconi, Silvia (1994): Soziale Probleme – soziale Berufe – soziale Praxis. In: Maja Heiner, Marianne Meinold und Hiltrud von Spiegel (Hg.): Methodisches Handeln in der sozialen Arbeit. 3. Aufl. Freiburg im Breisgau: Lambertus, S. 11–101.

Staub-Bernasconi, Silvia (1995): Systemtheorie, soziale Probleme und soziale Arbeit: lokal, national, international oder: vom Ende der Bescheidenheit. Bern: Haupt (Soziale Arbeit, 13).

Staub-Bernasconi, Silvia (2007): Soziale Arbeit als Handlungswissenschaft. Systemtheoretische Grundlagen und professionelle Praxis – ein Lehrbuch. 1. Aufl. Bern [u. a.]: Haupt (2786).

Staub-Bernasconi, Silvia (2019): Menschenwürde – Menschenrechte – Soziale Arbeit. Die Menschenrechte vom Kopf auf die Füße stellen. Opladen, Berlin, Toronto: Verlag Barbara Budrich (Soziale Arbeit und Menschenrechte, Band 1). Online verfügbar unter https://content-select.com/portal/media/cover_image/538886c8-b7d0-4586-86b5-5cc42efc1343/500.

Staudhammer, Martina (2018): Prävention von Machtmissbrauch und Gewalt in der Pflege. Berlin, Germany: Springer.

Steinke, Andrea (2021): Adultismus. Wie können adultistische Strukturen in der Kindertagesbetreuung erkannt und reflektiert werden? Online verfügbar unter www.nifbe.de/component/themensammlung?view=item&id=952:adultismus&catid=0.

Stimmer, Franz (2000): Grundlagen des Methodischen Handelns in der Sozialen Arbeit. Stuttgart.

Stojanov, Krassimir (2013): Bildungsgerechtigkeit als Anerkennungsgerechtigkeit, in: Dietrich, Fabian/Heinrich, Martin/Thieme, Nina (Hrsg.): Bildungsgerechtigkeit jenseits von Chancengleichheit. Theoretische und empirische Ergänzungen und Alternativen zu 'PISA'. Wiesbaden, S. 57–69.

Thiersch, Hans. (1993). Strukturierte Offenheit. Zur Methodenfrage einer lebensweltorientierten Sozialen Arbeit. In Thomas Rauschenbach, Friedrich Ortmann & Maria-Eleonora Karsten (Hrsg.), Der sozialpädagogische Blick. Lebensweltorientierte Methoden in der Sozialen Arbeit. Weinheim, S. 11–28.

Thiersch, Hans (2002): Positionsbestimmungen der sozialen Arbeit. Gesellschaftspolitik, Theorie und Ausbildung. Weinheim: Juventa-Verl. (Edition soziale Arbeit).

Thole, Werner; Cloos, Peter (2000): Nimbus und Habitus. Überlegungen zum sozialpädagogischen Professionalisierungsprojekt. In: Hans Günther Homfeldt und Jörgen Schulze-Krüdener (Hg.): Wissen und Nichtwissen. Herausforderungen für soziale Arbeit in der Wissensgesellschaft. Weinheim: Juventa (Veröffentlichungen der Sektion Sozialpädagogik der Deutschen Gesellschaft für Erziehungswissenschaft), S. 277–295.

Twiss, Jill/Keller, E.G. (2018): Ein Tag im Leben von Marlon Bundo.

Vva Ry (o.J): NO FIXED ABODE NGO – VAILLA VAKINAISTA ASUNTOA RY, online: https://vvary.fi/in-english/.

Walgenbach, Katharina (2014): Heterogenität – Intersektionalität – Diversity. In der Erziehungswissenschaft. Opladen u. a.: Budrich .

Weber, Joachim (2014): Soziale Arbeit aus Überzeugung. Ethische Perspektiven auf sozialpädagogische Praxis. Opladen, Berlin, Toronto.

Weber, Max (1980): Soziologische Grundbegriffe. Tübingen.

Weber, Max; Maurer, Andrea (2019): Soziologische Grundbegriffe. Ditzingen: Reclam (Reclams Universal-Bibliothek).

Weingart, Peter (2012): Ist Sarrazin Eugeniker? In: Michael Haller und Martin Niggeschmidt (Hg.): Der Mythos vom Niedergang der Intelligenz. Von Galton zu Sarrazin: die Denkmuster und Denkfehler der Eugenik. Wiesbaden: Springer VS, S. 19–26.

Wenzel, Mine (2019): Geschlechtlichkeit – oder warum die Trennung von Geschlecht und Gender problematisch ist. In: diversmagazin, https://diversmagazin.de/2019/01/09/geschlechtlichkeit-oder-warum-die-trennung-von-geschlecht-und-gender-problematisch-ist/

Windisch, Monika (2014): Behinderung – Geschlecht – Soziale Ungleichheit. Intersektionelle Perspektiven. Bielefeld: transcript (Gesellschaft der Unterschiede, 17).

Winker, Gabriele; Degele, Nina (2010): Intersektionalität. Zur Analyse sozialer Ungleichheiten. 2., unveränd. Aufl. Bielefeld: transcript-Verl. (Sozialtheorie : Intro).

Yıldız, Safiye (2018): Soziale Arbeit als (Inklusions-)Container. Die (Un)Ordnung von Heterogenität und subjektnormierenden Praxen im Kontext Flucht und Soziale Arbeit. In: Roland Anhorn, Elke Schimpf, Johannes Stehr, Kerstin Rathgeb, Susanne Spindler und Rolf Keim (Hg.): Politik der Verhältnisse – Politik des Verhaltens. Widersprüche der Gestaltung Sozialer Arbeit ; Dokumentation Bundeskongress Soziale Arbeit in Darmstadt 2015. Wiesbaden: Springer VS (Perspektiven kritischer sozialer Arbeit, Band 29), S. 193–211.

Young, Iris Marion (1996): Fünf Formen der Unterdrückung. In: Herta Nagl-Docekal und Herlinde Pauer-Studer (Hg.): Politische Theorie. Differenz und Lebensqualität. Frankfurt am Main: Suhrkamp (Gender studies, 1736 = N.F., Bd. 736), S. 99–139.

Zito, Dima; Martin, Ernest (Hg.) (2016): Umgang mit traumatisierten Flüchtlingen. Ein Leitfaden für Fachkräfte und Ehrenamtliche. Weinheim, Basel: Beltz Juventa.